J. Saunier

Octobre 92

# LA VIE QUOTIDIENNE EN LIMOUSIN AU XIXe SIÈCLE

# LA VIE QUOTIDIENNE EN LIMOUSIN AU XIX$^{e}$ SIÈCLE

GEORGES-EMMANUEL CLANCIER

*Avec la collaboration*
*de Pierre-Sylvestre Clancier*

FRANCE LOISIRS
123, boulevard de Grenelle, Paris

Une édition du Club France Loisirs, Paris,
réalisée avec l'autorisation des Éditions Hachette


ISBN : 2-7242-6892-X

*Je tiens à remercier mon fils
Pierre-Sylvestre pour sa collaboration
dans la préparation et la
rédaction de cet ouvrage,
ainsi que M. Bruno Tavernier pour la précieuse
documentation qu'il m'a communiquée.*

## *AVANT-PROPOS*

# UN SI PROCHE ET SI LOINTAIN PASSE

*Dans mon enfance, pendant et après la Grande Guerre (celle de 1914), le Limousin, Limoges, où je suis né, sans doute s'éloignaient-ils bien vite du siècle précédent.*

*Pour cette province, pour cette ville, comme pour tout le reste de la France, la " cassure " de la Première Guerre mondiale, les bouleversements sociaux et économiques qu'elle entraînait allaient transformer profondément les modes de vie. Cependant, le paysage lui-même de ce " vieux pays " rapiécé, " usé parce qu'il avait beaucoup servi " — si l'on en croit Giraudoux — n'avait guère changé. De même l'aspect et l'habitat des paysans, les villages si dépeuplés (presque tous leurs jeunes n'étant plus que des noms qui allaient s'inscrire sur le granit des monuments aux morts), certaines usines si anciennes, certains vieux quartiers limougeauds, tullistes ou guéretois marquaient-ils encore, paisiblement, fortement, la présence du* XIX*e siècle. En outre, ma famille, comme tant d'autres familles limousines, si elle n'échappait pas " aux changements " de l'après-guerre, demeurait tout imprégnée des souvenirs vivaces de l'enfance, de la jeunesse campagnarde puis ouvrière de mes grands-parents, de mes grands-oncles, ainsi que des traditions de leurs ancêtres.*

*J'appartenais à l'âge nouveau, mais bien des traces du passé continuaient à se manifester autour de moi sinon avec vigueur du moins avec l'apparence d'une longue survie. Ces traces sensibles rendaient pour moi plus passionnants encore, et plus* présents, *les récits que me faisaient, pour mon constant et naïf émerveillement, de leurs années lointaines, à la fois misérables et éclairées spontanément de fraîcheur et de poésie dans les métairies puis dans les faubourgs de la petite cité de Saint-Yrieix, ma grand-mère, mon grand-père maternels ou mon oncle Jeanet, le porcelainier. Grâce à eux, à leur mémoire si vive, à leurs dons de conteurs, grâce à ces vieilles fermes, à ces ateliers où parfois ils me menaient, le siècle précédent m'est devenu — mais je n'ai pris conscience de cela que bien plus tard — dans certains de ces aspects, presque aussi familier que le mien.*

*C'est pourquoi, aujourd'hui, en votre compagnie et en celle de mon fils, Pierre-Sylvestre, qui fut comme moi-même — après une autre guerre encore — nourri des mêmes récits et souvenirs que reprenait, pour lui et sa sœur, Marie-Louise Reix (mon aïeule née aux lendemains de la défaite de 1870 et qui m'inspira la Cathie du* Pain Noir), *je voudrais flâner de colline en vallée, de ferme en usine, de hameaux en cités, dans le Limousin du siècle dernier.*

*Nous participerons ainsi aux veillées où s'échangent contes et légendes, où chante aussi la langue limousine, nous assisterons à ces événements majeurs que sont les fêtes et les foires, nous suivrons les grandes processions inchangées depuis le Moyen Age, nous cheminerons avec les petits paysans se rendant à l'école et nous prendrons la route avec les émigrants creusois ou nous descendrons la rivière où flotte le bois guidé par les Ponticauds. Nous retrouverons des métiers et des hommes : le laboureur, le soldat, le maçon, le porcelainier, le boucher, parmi d'autres... Enfin, nous découvrirons Brive sous le Premier Empire, Tulle au temps de Louis-Philippe, Limoges avec ses notables à l'heure balzacienne du* Curé de village, *puis ses ouvriers à celle des chemins de fer.*

*Parfois, çà et là, nous cueillerons au passage, comme au*

*fond coloré d'un kaléidoscope, des vues rapides, brèves et simultanées de la vie campagnarde ou citadine, tentant de retrouver quelques instants la pulsation même, non encore figée, non encore " ordonnée " de l'existence en Limousin au* XIX^e^ *siècle.*

*En annexe, des " Repères " rappelleront, sous forme de tableaux chronologiques, les faits et les hommes qui marquèrent l'histoire de notre province à cette époque. Enfin une bibliographie complétera l'information du lecteur.*

*Au moment où la sempiternelle " accélération de l'histoire " — celle aussi du voyage autour... et loin du globe — métamorphose le temps et l'espace, peut-être est-il plus vital qu'on ne le pense de se pencher sur les sources de notre mémoire à la fois si proches et s'éloignant pourtant si vertigineusement de nous ; leur eau profonde venait, bien peu altérée, des âges les plus anciens, mais déjà leur surface allait accueillir le trouble reflet de nos frénésies, de nos violences, de nos espoirs aussi.*

# *CHAPITRE PREMIER*

## LE PAYS

A l'extrémité ouest de l'Auvergne, le Limousin apparaît comme une sorte d'excroissance du Massif central. Son vieux socle de roches cristallines contraste vigoureusement avec les terres à la fois plus récentes et plus fertiles, plus riantes aussi, de l'Aquitaine, des Charentes et des confins des pays de la Loire.

Les géographes s'entendent pour reconnaître que ce lourd promontoire, dont aucune proéminence n'atteint vraiment 1 000 mètres, a appartenu à l'ancienne chaîne hercynienne de l'Europe moyenne, et de fait il n'est guère de région qui, du point de vue géologique, fasse autant bloc que le Limousin. On peut toutefois décomposer le relief général du pays en quatre grands ensembles de plateaux dont les plus élevés, situés à l'est, atteignent entre 750 mètres et 950 mètres d'altitude, et dont les plus bas, au nord-ouest, jouxtent à environ 200 mètres d'altitude les terrains calcaires du Berry et du Poitou.

Le plateau supérieur, adossé à l'Auvergne, culmine à 978 mètres au mont Bessou, il atteint, un peu plus au nord, 954 mètres au mont d'Audouze et, plus au sud, 920 mètres à la Grande Monédière. Ce bloc de granit que les géographes ont décrit sous le nom de plateau de Millevaches (les mille vasques ; les mille sources), les Limousins l'ont depuis toujours dénommé « la Montagne ». Il ne s'abaisse nulle part, en effet, au-dessous de 750 mètres et surplombe à certains endroits, d'environ 300 mètres, les bas plateaux qui l'entourent. Cette montagne pourtant n'a aucune saillie véritable, aucun escarpement qui rappelle les monts d'Auvergne. Qu'on y accède par Ussel, Treignac ou Eymoutiers, sitôt franchis les contreforts du massif, ce n'est plus qu'un vaste plateau granitique d'où émergent de lourdes croupes en forme de ballons. C'est sans doute l'âpreté de l'hiver qui a valu à ces terres infécondes le nom de montagne. A l'époque quaternaire, cette région périglacière a dû connaître des calottes de glace et des coulées bourbeuses lors des débâcles printanières : l'atonie actuelle du relief en est l'héritage.

Les plateaux moins élevés qui ceinturent « la Montagne » au nord, à l'ouest et au sud, ont en fait un relief plus accentué, car ils n'ont pas été affectés par la glaciation et ses effets annexes. Ces bas plateaux sont presque tous jonchés de chaînes de collines ou de monts isolés qui les dominent de 200 à 300 mètres : c'est le cas, au sud-ouest, du mont Gargan (731 mètres), du « Tuquet » de Masseret (507 mètres), du puy de Bar (533 mètres), des monts de Chalus (554 mètres), qui surplombent les plateaux d'Uzerche, de Saint-Yrieix et de Saint-Mathieu. Une autre enfilade de collines élevées sépare, à l'ouest, le bassin de la Gartempe de celui de la Vienne moyenne ; d'est en ouest, ce sont d'abord les monts de Saint-Goussaud (697 mètres), puis ceux d'Ambazac (701 mètres au puy de Sauvagnac), enfin les monts de Blond (515 mètres) qui dominent les plateaux monotones du Confolentais et de la Basse-Marche d'environ 300 mètres. Au sud-est, au contraire, entre la Dordogne et le flanc de « la Montagne » limousine, se tiennent, à environ 600 mètres d'altitude dans la région d'Ussel et de Bort et un peu moins haut vers Egletons et La Roche-Canillac, les hauts plateaux corréziens qui, eux, ont une surface parfaitement plane, seulement entaillée par les profondes gorges de la Doustre, de la Luzège, de la Triouzoune et de la Diège. Au nord enfin, les plateaux de la Haute-Marche et de la Creuse, situés à une altitude encore relativement élevée, 400 à 500 mètres, sont jalonnés par quelques buttes où les Gaulois installèrent de beaux *oppida* tels que le Puy-de-Gaudy, près de Guéret, dont on distingue encore les débris d'un important parapet, et Toulx dont la triple enceinte et les murs de cinq mètres d'épaisseur dominaient la région à plus de 650 mètres d'altitude.

Par rapport à cet ensemble de plateaux qui sans ces alignements de buttes ou ces gorges parfois profondes serait relativement monotone, la dépression de Brive, faite de sédiments permiens, apparaît comme un élément original. Contenue d'un côté par les flancs escarpés et cristallins du plateau d'Uzerche, de l'autre par les crêtes calcaires du Quercy, cette région, pourtant assez vallonnée, avait été baptisée par les anciens du nom de « plaine ». En fait, il s'agit davantage d'un bassin plus fertile et plus riant que les pays limitrophes, en raison à la fois de son sol et de son climat, et des trois belles plaines toute en longueur qu'y dessinent la Loyre, la Vézère et la Corrèze.

Il n'est pas vrai, en effet, comme le prétendaient un peu vite les anciens géographes, que partout en Limousin le sol et le climat tendraient à constituer un pays de landes, de brandes, d'herbages et de bois. Comme le souligne fort justement Aimé Perpillou : « la variété des roches crée, au contraire, des conditions de fertilité très inégales d'un terroir à l'autre [1] ». Ainsi, si le sol de « la Montagne » limousine est siliceux, peu profond et par conséquent stérile, tout le Sud-Ouest est en revanche fait de sols argileux et profonds bien pourvus en calcaire et donc très fertiles : les meilleures terres sont celles du pays de la Ligoure, de Chamboulive,

1. Aimé PERPILLOU : « Géographie du Limousin et de la Marche », article paru dans *Visages du Limousin-Marche,* p. 12, Horizons de France, Strasbourg, 1966.

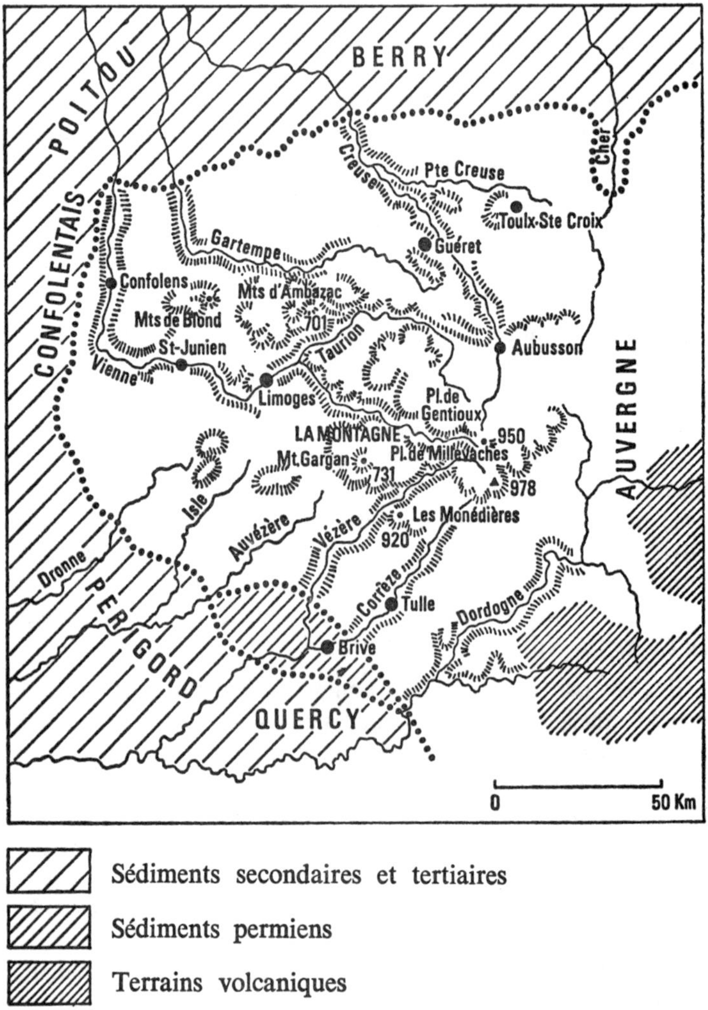


Relief et cours d'eau du Limousin (départements de la Creuse, de la Haute-Vienne et de la Corrèze).

du Lubersac et du bassin de Brive. La végétation méditerranéenne y pousse aisément, des palmiers enorgueillissent les rues de Brive, des figuiers poussent dans maintes cours. Cette région clémente s'est fait une spécialité de la culture des fruits et primeurs, les vignes autrefois nombreuses y couvrent encore, malgré les ravages causés par le phylloxéra, les coteaux de la Dordogne, de Juillac à Beaulieu.

Mais « la Montagne » limousine et le Sud-Ouest limousin sont en quelque sorte les deux extrêmes, le paysage le plus répandu étant celui des bas plateaux, pays de bocage où s'entremêlent bois et prairies. Les essences d'arbres les plus fréquentes sont le châtaignier, le chêne et le bouleau, les hêtres y poussent également en abondance. Quant aux saules et aux peupliers ils y drainent les fonds de prés marécageux. Encore faut-il distinguer le bocage du Limousin méridional, qui s'étend au sud de la Vienne, du bocage marchois où les bois sont moins nombreux et constitués essentiellement par des chênes, tandis que le bocage méridional, aux terres moins sèches, est surtout recouvert de châtaigniers en taillis, en haies ou en châtaigneraies.

## Un peu d'histoire

Situé au cœur de la France, à la fois terre de passage et pays replié jalousement sur lui-même, champ d'historiques batailles et centre d'une prestigieuse civilisation qui s'étendit jadis jusqu'à la Méditerranée, le vieux pays granitique où les Celtes lemovices s'installèrent à l'âge de bronze s'est façonné au cours des siècles une langue et un caractère propres, une personnalité, que cette étude contribuera, espérons-nous, à révéler ; car de la Révolution à 1900 le fond de coutumes et de traditions populaires qui a imprégné au cours des siècles la vie quotidienne des Limousins sera resté profondément vivace. Et pourtant, malgré son unité géographique naturelle, ce pays n'aura jamais été réellement complètement unifié sur le plan politique ou administratif.

Il sera divisé, au Moyen Age, en de nombreuses seigneuries ; les unes se proclamaient vassales du roi d'Angleterre, les autres du roi de France, de telle sorte que le Limousin devenait ainsi l'un des enjeux de la guerre de Cent ans.

Partagé en deux diocèses, celui de Limoges et celui de Tulle, il n'en fournira pas moins avec éclat à l'Eglise plusieurs papes renommés : Clément VI, Innocent VI, Grégoire XI, tous Corréziens, qui siégeront en Avignon. Au XIV^e siècle, il comptera un nombre variable de sénéchaussées qui jamais ne correspondront à des circonscriptions distinctes.

Ainsi sera-t-il rattaché à des régions voisines avec l'institution de la sénéchaussée du Limousin et du Périgord, puis de celles du Poitou et du Limousin. Par la suite, les choses s'aggraveront même lorsque seront créées les sénéchaussées de Limoges, de la Haute-Marche dont le siège était à Guéret, celle de la Basse-Marche — elle-même divisée ensuite en deux (Bellac et Le Dorat) —, celle enfin du Bas-Limousin — elle-même partagée en trois : Brive, Uzerche, Tulle. La Marche, le Bas-Limousin et le Haut-Limousin, voilà bien des notions floues, des concepts administratifs mouvants qui montrent à quel point la monarchie, loin d'unifier le Limousin, l'a, au contraire, toujours dissocié. Sur ce plan, la situation s'améliorera légèrement vers la fin de l'Ancien Régime lorsque, dans le cadre d'une « généralité » un peu plus cohérente, le Limousin, seulement amputé de la Haute-Marche, de Rochechouart et de Confolens, sera administré pendant des périodes assez longues par des intendants de valeur comme Tourny, puis Turgot. Tout cela explique aisément pourquoi le Limousin ne forma jamais comme, par exemple, la Bretagne, un puissant Etat provincial. Du moins connut-il une civilisation suffisamment forte et homogène pour lui permettre de survivre, au cours des âges, à tous les démembrements ou remaniements évoqués. Le dernier de ces remaniements, qui donna au Limousin les structures générales que nous lui connaissons aujourd'hui eut lieu pendant la Révolution lorsque, en janvier 1790, il fut partagé en trois départements : la Haute-Vienne formée par le Haut-Limousin et une moitié de la Basse-Marche (région de Bellac et du Dorat), la Creuse constituée par la Haute-Marche et l'autre moitié de la Basse-Marche augmentée de la Combrailles et du Franc-Alleu, la Corrèze correspondant essentiellement au Bas-Limousin étendu aux paroisses de Lubersac et de Chamberet distraites du Haut-Limousin, le Nontronnais étant rattaché au département de la Dordogne et le Confolentais à celui de la Charente. A ce propos, pour ce qui concerne la description rapide de ces départements, de leur chef-lieu ainsi que de leurs premiers chefs-lieux de districts, il est à la fois utile et amusant de rappeler ici les termes employés dans *La Nouvelle Géographie universelle* [1] pour dépeindre le Limousin et la Marche en l'an X, soit douze ans après le remaniement général des anciennes provinces, l'année où fut voté le Consulat à vie pour Bonaparte et où naissait Victor Hugo, à l'aube d'un nouveau siècle, celui précisément auquel sera consacré cet ouvrage.

### La Haute-Vienne

Ce département, au sud-est de celui de la Vienne, et à l'ouest de celui de la Creuse, tire son nom de la Vienne qui le traverse de l'est à l'ouest dans sa partie méridionale. Le pays est montagneux, stérile et froid. Il produit beaucoup de châtaignes et de sarrazin, et un peu de seigle ; il a des mines d'antimoine très productives. Les bestiaux et les chevaux font la partie la plus considérable du commerce de ce département.

1. W. GUTHRIE : *Nouvelle Géographie universelle, descriptive, historique, industrielle et commerciale des quatre parties du monde* (t. III). Paris, 1810.

*Limoges :* chef-lieu, auparavant capitale du Limousin, sur la Vienne, à 95 lieues sud par ouest de Paris, et à 60 lieues nord-ouest de Bordeaux. Cette ville ancienne et considérable est située en partie dans un vallon et en partie sur un coteau où les rues sont assez rapides. Les maisons, pour la plupart, sont bâties en bois ; les plus anciennes, construites en pierre, sont à façades anglaises, et les fenêtres en arcs aigus ; Limoges est la patrie du chancelier d'Aguesseau et de Jean Dorat. L'industrie de cette ville consiste en manufactures de petites étoffes, fabriques de grosses toiles, d'étoffes de laine et de coton, de mouchoirs, de porcelaine, de clous à chevaux et de cuivre jaune ; papeteries, forges, tanneries, blanchisseries de cire. Outre ces objets qui forment, avec les chevaux et les bœufs, la majeure partie de son commerce, on y trouve encore diverses marchandises qui y passent de Toulouse à Paris, et de Lyon à Bordeaux, et auxquelles cette ville sert d'entrepôt.

*Le Dorat :* auparavant capitale de la Basse-Marche, près de la Seure, un peu au-dessus de son confluent avec la Gartempe, à 10 lieues nord de Limoges.

*Saint-Léonard :* petite ville à 6 lieues nord-est de Limoges, remarquable par ses manufactures de papiers pour l'impression, et connus sous le nom de « Limoges », dont il s'en fabrique une quantité immense ; la majeure partie se vend à Paris. Elle a des manufactures de gros draps pour les troupes, de ras, d'étamines, de droguets en laine et en fil ; des fabriques de parchemin, d'ouvrages de dinanderie et d'ustensiles de cuisine en cuivre.

*Saint-Yrieix :* petite ville sur la Loue, à 8 lieues sud de Limoges, commerce en porcelaines, cuirs forts, veaux, basanne, chanvres, bétail et antimoine. Elle a des mines de terre propre à la porcelaine [1].

---

1. Notons à ce propos que les villes, déjà importantes à cette époque, de Bellac et de Saint-Junien ne sont pas mentionnées. Bel-

## La Creuse

Ce département, au sud de ceux de l'Indre et du Cher est à l'est de celui de la Haute-Vienne. Il prend son nom d'une rivière qui y a sa source, et qui, le traversant du sud-est au nord-ouest, va se jeter dans la Vienne. Les terres n'en sont pas extrêmement fertiles ; ce qui y croît le plus abondamment, c'est l'avoine et le seigle ; on y trouve aussi de bons pâturages.

*Guéret :* chef-lieu, auparavant capitale de la Haute-Marche, à 79 lieues sud de Paris, et à 14 lieues nord-est de Limoges. C'est la patrie d'Antoine Varillas, historien réputé plus élégant que fidèle.

*Aubusson :* sur la Creuse, à 6 lieues sud-est de Guéret, est dans un fond bordé de rochers et de montagnes qui en rendent l'aspect fort pittoresque. Louis XIV donna cette ville et quelques châtellenies voisines au duc de la Feuillade, en échange de Saint-Cyr ; et ce seigneur lui en témoigna sa reconnaissance en ornant la place des Victoires à Paris.

Aubusson a une manufacture de tapisseries en haute et basse lice, de tapis ras et veloutés façon de Turquie. Ces tapisseries sont très estimées ; elles se font en soie, laine, coton et fil dans toutes proportions. Les tapis ras sont fabriqués tout en laine. Il se fait aussi dans cette ville un commerce considérable de sel.

*Bourganeuf :* petite ville sur le Taurion, à 6 lieues sud de Guéret, remarquable par une tour d'une grosseur et

---

lac, pourtant, avait longtemps partagé avec Le Dorat le privilège d'être l'une des capitales de la Basse-Marche ; quant à Saint-Junien, installé sur les bords de la Vienne, et depuis longtemps réputé pour ses mégisseries et ses ganteries, il comptait alors près de six mille habitants. (N.D.A.)

d'une élévation prodigieuses, que l'on dit avoir été bâtie par Zizim, frère de Bajazet.

*Boussac :* petite ville, à 6 lieues sud-est de La Châtre, dont le commerce principal consiste en bétail. Elle a un château bâti sur un rocher presque inaccessible.

*Évaux :* petite ville, à 11 lieues est de Guéret, bâtie sur une hauteur. On trouve dans ses environs des eaux chaudes, et des restes de monuments très anciens.

*Felletin :* petite ville, à 2 lieues sud d'Aubusson, où l'on fait des draps grossiers, dits draps de Bure, des tapisseries dans le genre commun. Cette manufacture dépend de celle d'Aubusson.

### La Corrèze

Ce département, au sud de celui de la Creuse, et au sud-est de celui de la Haute-Vienne, est ainsi nommé d'une rivière qui y a sa source vers la frontière septentrionale, le coupe du nord-est au sud-ouest, et après avoir reçu la Vézère, va se jeter dans la Dordogne. Cette dernière rivière en forme à peu près la limite au sud-est. Outre différents grains, tels que froment, orge, seigle, le pays produit du chanvre, du vin, grande abondance de châtaignes, des truffes, différentes espèces de champignons, et, dans les landes, du genièvre et quelques prairies artificielles.

*Tulle :* chef-lieu qui disputait à la ville de Brive le titre de capitale du Bas-Limousin. Cette ville, située à 113 lieues sud de Paris, et à 15 lieues sud-est de Limoges, est au confluent de la Corrèze et du Solan, dans un pays environné de montagnes et de précipices, et elle est assise en partie sur la pente d'une montagne. Elle doit son établissement à un ancien monastère qui y fut fondé dans le x$^{e}$ siècle. Elle a été illustrée par Étienne Baluze, qui y naquit en 1630. Cet homme, l'un des plus savants et des plus érudits du XVII$^{e}$ siècle, a fait paraître différents ouvrages sur l'histoire ecclésiastique et l'histoire civile, en recherchant les anciens manuscrits, et en les conférant avec les éditions déjà publiées. La ville de Tulle a plusieurs fabriques d'eau-de-vie, de liqueurs fines, de chocolat, d'huile de noix, de bougies, de drogues simples et composées qui s'expédient dans toute la France et chez l'étranger, des filatures et des fabriques de diverses étoffes en laine. Elle étend aussi son commerce sur les cuirs de bœufs et de vaches. Elle renferme une manufacture d'armes à feu, qui occupe huit à neuf cents ouvriers. Il en sort, outre les armes pour la guerre, des fusils et pistolets bourgeois dont la réputation est répandue chez l'étranger. Dans les environs sont dix à douze papeteries, dont les produits passent à Limoges, Lyon et Bordeaux. C'est aussi dans cette ville que se fabrique un réseau de fil de Flandre, connu sous le nom de « Point de Tulle ».

*Brive-la-Gaillarde :* à 4 lieues est de Tulle, dans une plaine fertile et très agréable, longue d'environ 3 lieues, et vis-à-vis d'une île formée par la Corrèze, que l'on passe sur deux beaux ponts. Des vallons, plantés de vignes et de châtaigniers, offrent à proximité de cette ville des points de vue charmants. Les productions de Brive consistent en vins, bœufs, porcs, bois de construction et de merrain, ardoises et huile de noix. Les vins sont, pour la plupart, de bonne qualité. Les plus médiocres sont convertis en eau-de-vie, que l'on envoie à Bordeaux. Une partie des bœufs est engraissée pour l'approvisionnement de Paris. La ville a des manufactures de mouchoirs de soie et de poche, de mousselines, de gazes, de satinets, de silverets et siamoises ; elle a aussi des forges et des blanchisseries de cire.

*Ussel :* petite ville à 12 lieues nord-est de Tulle, commerçante en chanvre, cire, toiles, pelleterie.

*Uzerche :* petite ville ancienne, à 5 lieues nord-ouest de Tulle située sur un rocher escarpé, au bas duquel coule la Vézère.

Tel se présentait en l'an X (1802) le Limousin. Gageons qu'il n'avait pas tellement changé, du moins en ce qui concerne la géographie et la géologie, lorsqu'un enfant de Bellac, le petit écolier Giraudoux Jean, vers les années 90, songeait à propos de notre province :

> [...] Notre terre, la seule en France qui soit une et composée des mêmes roches. Chaque Limousin non armé rend le même son sur toute l'étendue de sa province, et, enfants, comme le maître la disait de roches cristallines, nous aimions la frapper du pied et écoutions. Nous avions un grand mépris de ceux qui ne vivaient pas comme nous sur les plus anciens granits du monde.

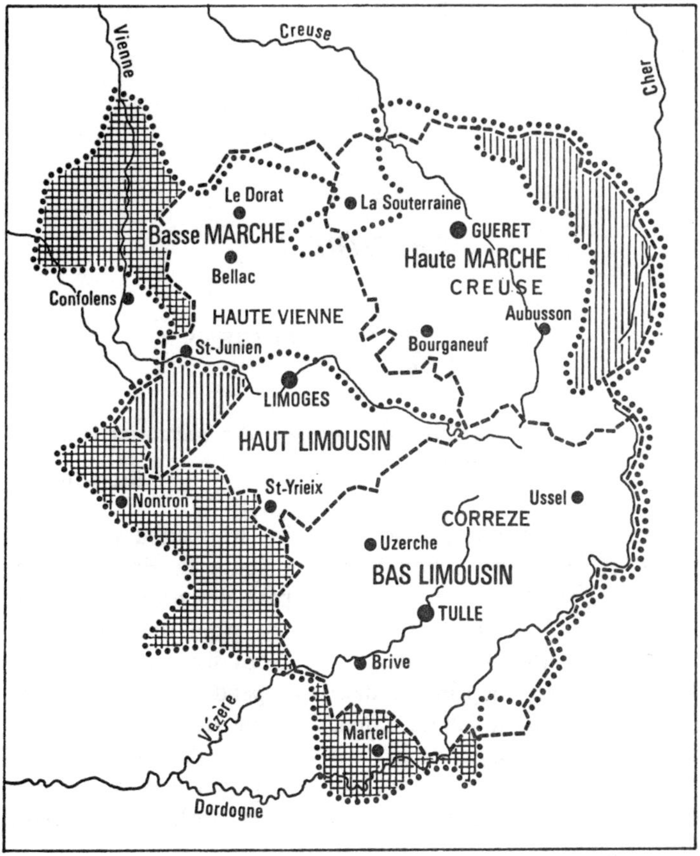


Zones non réintégrées en 1790 lors du découpage en 3 départements

Zones réintégrées

Limites de la Marche et du Limousin au Moyen Age

Limites des 3 départements

Carte de la Marche et du Limousin au Moyen Age et après la Révolution.

## *CHAPITRE II*

# FIDELITE AUX ANCIENS

*Les Limousins mangent des châtaignes et ne se plaignent pas.*

SAINT-JUST.

Limousin, toi qui fus le pays des troubadours dont la poésie et la langue rayonnèrent sur toute la France d'Oc, l'Espagne, et l'Italie, toi qui fus le pays des émailleurs dont l'œuvre illumina toute l'Europe, tu as payé durement, très durement, la victoire des barons du Nord sur les terres d'Oc. Tu fus pauvre, méprisé et méconnu pendant des siècles, à telle enseigne qu'il faudra attendre la fin du précédent pour qu'on te sente changer enfin, te réveiller, et, dans les épreuves mais aussi dans l'espoir, accéder peu à peu à plus d'égalité moderne avec les autres provinces sans perdre pour autant ta personnalité.

De Jeanne d'Arc à Rabelais, de La Fontaine à Molière t'a-t-on assez raillé ? Ta simplicité, ta fraîcheur, ta naïveté pure, on les disait : sottises, ta langue : patois. Certes, de loin en loin, un voyageur sans jugement préconçu (tel Arthur Young, par exemple) découvrait la beauté romantique et secrète de ta nature, la poésie rêveuse inscrite souvent dans l'âme de tes paysans, le fantastique de tes légendes, mais combien d'autres, même voici peu de temps, continuaient à te dénigrer, avouant en fait par là leur ignorance et leur vanité : ainsi le grand mouvement d'espérance sociale né vers la fin du XIXᵉ siècle et aux premières années du nôtre, qui animait les ouvriers de Limoges, servait-il de prétexte aux esprits chagrins ou perfides pour peindre la ville de saint Martial sous les aspects quasi infernaux de « la ville rouge » vouée aux émeutes de « bandits », pensez un peu : des porcelainiers osaient faire grève parce qu'on leur refusait une augmentation quotidienne de 0,25 F en 1896 pour un salaire de 2,50 F, ou, en 1905, parce qu'un contremaître faisait congédier une jeune ouvrière qui osait refuser ce qu'il devait considérer comme « son droit de cuissage ». Alors, une telle cité était tout juste bonne à y « limoger » pendant la guerre de 1914-1918 les généraux incapables.

Il était bien temps, léger Giraudoux, que tu naquisses à Bellac, pour faire reconnaître le *charme* de ta terre natale, et que l'on se dît : « Mais évidemment ce fut celle de Bernard de Ventadour, de Saint Éloi, de Léonard Limosin, d'Eustog de Beaulieu, de Tristan L'Hermite, des papes d'Avignon qui venaient de Corrèze. » Hier c'était la terre d'un jeune général de la Révolution : Jourdan, et c'est la terre des savants (Gay-Lussac, Dupuytren, d'Arsonval), et celle des grands peintres (Renoir, Suzanne Valadon, Élie Lascaux), et c'est la terre de toute une pléiade d'écrivains : de Giraudoux à Marcel Jouhandeau, de Louis Codet à Albert Pestour, des Chadourne à Raymond d'Étiveaud, de Jean Blanzat à Robert Margerit. Bref, une terre d'esprit et de cœur à la fois très anciens et très jeunes.

Ce sont les sources si anciennes de cette âme, de cette sensibilité qui perdurent pendant presque tout le XIXᵉ siècle, surtout dans les campagnes, et dans les villes jusqu'au Second Empire, de telle sorte qu'à rechercher quelle fut alors en Limousin la vie quotidienne des bourgeois et des paysans, on a l'impression, qu'à peu de chose près, elle devait ressembler à celle de leurs ancêtres. En effet, la province depuis longtemps vit repliée sur elle-même (mis à part les nombreux Creusois et — en second — les travailleurs de la Haute-

Vienne qui, chaque saison, émigrent à Paris ou à Lyon) ; du moins on se déplace volontiers à l'intérieur de ses limites, cela à l'occasion des foires : le paysan s'y rend parfois de quarante kilomètres à la ronde, pour vendre et acheter sans doute, mais aussi pour un besoin d'évasion. Dans chacun des trois départements qui constituent le Limousin, on compte cent à cent cinquante communes où se tiennent en moyenne de huit à dix foires dans l'année, on voit le nombre d'occasions pour un paysan de partir sur la route et d'aller aux affaires... et aux nouvelles qu'il recueillera particulièrement chez le forgeron ou le charron du bourg près du foirail. Et si les femmes vont beaucoup moins souvent aux foires environnantes, les petits artisans ambulants allant de ferme en ferme le font pour elles, non seulement colporteurs de denrées ou d'étoffes, mais aussi des nouvelles des villes et des villages : tantôt c'est le couvreur, tantôt le ramoneur, ou bien le tailleur ou le raccommodeur de faïence, le rémouleur, le cardeur de laine... On est donc à la fois attentif à l'activité, à l'existence des compatriotes d'aujourd'hui, et fidèle à la leçon des anciens. Le pays étant pauvre, on ne se risque guère à tenter des manières de faire nouvelles dont on n'est pas assuré, à l'avance, que les résultats seront bons. Ce que nos anciens ont fait, nous savons que cela convient ; puisque ainsi eux-mêmes ont pu vivre ou du moins survivre, nous ferons donc et nous vivrons de même. C'est pourquoi les vertus de sagesse, de prudence, d'économie, et aussi d'entraide pour les foins, les moissons, les battages, l'emporteront sur celles de l'audace et de l'innovation (combien l'on a eu peur, lors de l'installation des premiers chemins de fer, que leur fumée ne mît en péril la culture des pommes de terre !). Non seulement les travaux agricoles demeureront ce qu'ils étaient cent ans — et parfois deux cents ans — auparavant, mais encore la mentalité profonde, la religion — christianisme encore tout mêlé de paganisme —, les croyances, les superstitions, les coutumes, toute une vision du monde imprégnée de terreur légendaire et de magie, se perpétueront jusqu'en 1900 et au-delà.

**La tribu**

Le culte des morts — fidélité à la lignée et à la terre — est grand, et les « vieux » qui font la chaîne entre ces ancêtres disparus et la famille active, jouissent d'un prestige indiscuté. Ils sont ceux qui savent. Ils sont la mémoire, la sagesse et l'expérience. A tel moment on fera tel travail, on se servira de tel instrument, on protégera la maison, le bétail avec tel ou tel signe.

Le sol est pauvre, le climat très changeant, aussi est-il difficile d'obtenir de bonnes récoltes : alors on est prudent, méfiant même (un coup du sort — ou bien le gel, la grêle, trop de pluie, pas assez de pluie, ou encore la malice d'un voisin doué du mauvais œil — est si vite arrivé). Où trouver conseil, réconfort dans cette existence difficile sinon auprès des anciens qui, puisqu'ils ont vécu tant bien que mal, ou plutôt mal que bien, prouvent ainsi l'efficacité de leur sagesse. On remettra donc ses pas dans la trace de leurs pas.

Le voici, « l'ancien », chef de la tribu ; si son grand âge ne l'a par trop affaibli, il passe le temps, lorsqu'il fait beau, dehors sur le banc qui jouxte le seuil ou, aux mauvaises saisons près de l'âtre sur l' « archaban ». Mais s'il lui reste vigueur du bras ou de l'esprit, il exerce toute son autorité, organise les travaux, se fait rendre compte du résultat des foires et empoche l'argent des ventes, choisit ses futurs gendres ou, en tout cas, permet ou interdit aux filles d'épouser tel ou tel galant qu'elles souhaiteraient obtenir pour mari, c'est lui encore à qui l'on remet, pour son fils, la dot de la belle-fille. Quant à la mère, ou *lo grando-maï* (la grand-mère), pour avoir en apparence un rôle plus effacé, elle n'en est pas moins écoutée par la maisonnée. C'est elle qui sait comment les jeunes doivent élever, alimenter, soigner les enfants, c'est elle qui connaît en cas de maladie ou d'accident les remèdes ou, mieux, les moyens de prévenir ces calamités : quel saint guérisseur invoquer, quelle « bonne fontaine » utiliser... Elle veillera à ce que le nourrisson soit bien langé dans son « bourrassou » de laine qui lui emprisonne les jambes (il dort dans son berceau très bas posé à même le sol, les parents de leur lit n'ont qu'à tirer sur une ficelle pour faire se balancer le berceau). C'est à *lo grando-maï* (qui d'ailleurs est souvent jeune, mais il est vrai que l'usure d'une vie rude faisait paraître sans âge ces femmes de quarante ans !) qu'il appartient de dire à sa fille ou sa bru le moment, où, tout en continuant à allaiter l'enfant, elle devra commencer à lui laisser manger avec du pain des pommes de terre ou du fromage, et plus tard, quand bientôt il va trottiner, elle donnera son accord pour qu'on habille le drôle aussi bien que la gamine d'une petite robe que, vers l'âge de quatre ans, on troquera, pour le garçon, contre une culotte descendant aux genoux où s'arrêtent les bas de laine, et un veston de droguet.

Dans une prière à saint Martial, le paysan limousin demandait d'abord protection pour ses raves et ses châtaignes, et ensuite pour sa femme ; cependant, celle-ci tenait dans la maisonnée un rôle bien plus important que n'en témoignaient les apparences. Certes, elle « s'efface » toujours derrière l'homme : marche derrière lui quand ils vont à la foire, reste debout dans la salle commune pour servir le maître, les garçons, les domestiques pendant le repas, mais en fait elle gouverne souvent l'éducation des enfants et tient les cordons de la bourse. En tout cas elle ne chôme guère de l'aube à la nuit : c'est elle qui s'occupe des travaux ménagers, de la basse-cour, de l'alimentation des cochons, sans oublier bien entendu tous les « grands travaux » agricoles auxquels elle donne un « coup de main » loin d'être négligeable : des foins à la moisson, de la récolte des pommes de terre ou des raves à celle des châtaignes.

A côté de la mère, ou de *lo grando-maï,* une place importante est souvent dévolue dans la famille limousine à la sœur aînée, *lo grando,* comme on l'appelle, que son rôle de suppléante de la mère amène plus d'une fois à se sacrifier en restant célibataire pour continuer à veiller sur l'éducation des cadets et des cadettes et à « tenir la maison », cependant que les autres, mère et adolescents, participent aux travaux des champs. Un autre membre prépondérant de la famille, peut être « l'ounclhe », le frère de la mère. Quant aux cousins, même les plus lointains par la parenté, on ne manque jamais de les convier aux mariages et aux enterrements.

Oui, *lo familha* (la famille) relève encore au siècle dernier, en campagne limousine, du clan, de la tribu. Il n'était pas rare alors de voir des sortes de communautés paysannes composées de trois, voire de quatre ménages groupés sous le même toit ou dans le même hameau, et exploitant la terre sous l'autorité du père. Aucun contrat ne régit le travail et le profit de chacun, des accords verbaux suffisent que fait respecter le père, ainsi quinze ou vingt personnes d'une même famille peuvent-elles vivre et travailler en paix. Les procès, si courants ici au siècle dernier, on les garde pour les voisins : une borne nuitamment déplacée, l'usage d'un chemin, la limite incertaine d'un champ suffisent pour entretenir des procès et, bien sûr, des querelles et des haines sans fin.

## Chaumière, château et village

Si la famille a quelque aisance, elle occupera, avec les domestiques, deux ou trois pièces dont les murs jouxtent la grange, la bergerie, l'étable, le four à pain, le séchoir à châtaignes. S'il s'agit de pauvres fermiers ou métayers, ils se contentent souvent d'une « borderie », c'est-à-dire d'une pièce (parfois deux) attenant à la grange et étable qui communique directement avec la salle commune. Il y a encore plus élémentaire : la maison basse réduite à une pièce et contre elle une baraque de planches pour les brebis, l'âne ou le cochon.

Devant ces maisons aux toits de tuiles ou de chaume, le tas de fumier dont le purin coule en minces rigoles dans la cour. Certes, le confort comme l'hygiène restent ici inconnus tout le long du siècle.

La vie du paysan limousin est simple et laborieuse. Les conditions d'existence sont bien différentes selon qu'il s'agit du propriétaire de cinquante hectares, de ses métayers, de ses maîtres-valets ou des journaliers et servantes qu'emploient ceux-ci. Le notable, souvent d'origine noble ou de haute bourgeoisie, possède une riche demeure, vite baptisée château pour peu qu'elle soit flanquée de quelque tourelle ; lui et les siens, bien vêtus, se déplacent en voiture à cheval, ils vont souvent à Tulle, à Brive, à Uzerche ou à Limoges où ils ont même parfois pignon sur rue. Fermiers, métayers, maîtres-valets, régisseurs se montrent pleins de respect pour eux qu'ils nomment : « Notre maître » ou « Notre moussur » (enfant, j'ai pu encore entendre un métayer de mon grand-père paternel dire de ce dernier : « Notre maître » !). A leur tour, fermiers et métayers ont droit à la considération de leurs journaliers et de leurs servants. Il faut dire que le « patron » ne ménage pas plus sa peine que ne le font les domestiques, et que tous partagent le même repas à la même table.

Les meilleurs des « notables » de la société rurale introduiront peu à peu en Corrèze, en Creuse et en Haute-Vienne le progrès des nouvelles techniques agricoles, ils développeront l'élevage et affirmeront au loin la renommée du cheptel limousin.

Il ne faut pas séparer de ce petit monde de la campagne les artisans villageois. Les boulangers étaient peu nombreux puisque les paysans faisaient eux-mêmes leur pain (tous les huit ou quinze jours) qu'ils cuisaient soit dans leur propre four, soit, comme en Corrèze par exemple, au four commun. En revanche, chaque commune avait son (ou ses) meunier.

Nombreux aussi étaient les tisserands et les tailleurs. On apportait au tisserand le chanvre filé à la maison et il tissait avec une toile plutôt rude. C'est cette toile qu'on fournissait au tailleur lorsqu'on lui demandait de venir à la maison tailler et coudre de nouveaux habits. Nourri, parfois logé, un peu, très peu payé (10 à 20 sous par jour), le tailleur apportait ses aiguilles, ses ciseaux, et on lui remettait tissu, doublure, boutons et fils. La couturière venait de même travailler à domicile, ainsi que le peigneur de chanvre, le cardeur de laine.

Bien entendu, les villages avaient leurs charrons, leurs menuisiers, leurs charpentiers. Le sabotier était un artisan très productif car il lui fallait chausser toute la paysannerie limousine. En Corrèze, aux alentours de Bort-les-Orgues, des groupes de sabotiers travaillaient en forêt, dirigés par des maîtres sabotiers qui les logeaient là dans des huttes recouvertes de mousse ou de chaume. On conduisait ensuite les sabots par pleines charretées à la gare de Bort-les-Orgues ou à celle d'Eyjeaux d'où on les expédiait dans tout le Limousin.

Travaillaient aussi dans les bois : les feuillardiers [1], installés dans leur hutte (la loge) en pleine châtaigneraie, ils fabriquaient les palins, les pieux, les lattes, les planches à futaille ; et les scieurs de long : ceux qui étaient originaires d'Eymoutiers, de Sornac, de Magnac, émigraient de septembre à juin vers les Charentes voisines, les Landes ou le Jura lointain. On les reconnaissait à leur large chapeau. Ils allaient par routes et chemins, dirigés par un maître scieur de long, portant sur le dos leurs outils et quelques hardes de rechange.

Parmi les artisans ruraux, le forgeron et le maréchal-ferrant étaient sans doute les plus considérés. La boutique du premier était très fréquentée, on y venait refaire les outils de la ferme, les socs de charrue, mais aussi recueillir les nouvelles du village et des environs.

---

1. Tarifs des Feuillardiers de Saint-Yrieix (Haute-Vienne) : hiver 1900-1901. Cf. p. 295 de notre ouvrage.

On peut dire que toute la vie d'une commune tournait autour du charron, du sabotier, du meunier, du forgeron et du maréchal-ferrant. Mais il y avait, certes, bien d'autres artisans plus ou moins indispensables à la vie quotidienne. Ainsi la poterie, la tuilerie, la vannerie d'osier ou de châtaignier, la corderie de chanvre occupaient et nourrissaient maints travailleurs.

Enfin, la cohorte des artisans ambulants animait et distrayait les campagnes : couvreurs à chaume, ramoneurs, étameurs, chaudronniers, racommodeurs de faïence, colporteurs-vendeurs d'almanachs, de chapelets, d'allumettes et, bien sûr, de fils et d'aiguilles, de toiles et de mousselines, marchands de cheveux...

Par tout ce petit peuple pittoresque et voyageur, le paysan limousin, bien que sédentaire, se trouvait relié en fait à la vie de la province et même, au-delà, des provinces avoisinantes de l'Auvergne, du Poitou ou du Périgord.

## *CHAPITRE III*

# UN PETIT PAYSAN EN 1882

A la Rougerie, près de Dournazac, le hameau dans lequel vit la famille de Pierrot, il n'y a pas plus de six feux. Du haut de la colline avoisinante, on aperçoit quelques fermes isolées : les plus proches, celles des Bessières, à portée de voix, sont au nombre de trois. Dans ce hameau les maisons n'ont guère changé depuis le début du siècle ; le « domaine » dans lequel vivent les Pichon, les parents de Pierrot, est à l'image des autres et comprend, d'une part, la maison d'habitation dont les trois pièces suffisent à abriter les parents, les trois enfants, le grand-père et la grand-mère, le couple de domestiques, d'autre part les bâtiments d'exploitation : deux granges, dont l'une attenante à la maison sert également d'étable, abrite le foin, le blé, et comprend le four et le séchoir à châtaignes, l'autre servant de bergerie. Les porcins ont un enclos à eux, le coudert. La tuile courbe, de fabrication locale, recouvre les toits des divers bâtiments, le chaume n'étant guère utilisé dans cette partie de la Haute-Vienne. Aussi, les jours de pluie, le jeune Pierrot se plaît à taquiner Jeantou le domestique, depuis que ce dernier lui a raconté que dans le village où il est né, près de Faux, dans la montagne limousine, les toitures sont en chaume. Pierrot, qui s'imagine que c'est là une bien mauvaise protection, ne cesse de répéter à Jeantou : « Tiens, aujourd'hui il pleut dans ta maison. » Mais aujourd'hui il fait soleil et Pierrot, matinal, vient de se lever. Il y a peu de temps encore, il passait sa blaude, robe de droguet que le tisserand de Dournazac, M. Frugier, avait tissée avec le fil fait à la maison par la grand-mère, et il fixait à son corset de toile ses bas de laine sombre. Aujourd'hui, comme un « grand » il met sa veste de droguet, ses culottes et chausse ses sabots de bois pour sortir dans la charrière, la cour, parsemée de feuilles et de bruyères que le domestique entassera bientôt sur le fumier.

Pierrot est sorti voir son geai qui se trouve dans une cage sur le dos de la maison, près du jardin à légumes. Son père lui a rapporté du bois, l'an passé, le frêle oisillon tombé du nid et blessé. Pour faire plaisir à Pierrot, il a confectionné une cage en osier pour l'oiseau, que, depuis ce jour, l'enfant n'a eu de cesse de cajoler et d'apprivoiser. Il y a quelque temps, Pierrot s'est mis en tête de faire parler l'oiseau qui d'ailleurs s'y prête assez bien : le geai inlassablement répète les quelques bribes de phrases en patois que l'enfant lui a apprises.

Le plus drôle est que l'oiseau répète même à présent une phrase que la mère de Pierrot, la Louisette, lance souvent à l'adresse du jeune garçon quand ce dernier sort de la charrière en omettant de refermer derrière lui la petite porte en bois qui en interdit l'accès : « *Barro lo cledou ! Barro lo cledou !* » répète inlassablement le geai.

Pierrot s'est attardé quelques instants auprès de l'oiseau, et déjà de l'intérieur de la maison sa mère l'appelle pour le déjeuner, car il est bientôt sept heures. Pierrot rentre dans la salle commune après avoir déposé ses sabots près de l'entrée. Il traverse la partie planchéiée, au-dessus de la cave qui est accessible par une trappe, et contourne la longue table en châtaignier massif avec ses deux bancs. Il va s'asseoir au bout du banc qui tourne le dos à la grande cheminée. Au-dessus de sa tête pend le râtelier à pain fixé aux solives, dans un angle à sa gauche un grand lit haut perché, en cerisier, derrière des rideaux enfumés, c'est celui du grand-père et de la grand-mère. Sa sœur aînée, Jeannette, remplit son assiette en grès d'une bonne soupe bien fumante aux choux et aux pommes de terre, tandis que leur mère, la Louisette, décroche du râtelier une grosse tourte de pain bis. Martial, le grand frère de Pierrot, agenouillé dans le *cantou,* devant les chenêts, souffle sur le feu qui ne veut pas reprendre. Après avoir donné leur pâture aux cochons dans le coudert, le grand-père se lave les mains près de l'évier sous la fenêtre, en utilisant la couade[1] qu'il a plongée dans le seau en bois. Il interpelle le garçon : « Hé Martialou, va donc à la remise chercher un fagot et sers-toi du *buffadou !* » (C'est ainsi que l'on nomme le précieux soufflet qui permet de ne jamais laisser s'éteindre le feu dans le *cantou.*) Le père rentre du jardin où il a bêché, la vieille horloge à balancier sonne sept heures, tous se retrouvent à présent, autour de la table, à manger leur soupe dans laquelle ils laissent tremper les morceaux de pain bis que le père a découpés pour eux.

Dans la pièce, on peut voir un coffre à linge et un vaisselier qui fait office de fourre-tout, il y a dans un coin un tabouret, *lo sélo,* et, près du foyer, l'*archaban,* le fauteuil en bois réservé au grand-père qui sert aussi de coffre à sel. La batterie de cuisine qu'utilise les femmes est bien modeste : brasières, « toupi » à châtaignes, marmites en fonte, casseroles en fer-blanc, poêles, dont une petite, *lu pélou,* et une autre trouée, *lo pedarso,* pour faire rôtir les châtaignes. Aux poutres sont suspendus, outre le râtelier à pain, *lo pedoueirouo* (vessie de porc), des morceaux de lard, la claie à fromage, des épis de maïs.

La mère et la grand-mère de Pierrot, ainsi que Marceline la domestique, la femme du Jeantou, sont vêtues de la même façon : chemise de chanvre à manches courtes et amples, deux jupons, *lous pantolous,* une jupe longue et noire, une

1. *Lo couado* (la couade) : louche en bois dont le manche creux laisse l'eau s'écouler en un mince filet.

chemisette, *lo brassiero,* un corsage de laine, *lu caraco,* sur lequel elles ont jeté un châle coloré, *lu coule,* qu'elles croisent sur leur poitrine. Elles sont chaussées de simples sabots et coiffées d'une sorte de mouchoir et d'un chapeau de paille ; les jours de fête où l'on danse, elles passent des souliers à boutons ou des sabots vernis et décorés, pourvus d'une longue bride, et coiffent le barbichet, seyante coiffe à ailes. Quant aux hommes, le grand-père, le père et le Jeantou, ils portent une chemise de toile de chanvre, un pantalon de droguet de couleur sombre (*las malinas*), un gilet boutonné et une veste également de droguet assez courte ; ils sont chaussés de sabots de bois dans lesquels ils sont le plus souvent pieds nus sur une petite semelle de foin (*lous fenassous*). A la maison, ils arborent un bonnet avec houppette et au dehors un chapeau de paille tressée. S'ils vont à la foire, ils mettent le col haut empesé et la cravate de soie noire ; ils endossent par-dessus ces habits une blouse de toile bleue, ample, se chaussent de socques aux semelles de bois et à la tige de cuir et se coiffent d'un chapeau de feutre noir à larges bords. Par mauvais temps leurs femmes les disputent pour qu'ils passent la limousine, une cape d'étoffe blanche à rayures brunes. Elles s'écrient : « *Farsas pas lou finfarou, prends me ta manto, que la pleudzo ei en tsami.* (Ne fais pas le fringant, prends ta limousine, car la pluie est en chemin.) »

Mais pour l'heure, aujourd'hui, avant de boire leur soupe, les hommes sont en train de faire chabrol, c'est-à-dire qu'ils relèvent le goût de leur bouillon en y versant une bonne rasade de vin rouge. Ils se lèvent bientôt pour vaquer aux travaux des champs. On est au mois de mars, et c'est le mois où commencent les labours, où l'on plante les pommes de terre et les topinambours, où l'on prépare les prairies artificielles, où l'on herse et roule les blés. En avril, on donnera les premiers soins aux pommes de terre, on sèmera le blé noir et les petites graines. En mai, on sèmera le maïs et le chanvre, on tondra les brebis. C'est juin qui marquera le début des durs travaux quand on coupera les trèfles et que commenceront les fauches à la Saint-Jean.

Pierrot va à l'étable avec le grand-père, tandis que la mère et Martial plantent les topinambours, le père et le Jeantou labourent, la grand-mère et la sœur, Jeannette, s'occupent de la maison. Tout à l'heure elles prépareront à manger, tandis que la Marceline descendra au ruisseau battre le linge et rincer sa lessive.

Pierrot, une fois dans l'étable, détache les vaches pour les mener au pacage ; son grand-père, pendant ce temps, commence à changer leur litière. Au sortir de l'étable le jeune garçon siffle son chien, le Médor, qui accourt joyeusement en aboyant aux vaches. Mené par Roussette, la plus vieille des bêtes, le troupeau descend vers le ruisseau. Les bêtes s'abreuvent lentement, tandis que Pierrot s'amuse à lancer des cailloux à Médor qui les lui rapporte.

« En avant, en avant ! » s'écrie Pierrot. Médor aboie et court autour des bêtes qu'il fait monter sur l'autre rive.

La barrière du pré est bientôt franchie et refermée derrière les vaches. Pierrot redescend jouer au ruisseau où, près de Marceline qui est en train de laver son linge, il retrouve son ami Louisou. Les deux jeunes garçons se mettent à construire un moulin. Louisou a apporté deux planchettes et Pierrot, à l'aide de son couteau, y ménage une encoche pour les assembler ; Louisou prépare deux tresses de jonc pour ficeler au tourniquet un bâton de noisetier qui servira de pivot, puis tous deux amassent de gros cailloux à l'endroit où le ruisseau est le plus étroit. Une fois le barrage formé, les enfants laissent une cascade en son milieu et y installent leur moulin : c'est un plaisir de le voir tourner. Ensuite Pierrot et Louisou grimpent en haut du pré pour faire des roudelous : ils s'allongent dans l'herbe, mettent leur tête dans leurs mains, puis se laissent rouler et rouler tout du long jusqu'au bas de la pente en riant. La matinée est bien vite passée et Marceline, sur le coup de midi, vient chercher Pierrot pour qu'il rentre à la ferme où le dîner les attend.

## Il faut manger pour vivre

Les enfants : Jeannette, Martial, Pierrot et le domestique Jeantou s'assoient sur les bancs, les femmes mangent debout, le dos tourné au feu, le père et le grand-père ont chacun aux bouts de la table leur chaise paillée. Grand-père a pris la tourte de blé noir contre lui et a tranché un morceau pour chacun. Il y a de la soupe aux choux parfumée au lard, puis du lard avec des châtaignes et des pommes de terre, sur la table du cidre pour les hommes, car le vin est cher, et une cruche d'eau froide prise à la fontaine. Le dimanche on terminera par un clafoutis au temps des cerises ou par une flaugnarde pleine de bonnes prunes, de poires ou de pommes plus tard dans la saison. Dans ces campagnes, à l'époque où vit Pierrot, on prend généralement quatre repas par jour, quelquefois cinq : ainsi tout à l'heure aux champs vers les quatre heures, on mangera le *marendou* ou *mereindet :* fromage, galetous, omelette, puis à la nuit tombante, bien près du feu, le « souper », avec soupe et légumes ou fromage ou laitage. En été, le cinquième repas s'intercale le matin vers dix heures, entre le petit déjeuner consommé plus tôt vers cinq ou six heures et le dîner pris vers treize heures.

Bien sûr les repas de fête sont plus substantiels et composés de plats traditionnels. Ainsi mange-t-on d'abondance lors des mariages, des grandes fêtes locales, de la saignée du cochon en hiver, des travaux d'été : moisson et fenaison, des célébrations des saints patrons du Limousin, des fêtes religieuses : Noël, les Rois, Mardi-Gras, Pâques... A Noël les boudins noirs bien frais aux châtaignes sont de rigueur ; dans certains villages du Haut-Limousin, on doit goûter à six plats différents le jour des Rois ; à Mardi-Gras on fait du bouillon gras et des beignets, aux Rameaux des cornues, sorte de brioche. Dans tous ces repas on mange de nombreux et variés pâtés dit *tourtous* ou *galetous,* qui sont des crêpes de blé noir, de la soupe bréjaude aux choux et au lard, de la tourtière aux pommes de terre en lamelles et au salé maigre, et souvent de la poule aux salsifis, de la blanquette de veau à l'oseille ou du mouton aux flageolets. Mais ce n'est bien entendu pas tous les jours la fête.

Pendant les mois d'hiver, les châtaignes sont un plat quotidien, elles sont consommées grillées, bouillies ou blanchies. C'est cette dernière manière qui est la plus courante. Pour décrire cette opération le Limousin dit en patois : « *reicalar las chastanhas* » ; l'ustensile dont on se sert pour « blanchir les châtaignes » est une sorte de croix de Saint-André en bois, dont les deux branches inférieures sont dentelées, ce qui permet par le frottement exercé de dégager les châtaignes de leur seconde peau. Cet instrument s'appelle le *déboué-radour* ou *las brézeis.* On dépose ensuite les châtaignes sur une sorte de crible de forme ronde ou carrée suivant les régions, *lo grélo,* que l'on secoue en tournant pour séparer les châtaignes de leur tan. Une fois lavées, les châtaignes sont cuites à feu doux, avec quelques raves et quelques pommes de terre, dans une marmite en fonte close hermétiquement.

Dans les années 80, à l'époque où vit Pierrot, l'alimentation des paysans limousins s'est assez nettement améliorée par rapport à ce qu'elle était soixante ans plus tôt, à savoir : essentiellement du pain noir, mal levé, mal pétri, mal cuit, accompagné d'une gousse d'ail ou d'un oignon cru, de la soupe où trempent, avec un bout de lard rance, du choux ou des raves, et toujours les pommes de terre et les châtaignes. Seuls les paysans de la Basse-Marche et ceux de la Corrèze jouissaient alors d'une moins maigre pitance, mangeant quelquefois de la viande et buvant de temps à autre du vin.

## Le Jeantou

Après la pause du midi, le père et le Jeantou retournent aux champs, tandis que grand-père va bricoler dans la remise. Le Jeantou est un brave et fort gaillard qui entame son vingt-cinquième printemps, tout dévoué au père à qui il rend de fiers services. L'an passé, dès qu'il a été de retour du régiment, il s'est marié avec la Marceline, dans leur village natal de Faux-la-Montagne. Il est revenu avec sa femme cette année, après Mardi-Gras, à la ferme des Pichon, et cela fait beaucoup de bouches à nourrir ; mais ils sont tous deux très vaillants et sont indispensables pendant les durs travaux d'été. En octobre, après la récolte des châtaignes et des noix et après les semailles, ils s'en retourneront dans leur pays. Il faut dire que le Jeantou est comme le grand fils de la famille Pichon, le père ayant bien connu son père pendant la guerre de 1870 alors qu'ils servaient dans la même compagnie. Le père du Jeantou a malheureusement trouvé la mort pendant cette triste guerre, laissant une famille dans la détresse et la misère. Le père de Pierrot, à son retour de la guerre, a pris le Jeantou, alors à peine âgé de quatorze ans, comme domestique à la ferme de la Rougerie. Le Jeantou est tout heureux cette année de retrouver les Pichon qu'il considère comme ses parents. Voilà bien longtemps qu'il n'avait pas revu la Rougerie et les siens. La Marceline, sa jeune épouse, est toute fraîche et bien jolie, elle a tout de suite su se faire adopter par tous et Martial, l'aîné des garçons, qui a douze ans, ne la quitte pas des yeux, mais rougit très fort quand elle le regarde en souriant. « C'est bien que le Jeantou soit revenu, pense le père, cela évitera aux garçons cet été de trop manquer l'école. » C'est que Pierrot a rejoint l'an passé à l'école du bourg son aîné Martial. Au début, il était plutôt intimidé et gêné d'avoir à abandonner devant le maître son « patois » limousin pour apprendre à parler, à lire et à écrire le français, mais finalement il s'y est habitué et il est fier, certains matins, de se retrouver auprès de son frère Martial, en route vers l'école de Dournazac. De bonne heure, les enfants partent, la pèlerine sur le dos. Pour garder les pieds chauds, ils ont garni leurs sabots d'une bonne épaisseur de foin. Leur mère, la Louisette, a placé dans leur musette le repas du midi qu'ils emportent avec eux : un morceau de pain, du fromage et quelques châtaignes bouillies. Les jours d'hiver, les deux enfants prendront avec eux une bûche de chêne ou de châtaignier qu'ils mettront dans le poêle de la classe lorsque leur tour viendra. A l'école du bourg située à près de cinq kilomètres de la Rougerie, les deux enfants ne sont séparés que par quelques bancs dans la seule et unique classe où enseigne l'instituteur, M. Pénicaud. Les grands, et parmi eux se trouve Martial, sont devant et s'appliquent à recopier sur leur cahier la leçon de morale que le maître a inscrite au tableau noir, les moyens, derrière eux ânonnent quelques syllabes comme b...a, ba de bavard, le b...i, bi de biquette, le b...o, bo de bossu ou de bouc, tandis que les plus jeunes enfants, dont Pierrot fait partie, alignent et superposent des bâtons sur le petit cahier étiqueté à leur nom : c'est ainsi que tous bientôt sauront écrire et pourront en remontrer à leurs pères qui n'ont pas eu la chance d'aller comme eux à l'école. Pendant les récréations, tandis que les grands entament ou perpétuent quelques disputes qui dégénéreront bientôt en bagarre, Pierrot est heureux de retrouver certains jours, quand celui-ci n'a pas été retenu à la métairie de son père, son ami Louisou, avec lequel il a si souvent joué dans les prés ou au ruisseau. A midi, les enfants du bourg rentreront chez eux, tandis que ceux des hameaux, comme Martial, Pierrot et Louisou de la Rougerie, ou Leonardou, Tenou et Pardoux de la Garnaudie ou encore Martin et Marcelin des Vigneras, resteront assemblés autour du poêle au fond de la classe pour manger ce que leurs mères auront placé dans leur musette. Au retour, les enfants, selon qu'ils sont de tel ou tel hameau, se regroupent et rentrent ensemble ; ils s'attardent quelquefois chez le sabotier ou le maréchal-ferrant de Dournazac ou, plus loin, chez Gaillaud le meunier. L'autre jour, Pierrot s'en est retourné au hameau avec son ami Louisou, car Martial a été retenu plus longtemps par le maître. Les deux enfants en ont profité pour flâner et faire le tour des échoppes du village.

## Au village

Ils sont d'abord allés chez Menissou le maréchal-ferrant qui est aussi forgeron, *lu faure,* comme l'appellent les deux enfants en patois. C'est l'artisan le plus en vue du village, car il fabrique et répare les instruments de culture et tous les outils, il cercle les roues de toute sorte et ferre les sabots des hommes et des animaux. Pour le dédommager de l'entretien de leur matériel de ferme (socs de charrue, instruments aratoires, haches, chaînes), les paysans, qu'ils soient fermiers ou métayers, le payent en nature, surtout en pommes de terre et en châtaignes, c'est l'*affevadis.* Louisou et Pierrot s'attardent devant la boutique de Menissou qui s'ouvre grande sur le carrefour près du champ de foire. Ils admirent son enseigne qui est belle et originale, dominée par un Saint Éloi tout doré, on l'appelle « bouquet de saint Éloi ». Sur l'heure, Menissou maintient dans son « travail » un fort cheval de trait qu'il achève de ferrer. Les deux enfants savent qu'il lui arrive aussi de museler les cochons, et ils regrettent presque que ce ne soit pas le cas aujourd'hui, car il faut voir comment les clous de Menissou tiennent ferme dans le nez des bêtes qui ne laboureront plus de leur grouin l'étable et les champs. Menissou est aussi très réputé parmi les hongreurs de la commune. C'est lui, *lou sannaire,* qui châtre aussi les veaux et les cochons ; il sait également guérir et accoucher les bêtes. Et c'est ainsi que beaucoup de gens dans le village le croient guérisseur ou sorcier.

Menissou d'ailleurs, dans bien des cas, n'hésite pas à faire l'arracheur de dents. Très souvent consulté, il est devenu en quelque sorte le roi des « industriels » du village. *Lu faure* vient d'achever sa tâche et le paysan content repart, tenant par la bride son cheval.

« Hé ! les petiots, avancez, avancez donc que je ferre vos sabots ! » Quelle joie pour Pierrot et Louisou qui se dépêchent d'ôter leurs sabots : il est vraiment chic le Menissou ! Bientôt, les enfants repartent gaiement en faisant claquer leurs fers sur le chemin, clic clac, clic clac ; il y en a un qui ne sera pas fier, c'est Baptiste le sabotier. Les deux garçons passent et repassent devant son atelier, clic clac, clic clac. « Eh bien, leur crie de l'intérieur le père Baptiste, cessez donc de faire les malins et entrez ! Grands badauds, j'aurais pu vous les ferrer il y a belle lurette vos sabots, il suffisait de le demander. » Les deux gamins ne font plus les farauds, ils se mettent à rougir et observent en silence le sabotier qui s'est remis à l'ouvrage. Le père Baptiste, ainsi l'a-t-on surnommé au village bien qu'il ne soit pas bien vieux, mais parce qu'il parle toujours de ce qu'a été son métier avec nostalgie, ne manque jamais d'ouvrage, car la consommation de sabots est très grande dans la région : sabots de travail en hêtre ou en noyer et le plus souvent ferrés, sabots « garnis » en tremble ou en bouleau, échancrés sur le coup de pied, munis d'une bande de cuir et cloutés, sabots pour les grandes fêtes et les mariages, en aulne d'une très jolie teinte et décorés. Il travaille à la demande, mais il a toujours des sabots prêts à la vente. Pourtant, le père Baptiste raconte aux enfants que ce n'est plus comme autrefois, et que le métier se perd. Pierrot et Louisou croient alors entendre un véritable conte fait pour eux et qui les enchante : « Quand j'étais jeune, moi qui vous parle, avec les autres apprentis, je travaillais, je vivais dans la forêt. Nous dressions des huttes en branchages pour nous abriter... » Les deux enfants ravis, mais quelque peu impressionnés, s'éclipsent alors sans faire grand bruit comme tout à l'heure, laissant le père Baptiste à ses souvenirs et à la façon d'un nouveau sabot qu'il vient de placer sur son établi.

Pierrot et Louisou ont maintenant quitté le village et se dirigent vers l'étang de Feuyas, à mi-chemin entre Dournazac et leur hameau la Rougerie. En chemin, ils saluent *lou pelhaire,* le chiffonnier, qui parcourt les campagnes avec son gros balluchon pour acheter au détail les vieux chiffons et les revendre au gros papetier de la région. C'est ensuite le colporteur qui, se rendant au bourg, les croise au grand trot de son cheval ; il est à la fois raccommodeur de faïence et de poterie, vendeur de fil et d'aiguilles, de toiles et de mousselines, d'allumettes et de chapelets, de livres, de feuilletons et d'almanachs, la bâche de sa voiture déborde de bonneterie, de droguerie et de pharmacie.

Certains jours Pierrot rencontre l'étameur et le chaudronnier qui parcourent les campagnes du mois d'octobre au mois de mai. A l'approche des foires c'est aussi le marchand de parapluies ou le marchand de cheveux que l'enfant croise en chemin.

Pierrot et Louisou aperçoivent à présent le bel étang de Feuyas au fond du vallon, ils pressent le pas et bientôt se mettent à dévaler la pente en courant. Gare à celui qui butera sur un des méchants cailloux du chemin, mais c'est à qui arrivera le premier au moulin de Gaillaud, le meunier de la commune.

La grande roue du moulin cliquette, par la porte entrouverte s'échappe un nuage de farine, on entend les rires et les cris joyeux des enfants. Gaillaud ouvre davantage la porte et s'écrie : « Holà, les petiots, venez donc vous faire poudrer les cheveux ! » Mais Pierrot et Louisou préfèrent rester dehors à regarder tourner la grande roue et à marcher au bord de la jetée qui barre le fond de l'étang.

Le moulin de Gaillaud tourne matin et soir. Son agencement est des plus simples, les pignons et les dents sont en bois ; le seul progrès dont bénéficie aujourd'hui le moulin des Gaillaud, qui sont meuniers de père en fils depuis toujours, depuis que le monde existe, s'amusent-ils à dire, ce sont les courroies en cuir, mais Louis Gaillaud a jalousement maintenu les meules à gros grains, qui broient moins fin, mais meilleur.

Notre meunier est son propre mécanicien ; il a l'oreille pour reconnaître si quelque chose ne va pas, et le doigté assuré pour remettre tout en marche. On dit à la Rougerie qu'il triche un peu sur la part qui lui revient, c'est, paraît-il, dans les statuts de la corporation. Mais les deux garnements ne se privent pas de le taquiner en lui lançant ce vieux brocard patois : « *Mounier, farinier trauca sa, vôla bla, o dit après que qu'ei lou rat !* » (Meunier, farinier, qui troue les sacs, vole le blé, et dit ensuite que c'est le rat.)

On ne voit jamais Gaillaud sans farine de la tête aux pieds ; si le moulin chôme un jour de fête, Gaillaud, le meunier, se distinguera de la foule par son vêtement blanc et son chapeau de même couleur. Son attelage est connu de tous les environs ; il tient d'un ancien privilège le droit de faire porter clochette à son âne, à son cheval ou à son mulet. Il annonce ainsi son passage aux ménagères, qui lui préparent les « boisseaux » ou les « charges » de seigle et de froment.

Après avoir salué Gaillaud, Pierrot et Louisou pressent le pas en s'éloignant de l'étang ; ils remontent à présent la côte qui les sépare de la Rougerie, ils ont assez tardé et flâné en chemin et craignent de se faire gronder, d'autant plus que c'est demain jour de foire et qu'ils tiennent à accompagner leurs parents au village.

Pierrot retrouve bientôt tous les siens, il rencontre d'abord en chemin, près de la ferme, le grand-père qui rentre les vaches, un peu plus loin assis devant *lo clédou,* et en train de tailler un bâton d'un air nonchalant, il y a même Martial parti plus tard de l'école mais qui a coupé à travers champs et marché d'un bon pas pour prendre de vitesse les deux jeunes flâneurs. La Louisette sort sur le pas de la porte, elle s'inquiétait déjà du retard de Pierrot, car Martial à son arrivée avait bien insisté sur le fait que son frère était parti devant lui.

## La foire et la fête

Aujourd'hui, Pierrot est épuisé et, à peine sa soupe avalée à grands traits, il gagne son lit dans la chambre voisine tandis que la famille réunie s'attarde autour du *cantou*. Les femmes et la jeune Jeannette filent le chanvre dans un coin, le grand-père assis sur l'*archaban* bourre sa pipe en silence, le père et le Jeantou racontent une histoire à Martial, Pierrot dans la pièce voisine rêve déjà au merveilleux jour que sera le lendemain : jour de foire à Châlus.

Debout au chant du coq, Pierrot déjeune en remplissant son écuelle de pommes de terre et de raves à la marmite pendue à la crémaillère dans le *cantou* ; après les avoir écrasées avec sa cuiller, il ajoute du lait bien mousseux. Le père a attelé Rouquin, l'âne de la ferme, et fait monter, à l'arrière du charretou, le jeune veau qu'il doit vendre. A l'avant, la Louisette s'est assise posant sur ses genoux un grand panier qui contient du beurre et des œufs. Deux autres paniers ont été placés à l'arrière, l'un contient des légumes du potager et l'autre deux poules dont les pattes ont été ficelées. Pierrot a grimpé sur le banc du charretou entre la Louisette et le père qui a revêtu pour la circonstance sa belle blouse bleue et mis son feutre noir. Hue, allez, hue, Rouquin ! crie la mère en secouant les rênes. Les voilà bientôt sur la grand-route qui mène à Châlus, et où ils rejoignent une foule déjà considérable de paysans et de paysannes poussant devant eux leurs bestiaux.

Sur le champ de foire, où chaque paysan retrouve sa « place » habituelle, quel spectacle merveilleux pour le jeune Pierrot !

« Piaus, piaus ! » crie le marchand de cheveux, qui espère

attirer près de sa tente les femmes et les jeunes filles aux longs cheveux. A celles qui, trop démunies, ne résistent pas à la tentation de monnayer leur chevelure, il offrira en échange quelque pièce d'étoffe ou une méchante bague qui ne suffiront pas à atténuer les reproches et les moqueries dont elles seront désormais victimes.

C'est à cette époque une des tristes spécialités du Limousin. Mais, heureusement, il n'y a pas que les marchands de cheveux dans les foires, il y a les marchands de bestiaux, les marchands de volailles et de légumes, les charlatans de tout acabit : marchands de drogues, d'onguent et d'orviétan, vendeurs de vaisselle à la criée, musiciens et jongleurs, c'est d'ailleurs pour cela que le jeune Pierrot, à l'image de tous les paysans limousins, en est si friand. La foire, c'est la faiblesse du paysan limousin ; il les connaît toutes à vingt lieues à la ronde : la foire des bovins, la foire des moutons et brebis, celle des chevaux ou celle des ânes, ou celle encore des petits cochons, les « nourrains ». Il s'y précipite le plus souvent sans raison particulière, ou mieux, il imagine les raisons les plus fallacieuses de s'y rendre, par exemple une paire de sabots à aller acheter, alors même qu'il passe presque chaque semaine dans son propre village devant l'échoppe du sabotier. Il en est même qui pour justifier leur déplacement à la foire s'imposent d'y mener deux ou trois bestiaux avec l'intention de les ramener à la ferme.

La foire est sans aucun doute le meilleur champ d'études du paysan limousin à cette époque. Là, en effet, s'étalent au grand jour son caractère et son comportement social.

Parmi les beuglements des bestiaux, le piaillement des volailles, les refrains de l'accordéon auxquels se mêlent les voix fortes des charlatans et des bonimenteurs, dans un coin du champ de foire, le père de Pierrot est en train de vendre le veau qu'il a mené ce matin de la Rougerie. Le marchand de bestiaux, qui discute avec lui et examine la bête, l'achèterait peut-être, mais il veut l'acquérir à moindre prix, tandis que le père tient, bien entendu, à le vendre le plus cher possible. C'est pourquoi le père, avant d'entamer la discussion, a, à dessein, considérablement élevé le prix de son veau, car il sait bien qu'au bout du compte il sera tenu de réduire ce prix. C'est seulement à cette condition que le marché pourra être conclu car l'acquéreur se croirait trompé si, à force de discuter, il n'avait obtenu le moindre rabais. Longtemps, par conséquent, le père et le marchand discutent, tandis que Pierrot tient compagnie à la Louisette qui, non loin de là, propose aux villageois ses volailles, ses œufs, son beurre et ses légumes. Les deux hommes en auraient pour des heures, si quelqu'un ne survenait pas pour faire l' « accordeur ». Cela ne manque pas de se produire et heureusement le marché est finalement conclu : les deux hommes s'esclaffent en gesticulant, tope-là ! Ils se tapent dans la main : le petit veau partira pour Limoges. S'il s'était agi d'un cochon, l'acheteur n'en aurait pris livraison qu'après la visite du « langueyeur », c'est-à-dire de l'expert qui inspecte les marchés en examinant la langue des porcs pour s'assurer qu'ils ne sont pas ladres. Content de cette affaire, le père vient chercher Pierrot pour l'emmener à travers le champ de foire : il lui achète un pain de seigle aux raisins. Voici la Louisette qui vient les chercher : « Alors, les deux hommes, leur crie-t-elle sur un ton enjoué, il est temps de songer à se mettre en route. » La mère, elle aussi, est contente car elle a vendu tout ce qu'elle avait apporté ; avec une partie de l'argent ainsi gagné elle s'est acheté un grand chapeau de paille garni de rubans ; elle rapporte pour la sœur aînée une jolie bague car elle ne tient pas à la voir un jour vendre ses beaux cheveux.

La petite famille revient gaiement maintenant vers la Rougerie dans le charretou tiré par Rouquin à qui le père a donné à brouter, avant le départ du champ de foire, une belle botte de foin. Quand ils seront rendus à la maison, après les embrassades et les cris de joie saluant leur retour, ce sera encore un peu la fête, et à la veillée, gaiement, les hommes se raconteront leurs meilleures foires, en comparant celle-ci aux autres et en escomptant la valeur et le rendement de la prochaine.

C'est bientôt la fin du mois de juin. Le vent fait frémir les futaies et semble imiter le murmure des ruisseaux. Buses et éperviers planent haut dans le ciel, prêts à surprendre quelque ramier imprudent. D'innombrables fleurs aux couleurs vives parent les prés de leur robe d'été. Depuis plusieurs jours, le père et le grand-père, accompagnés par Jeantou, sont partis pour les champs dès l'aurore, la faux sur l'épaule. Les femmes, suivies des enfants, sont venues les rejoindre après le petit déjeuner. Elles leur ont apporté à manger et à boire. Peu après, tout le monde s'est mis au travail. Tandis que les hommes continuent de faucher, ne s'arrêtant par moments que pour aiguiser leurs lames à l'aide de la pierre qu'ils trempent dans le godet attaché à leur ceinture, les faneuses, aidées par les enfants, retournent avec leurs grands râteaux de bois l'herbe bruissante et chaude. On chargera ensuite plusieurs chars que les bœufs tireront jusque dans la grange. C'est Martial et Pierrot qui, juchés sur le char, tassent le foin. Loin de leur déplaire, ces travaux les enchantent car, les beaux jours venus, ils les dispensent pour quelque temps d'aller à l'école. Et puis arrivera bientôt la Saint-Jean et, dans tous les villages, ce sera véritablement la fête autour du feu de joie, *fio de joyo*. On dressera le bûcher au carrefour de Dournazac, autour d'un mât dont le sommet aura été fleuri par un bouquet, le prêtre bénira le bûcher et certains réciteront des prières. Ensuite tout le monde fera la ronde autour du feu, les plus agiles sauteront par-dessus le brasier. La mère, son tour venu, passera à la flamme le bouquet d'herbes de la Saint-Jean pour favoriser la croissance des raves. Grand-mère agitera un tison en disant : « *Tant de charetas de rabas commo de biôlas* (Autant de charretées de raves que d'étincelles) », et elle gardera le tison qui protège de la foudre et fait pondre les poules.

La veille, on aura décoré les portes des maisons et des

étables, ainsi que les tas de fumier, d'un bouquet d'herbes ou de fleurs. Pour *eimayâ las portas,* on pendra le plus souvent de l'aubépine ou des roses, parfois des digitales et du mille-pertuis ou encore du noisetier, parfois ce sera tout cela à la fois. La nuit précédant la Saint-Jean, la famille aura cueilli les plantes médicinales qui, passées le lendemain par la mère aux flammes du feu de joie, protégeront la famille contre les maladies. Le lendemain de la fête, grand-père fera marcher les brebis dans les cendres pour les préserver elles aussi des maladies, et tous regarderont si les pierres déposées autour du bûcher ne recèlent pas quelques « cheveux de la Sainte-Vierge ».

Ainsi va la vie, ainsi vont les rêves de Pierrot Pichon, petit paysan du Limousin en 1882.

## *CHAPITRE IV*

## LES VEILLEES FANTASTIQUES

L'ère des machines, le rationalisme, l'expansion de la science, auront bien de la peine, même de nos jours, à réduire le royaume parfois secret mais toujours renaissant des superstitions, des fausses sciences, des appels au miracle, au fantastique, aux magies blanche ou noire, aussi bien dans les villes que dans les campagnes ; on peut donc imaginer l'ampleur des croyances primitives et des légendes au siècle dernier en Limousin, ce vieux pays celte aux crépuscules romantiques, aux nuits mystérieuses, qu'elles soient magnifiées par la lune dans une légèreté surnaturelle, ou que les brouillards et la brume les rendent recéleuses d'énigmes inquiétantes.

Au long des hivers pluvieux ou neigeux, quand les jours se font si brefs, quand le fermier, moins accablé que l'été de travaux, doit se résoudre à gagner tôt le coin du feu où se retrouve toute la famille, que de « veillées » où les plus vieux racontent pour l'émerveillement ou l'épouvante de l'assemblée les légendes, les malédictions, les présages fastes ou néfastes !

Groupés devant la grande cheminée dont le feu crépitant jette sur les visages attentifs, ridés ou lisses, d'étranges lueurs, l'aïeule assise sur l'*archaban*, les pieds sur les chenêts, conte d'effrayantes ou féeriques histoires, cependant que les unes filent leur quenouille, que les autres pèlent les châtaignes, que les hommes, de leurs mains lourdes mais habiles, réparent quelque outil.

Est-on en 1800, en 1870, en 1895 ? Mais en quel siècle même ? Venues du plus haut Moyen Age, de bien plus loin encore, des temps d'avant le Christ, les légendes fleurissent noires ou claires, toujours avec la même intensité de ténèbre ou de lumière.

Et d'abord, dans ce petit groupe de familles et d'amis tapis au coin du feu, réfugiés, dirait-on, dans sa chaleur et sa clarté, comme sur un étroit radeau que cernerait, au-delà des murs (déjà à peine visibles dans l'ombre refermée derrière les présents), l'immense vent d'hiver, il est normal qu'on évoque en premier les êtres qui peuplent l'univers nocturne. Certains appartiennent au ciel, d'autres à l'enfer ; à mi-chemin se traînent les revenants. L'un d'eux ne guette-t-il pas ce soir sur le seuil, pauvre mort revenu, soit pour réclamer des prières à la famille, soit, le mauvais, pour tourmenter « le monde ».

« Moi, dit un ancien, une nuit où je m'étais attardé à une veillée comme celle-ci, alors que je parcourais le trajet du retour, voilà-t-il pas qu'à une croisée de chemins j'aperçois quatre bonshommes qui portaient un cercueil. Devant eux marchait un géant. Pour sûr que c'étaient là des revenants, plus celui qui devait dormir dans la bière ; ils devaient aller, je ne sais où... Peut-être à leur village où ils tourmenteraient leur monde. Peut-être aussi, le géant, c'était un de l'au-delà chargé de les surveiller, de les obliger à repartir chez les morts lorsque le coq chanterait. »

Les femmes se signent peureusement.

« Et moi, reprend un autre, la fois où, en pleine nuit noire, j'ai trouvé un cercueil qui me barrait la route. »

Tous guettent la suite de l'histoire. Comme l'homme se tait, l'ancien, celui qui rencontre les revenants, demande :

« Et alors, qu'as-tu fait ?

— Ah là là ! j'ai fait demi-tour et j'ai couru, j'ai couru

jusqu'à la ferme où j'avais passé la veillée. Les maîtres dormaient déjà. Je les ai fait lever. Ils ont bien vu que j'en avais les sangs retournés. Ils m'ont fait un lit par terre dans leur chambre. Le matin, quand j'ai repris le chemin, le cercueil avait disparu.

— Grand nigaud, fait l'ancien en tirant quelques bouffées de sa pipe, grand nigaud, tu pouvais le faire disparaître toi-même, le cercueil, lorsqu'il t'a barré la route.

— Et comment que j'aurais pu le faire disparaître ?

— Il fallait te signer, prendre la caisse à bras le corps, la placer sur le côté de la route, tu l'aurais vu aussitôt glisser et disparaître. »

Un « ah » d'étonnement et de crainte parcourt l'assemblée.

« Après tout, lance une voix, les revenants, il vaut encore mieux avoir affaire aux revenants qu'aux lavandières de la nuit.

— Une cousine du côté de Bourganeuf, ajoute une vieille, elle me disait qu'on avait trouvé un matin son oncle — il marchait sur ses quatre-vingts ans —, on l'avait trouvé raide mort au bord de la Creuse qu'il avait dû longer vers la minuit. Le pauvre défunt était tout tordu, son visage, ses bras, ses épaules. Ma cousine était sûre que c'étaient les lavandières de la nuit qui l'avaient tordu ainsi jusqu'à ce qu'il rendît l'âme. Elles sont condamnées à laver dans l'eau glacée, au clair de lune, des linges qu'on dirait pareils, tout blanchâtres, tout bleuâtres, à des enfants morts. Et je tape du battoir, et je te tords à pleins bras. Celui qui a le malheur de les découvrir, elles l'assomment avec leurs battoirs, et avec leurs mains elles le tordent comme un linge.

— C'est-y Dieu possible ! soupire la fermière en jetant un coup d'œil inquiet sur le loquet qui clôt la porte.

— A propos de linge, dit une autre femme, vous savez ce qu'il arrive à celles qui en ont volé ?... Il paraît qu'il y en a une de Sainte-Feyre, elle avait volé du beau linge, des draps, des nappes à sa voisine, alors elle a voulu aller le laver, à la nuit tombée, forcément, pour qu'on ne puisse pas reconnaître ces nappes et ces draps. Eh bien, au lavoir, voilà une petite vieille soudain qui s'agenouille près d'elle, et qui frappe, frappe à coups de battoir un peu de pauvre linge, frappe que je te frappe, à faire un vacarme de tous les diables. Même que la voleuse commençait à trembler que ce bruit fasse venir du monde. Et puis la vieille, une horrible petite vieille tout édentée, lui offre de l'aider à tordre la lessive des draps et des nappes. L'autre n'ose pas refuser. Aïe, dès qu'elle a saisi un bout des draps, la vieille n'arrête plus, elle tord, elle tord, d'un côté, de l'autre, la laveuse à l'autre bout doit tordre elle aussi, mais la vieille va plus vite qu'elle dans ses torsions, et tords que je te tords, la voleuse bientôt n'en peut plus, mais elle ne peut lâcher prise, ses mains sont collées au drap, et je tords, et je tords, et tu tords, la malheureuse laveuse s'épuise, s'époumonne, sa poitrine se serre, en face d'elle les yeux de la vieille flamboient ! de la vieille qui ricane d'un rire affreux, et il faut tordre et tordre encore, les os de la voleuse en craquent, ainsi jusqu'à ce que le linge ait rendu sa dernière goutte d'eau. Ce n'est qu'à l'aube qu'un chasseur a trouvé la voleuse évanouie au bord de la mare. Il a appelé ceux du hameau, on est accouru, la voisine a reconnu son linge volé. La voleuse a dû passer je ne sais plus combien de jours à l'hôpital pour se remettre, et de là... en prison.

— C'est terrible, dit la tendre fermière.

— Terrible ? reprend la conteuse. Mais savez-vous que celle de Sainte-Feyre s'en est tirée à bon compte. Il y a d'autres voleuses de linge, la vieille du lavoir les a forcées à tordre, à tordre, jusqu'à ce qu'elles rendent l'âme. »

Un silence, puis :

« Après ça, lance un plaisantin, pas besoin de fermer vos placards, ou vos armoires, les femmes, vous pouvez être sûres qu'aucune n'ira vous le voler, votre linge.

— A propos de revenants, murmure quelqu'un.

— Hé, ça va, on en a déjà parlé, on va pas y revenir aux revenants. »

Les rires fusent, soulageant chacun de l'angoisse. Mais l'autre insiste.

« La fois où j'ai vu, de mes yeux vu, vous entendez, où j'ai vu et entendu la chasse volante... C'était l'hiver, un hiver dur, comme celui-ci. Un ciel bas, avec de gros nuages, et la lune qui parfois perçait ces nuages noirs. Pas un bruit. Et tout à coup, en plein ciel, d'horribles cris d'enfer, et puis ça se rapproche, ça se rapproche à toute vitesse, des hurlements, des aboiements, des sifflements, des plaintes, des plaintes et des cris, encore des cris, tantôt de haine, tantôt de douleur. Ça a fait un raffût de tous les diables au-dessus de ma tête. Je n'osais guère la lever la tête, mais quand même, je voyais bien cette mêlée horrible qui filait au-dessus de moi comme le tonnerre.

— Qu'est-ce que c'était ? demande la voix timide d'un enfant.

— Hé ! pauvre petit, précise la vieille, celle qui connaît les lavandières de la nuit, comme elle connaît sans doute tous les monstres qui peuplent les ténèbres, la chasse volante (il y en a qui l'appelle aussi la chasse Gallery, ou galérienne, je ne sais pas trop), la chasse volante c'est celle des démons qui poursuivent les âmes des malheureux morts sans l'absolution de leurs péchés... »

Elle baisse la voix pour ajouter :

« Ou bien les âmes des pauvres petits qui ont trépassé avant d'avoir reçu le baptême. »

Les enfants présents, bien qu'ils soient tous baptisés, se demandent en tremblant si vraiment leurs parents n'ont pas oublié de les tenir sur les fonts baptismaux.

Un parent du fermier, un gars qui est venu pour quelques jours de sa Corrèze natale, fait entendre une voix rocailleuse et ensoleillée.

« De par chez nous, il y en a qui l'appellent la chasse à Rigaud, votre chasse volante. Ce Rigaud, il paraît qu'il n'avait peur de rien, à croire qu'il n'avait ni cœur ni âme. Une nuit, il croise comme ça une chasse volante. Ça faisait un tel tumulte au-dessus de lui qu'il comprend que les satans, que leur meute féroce va saisir enfin son gibier aérien, alors il s'écrie, en se tournant vers le ciel : « Hé, là-haut, gardez-moi ma part. » Floc, flac, floc, voilà qu'il se met à tomber sur lui plein de gouttes de sang et tout à coup, une main, un bras, des jambes coupées en morceaux. A ce qu'il paraît, qu'il ne rigolait plus le Rigaud !

— Allez, fait le père. Vous allez goûter mon cidre ! »

Il espère ainsi alléger la pesante atmosphère qui s'est abattue sur l'assemblée autour des conteurs avec leurs histoires à vous donner le frisson de la mort.

La mère et ses filles s'affairent, sortent des verres du vaisselier, cependant que le père s'éclipse un instant à la recherche de deux bouteilles de cidre blond. Lorsqu'on a bu et trinqué, les langues se délient — quelqu'un dans un coin entonne un vieux refrain, bientôt tous reprennent en chœur la romance limousine.

*Baisso te mountagno,*
*Levo te valloun*
*bis*
*Per me laisse veire*
*Lo mio Jannetoun*
*bis*
*Denguerro n'ei pas jour*
*qu'ei lo luno que raillo*
*Denguerro n'ei pas jour*
*qu'ei lo luno d'amour*
*que raillo que raillo*
*Lo ne mai lu jour*
*que raillo que raillo*
*Que raillo toujours.*

Un gai luron brise l'attendrissement général en entonnant d'une voix grave :

*Janetoun quan t'aimavo*
*Janetoun vio begu* (bis)
*Auro que lou vi me passo*
*Janetoun t'aime, t'aime,*
*Auro que lou vi me passo,*
*Janetoun t'aime pu.*

« Ah là là, nos hommes, c'est bien souvent comme ça », concluait une commère. Les filles protestent avec des rires et des chuchotis. Elles espèrent bien que, « de nos jours » les garçons ne sont plus comme ça, qu'ils ne boivent pas et qu'ils aiment sincèrement leur belle. Mais le chanteur cynique leur répond avec un autre refrain.

*Quan te n'aivo veire*
*Te promettio tout mo Lisetto* (bis)
*Auro que te teine*
*T'auro do batou mo Lisetto*
*Auro que te teine*
*T'auro do batou!*

C'est le comble ! A présent il leur rappelle, aux jeunes et naïves beautés, que bien souvent leur futur maître remplace les caresses et les promesses des fiançailles par les coups du tyran de maison. En guise de contestation, une voix fraîche s'élève et chante des paroles que la plupart ne comprend guère car elles sont en français, pourtant la mélodie limousine qui les porte est ancienne, peut-être vient-elle d'un lointain troubadour, et quelque érudit de village aura cru bon de traduire en « français » les mots de la vieille langue d'oc, de la langue courtoise :

*Rossignolet du bois*
*Rossignolet sauvage*
*Apprends-moi ton langage*
*Comment il faut aimer?*

*Comment il faut aimer,*
*Je m'en vais te l'apprendre.*

Garçons et filles, alanguis par le cidre, par la chaleur et par la douceur de la chanson, se regardent en rougissant.

« C'est pas tout ça ! remarque un sage, mais il va être grand temps de rentrer.

— Oh ! encore une », supplie la fille de la maison, et son amie, celle qui chantait le rossignol, sans se faire prier, entonne un dernier couplet.

On sait gré aux chanteurs d'avoir dissipé l'angoisse que, peu à peu, avaient distillée les récits des conteurs. C'est qu'il va falloir affronter le froid et les ténèbres. Pourvu qu'on n'aille pas se trouver nez à nez avec le cercueil solitaire, les revenants, les lavandières de la nuit ou la chasse galérienne ! On se quitte avec des « *Adicha !* » sonores, des « *Bouno né !* »

Longtemps, le fermier et sa famille écoutent s'éloigner dans la nuit les *huchados,* les *Ifoufou !* que lancent les garçons, cependant qu'un autre groupe poursuit son chemin en chantant *Lo fillo de lo mountagno — Font lou... pelèle...* Devant tant de joie — ou du moins son expression peut-être un peu forcée — les êtres de cauchemar, les êtres de la nuit, sans doute, se tiendront-ils à l'écart.

« Demain, dit l'aînée, faut pas oublier, la veillée ça sera chez les Jarraud.

— Je me demande si elle sera aussi réussie que la nôtre », s'interroge la mère.

## Loups-garous et compagnie

Le lendemain, chez les Jarraud, l'assemblée était au complet, aucun homme ni aucune femme depuis hier soir n'avait donc été emporté par quelque loup-garou. D'ailleurs, à vrai dire, nul jamais n'avait connu directement un loup-garou ou sa victime. En revanche, nombreux étaient les gens à vous dire : « Un mien cousin m'a raconté, un de mes amis... », etc.

Et ce soir, chez les Jarraud, ça n'a pas manqué... D'abord quelqu'un, le fermier sans doute qui hier accueillait le voisinage autour de sa cheminée, a demandé :

« Alors, personne n'a fait de mauvaises rencontres, la nuit dernière ?... Après toutes ces horreurs que vous aviez racontées, ma femme n'arrivait pas à s'endormir, et les filles non plus. »

On rit. On assure que la campagne sous la lune était parfaitement paisible.

« Vraiment, vous aviez peur ! remarque un loustic... Et pourtant personne n'avait parlé du *lébérou.* »

C'est lancé, chacun a son grain de sel à donner à propos du malheureux et dangereux loup-garou. Tout le monde sait cela : il arrive qu'un villageois ou un paysan tombe sous la coupe de Satan. A-t-il trop blasphémé ? A-t-il voulu vendre son âme ? Toujours est-il que Satan le condamne à se métamorphoser en bête pendant la nuit et, sous cette apparence, à parcourir sept communes du voisinage avant que pointe l'aube. Si pendant son interminable trajet, il s'attarde, il risque la mort bien qu'il soit invulnérable... sauf aux armes bénites !

« Donc, un mien cousin, un de ses amis, en pleine nuit, tout à coup le voilà face à face avec un loup-garou... Heureusement, l'ami de mon cousin avait sur lui un coutelas, et prudent il avait fait bénir la lame. Le loup-garou s'approche, menace. Vlan, l'autre lui flanque la pointe du coutelas dans l'épaule. Ah ! ce hurlement, un vrai hurlement de loup blessé... L'homme déjà levait de nouveau son couteau. « Arrête, arrête », supplie le damné, et en même temps, il perd sa gueule, son corps de loup, il n'est plus qu'un pauvre homme qui supplie : « Si ton arme bénite me blesse de nou-« veau, alors je suis mort, même si elle ne fait que m'égra-« tigner. » L'ami du cousin a eu pitié.

« Je savais la protection de l'arme bénite, dit une voisine. Mais attention, on n'a pas toujours sur soi une arme bénite »

Rumeur d'approbation et de crainte.

« Alors, moi, j'ai toujours sur moi une aiguille, une aiguille que j'ai trempée dans le bénitier de l'église, et ça suffit pour faire décamper le *lébérou,* il paraît vraiment que ça suffit... Seulement, méfiance, il peut se transformer en n'importe quoi...

— Et s'il se transformait justement en aiguille ! » s'esclaffe le loustic, et toute l'assemblée de rire.

La vieille toise la forte tête.

« Le loup-garou peut se transformer en tout ce qu'il veut, sauf en aiguille.

— Il mange quoi, le loup-garou ? interroge une voix enfantine apeurée.

— Un berger m'a confié qu'il a vu un loup-garou manger un de ses moutons.

— Pas étonnant, ajoute la vieille à l'aiguille, les *lébérous* doivent parcourir, chaque nuit, sept années durant, sept paroisses en passant devant leur sept clochers. Et pendant ce temps, tandis qu'ils parcourent les sept paroisses, s'ils n'ont point trouvé une proie importante à dévorer, alors, dans la même nuit, il leur faut recommencer tout le trajet... En tout cas, moi, j'ai toujours sur moi une aiguille bénite, on ne sait jamais... »

Et chacun de reprendre : « On m'a dit... » « Il paraît... »

« Il paraît que le loup-garou, il descend parfois d'un prêtre défroqué. »

Et les femmes de se signer...

« Vous savez, c'est pas sûr qu'il se transforme en loup. Il se contente plutôt de revêtir la peau d'un loup.

— Tenez, moi qui vous parle, un de mes grands-oncles autrefois, le métayer d'à côté, commençait à avoir peur ; chaque matin il surprenait son valet qui rentrait, épuisé, avec une odeur de soufre, et un jour, dans un coin de l'étable, il découvre une peau de loup, il la prend, il la porte sur un bûcher ; dès que la peau commence à brûler, le valet accourt en se tordant de douleur et puis il se jette aux pieds de son maître, il lui avoue son sort de loup-garou, il pleure, il dit, en pleurant, que maintenant il va lui falloir accomplir, de nouveau, pendant sept années, toute sa peine, pendant sept ans, alors qu'elle touchait à sa fin.

— Oui, oui, c'est arrivé, et cet autre fermier qui trouvait bizarre la conduite de son valet, une nuit il se cache et qu'est-ce qu'il voit, il voit le valet, une peau de loup sur les épaules, se jeter sur le chien de la ferme, s'en saisir et, oui, le dévorer vivant. Le lendemain, le fermier s'approche du valet, avec horreur, il lui dit ce qu'il l'a vu faire. Le valet tombe à genoux, il s'écrie : « Ah ! mon maître, Dieu « soit loué que je ne vous aie pas aperçu, car je vous aurais « mangé comme j'ai fait pour le pauvre chien ! »

— A Nexon, le loup-garou paraît la nuit, après l'Angélus. Si l'on siffle après l'Angélus ça le fait venir. Souvent, il bondit sur le dos des passants, il les pousse vers l'étang le plus proche pour les noyer. Mais c'est vrai, pour se sauver, il suffit de le piquer avec une épingle, comme a dit la Toinon.

— Une épingle bénite, réaffirme la vieille Toinon.

— Ça je ne sais pas, les gens de Nexon, ils disent que s'il coule une goutte de sang, le loup-garou aussitôt il redevient homme, et il vous remercie car vous l'avez délivré de son sort.

— Et les femmes ? demande le loustic, est-ce qu'elles sont jamais *lébérounas ?* »

Personne dans l'assemblée n'a entendu parler de femme loup-garou.

Les femmes et les filles autour du foyer poussent un soupir de soulagement.

« A Rochechouart, reprend le berger de chez Pradel, j'y ai été quand j'étais gosse. Pas loin de Rochechouart, il y a un petit calvaire, on l'appelle la croix de Blancharaux. C'est là qu'ils se donnent rendez-vous, les *lébérous*. Si jamais vous devez y passer à minuit, il vous faut porter un chat dans un tablier, autrement... Ils disent, les gens de Rochechouart :

*Si tu n'as pas lou chat minau*
*Din toun davantau*
*Tu né t'en iras pas intau.*
(*Si tu n'as pas le chat minet*
*Dans ton tablier*
*Tu ne t'en iras pas ainsi.*)

— Bon, eh bien, ça commence à suffire, vos loups-garous ! lance une jolie voix effrontée, celle qui, la veille, entonnait les chansons d'amour. Vous ne croyez pas qu'il y a d'autres êtres mystérieux mais qui, eux du moins, ne sont pas méchants ? »

Les conteurs d'épouvante se taisent vexés, et les autres intimidés gardent aussi le silence. Alors la jeune fille prend les devants.

« Tenez, les fades par exemple, ma défunte aïeule, le bon Dieu ait son âme, elle me racontait qu'elles apparaissent toutes blanches parmi les pierres folles.

— Les pierres folles ? s'étonne Amélie, son amie.

— Oui : tu sais, quand tu vois des tas et des tas de rochers, on dirait qu'ils ont roulé à toute vitesse sur la lande et puis qu'ils se sont arrêtés pour reprendre souffle. Eh bien les fades, la nuit sur les prés, elles dansent en rond, et ensuite le matin on peut voir ces ronds magiques tracés dans l'herbe de la prairie, sur le rond l'herbe ne repousse jamais.

— Ah oui, on m'en a montré, un grand rond, on m'avait dit que ça s'appelle le rond des fées...

— Il y a aussi les *eschantis*... Quand j'avais été passer les fêtes chez ma tante du côté d'Ussel, j'en ai vu, des sortes de feux qui dansaient, le curé disait que c'étaient des feux follets, que ça n'avait rien de surnaturel, mais pour ma tante, c'étaient les *eschantis,* des âmes errantes, le paradis leur est fermé, alors elles mendient les prières que leur famille leur refuse.

— Chez nous, on appelle ça des châtains, fait une voix.

— Il y a aussi le drac, reprend la « chanteuse ». D'accord, c'est un petit diable, on disait moitié nain, moitié animal comme celui que les bohémiens montraient l'an dernier sur la place du village, un singe, je crois, ils l'appelaient, en tout cas le drac, il n'est pas si méchant ; la nuit, il s'amuse à faire sortir les chevaux de l'écurie, même si vous avez barricadé les portes, il les fait courir, courir, autour de la paroisse. A l'aube, ils rentrent, épuisés, et leur crinière, il s'est amusé à la tresser. D'autres fois dans l'étable, il lie deux vaches ensemble, et ensuite il les pique, et les pauvres bêtes se secouent, sautent, tirent chacune de leur côté, mais elles n'arrivent pas à se détacher.

— Ah ! si j'en tenais moi, de ces dracs, de ces petits diables, gronde le fermier d'une voix coléreuse, s'il m'avait attaché les chevaux ou les vaches, je lui ferais voir de quel bois je me chauffe ! »

La « chanteuse » éclate de rire, ses jolis yeux brillent de malice. On la regarde, avec un plaisir mêlé de crainte : ne serait-elle pas habitée par quelque fée pour connaître toutes ces choses et pour montrer, à son âge, si peu de respect au maître de maison ?

Tout en continuant de rire, elle remarque : « Mais vous ne l'attraperiez pas, on ne l'attrape jamais le drac, il est bien trop malin ! »

La vieille, celle qui porte des aiguilles bénites contre les *lébérous,* prend un air sentencieux pour affirmer :

« On peut pas l'attraper, le drac, mais on peut le conjurer. Il suffit de repérer la lucarne par où il s'introduit dans la maison, ensuite devant cette lucarne on répand un mélange de cendre et de balle de sarrasin. Il y en a d'autres, des gens, qui préfèrent essayer de l'amadouer : on laisse pour lui la porte entrebâillée, comme cela l'hiver il peut venir se réchauffer au coin du feu, et près du foyer on lui garde une écuelle de lait.

— C'est ça, s'insurge le fermier, je vais lui faire cadeau de mon feu et de mon lait à ce vaurien. Moi je te prendrais la fourche ! »

Tous le regardent, apeurés. Cette nuit, après leur départ, le drac ne va-t-il pas venir se venger ici même de ces propos provocants ?

« Votre fourche n'y ferait pas grand-chose, mon pauvre Léonard, fait la vieille avec condescendance, mais si vous arriviez à l'asperger d'eau bénite, alors oui, le drac, ça le ferait décamper. »

Une femme, qui ni la veille ni ce soir n'avait soufflé mot, s'enhardit, encouragée par la petite chanteuse qui la pousse du coude : « Allez, Emilienne, raconte ton histoire.

— Eh bien, murmure la timide, je crois que votre drac c'est ce que nous appelons, nous autres, à Chamboulive, le lutin. Il paraît que ce lutin, à une époque, il se plaisait à se transformer en pelote de fil rouge. Vous pensez, cette belle pelote de fil rouge, ça fait envie aux femmes, mais quand elles se baissaient pour la ramasser, fûû, la pelote roulait un peu plus loin. Il y en a, des femmes, qui ont fait des lieues et des lieues sans jamais pouvoir attraper la pelote. Une, un jour, y est arrivée, mais à ce moment la pelote rouge s'est faite si lourde, si lourde que la femme n'a pas pu la soulever. Et tenez, enchaîne la jeune timide qui maintenant est lancée, mes tantes, lorsqu'elles étaient jeunes, un matin, elles étaient allées à Tulle, elles voulaient y acheter du tissu pour faire des robes qu'elles porteraient à une noce. En revenant, qu'est-ce qu'elles trouvent sur la route ? Un bel écheveau de soie. La plus jeune s'en empare, toute contente, car l'écheveau était juste de la couleur du tissu qu'elle avait choisi pour elle. C'est pourquoi, elle se servit de cet écheveau pour coudre sa robe. Aïe, aïe, aïe, le jour de la noce arrive, ma tante toute fière passe sa jolie robe, un peu plus tard, avec le cortège elle entre à l'église, au moment où elle prend l'eau bénite, toutes les coutures de la robe disparaissent, elle voit à ses pieds se reformer l'écheveau de soie, en deux bonds il s'enfuit de l'église, et la robe tombe en morceaux aux pieds de la pauvrette, bien honteuse, ainsi en jupon, comme vous pouvez l'imaginer. Eh oui, l'écheveau de soie, ce n'était autre que le lutin, le drac ! »

Toute l'assemblée s'esclaffe. « Sacré drac ! Sacré lutin ! Il en fait de bien bonnes ! » La jeune timide est toute rose d'émoi.

La maîtresse de maison offre des marrons grillés que son fils tire du feu, le fermier remplit les verres d'un petit vin clair à goût de pierre. Quand chacun a bu son verre, le maître de maison se tourne vers la jeune « chanteuse ».

« Alors, Adélaïde, hier soir chez nos amis tu nous as régalés de tes chansons, aujourd'hui tu ne vas pas rester muette ? »

Adélaïde, intimidée, se fait prier, enfin elle se lève, les flammes du foyer éclairant de pourpre et d'or son gentil minois de brune, elle commence :

*Un jour din l'étouia*
*Gardavo mo moutoun*
*Un bo moussieur mo fe*
*Ven me parla d'amour.*
(*Un jour dans l'éteule*
*Je gardais mes moutons*
*Un beau monsieur ma foi*
*Vint me parler d'amour.*)
*Gentille campagnarde*
*Si tu voulais*
*Te donnerais mignonne*
*Un beau manteau tout cousu d'or !*

Et naturellement la mignonne, la campagnarde, la bergère préfère son ami Pierre au « beau monsieur bien mis et à son beau manteau tout cousu d'or ». On applaudit la chanteuse, ses amies l'embrassent, un garçon fait mine de donner, lui aussi, un baiser, il en est pour ses frais. Un autre drôle lance : « Et si l'on dansait ! » Le cadet du fermier va chercher sa *gnarle* dans un placard. On repousse la longue table, les bancs, les tabourets. Le cadet empoigne son pauvre accordéon. « Ça ne vaut pas la vielle, ni la chabrette », regrettent les anciens. En place pour la bourrée !

Sur les notes nasillardes et incertaines de la *gnarle*, les couples sautent, s'inclinent, font claquer leurs sabots, tournoient, tourbillonnent. Les « vieux » regardent d'un œil amusé et nostalgique cette frénésie des « jeunes ». Oh ! eux aussi pourraient danser encore la bourrée, mais ils préfèrent se réserver pour les grandes occasions, pour les mariages et pour les fêtes : Carnaval, la *gerbo baudo* ou la batteuse. Alors, là, il y aura la place vraiment pour danser et de la vraie musique avec vielleux et chabretaires.

Quand la bourrée s'achève, que les couples essoufflés se regardent en riant, alors que le petit accordéoniste s'apprête déjà à recommencer, le voisin de chez Prades déclare que lui et sa famille il leur faut rentrer : demain, malgré l'hiver, il se lèvera à l'aube, car il doit atteler et se rendre à la ville. Ce départ interrompt la veillée ; malgré les protestations des hôtes, les autres voisins emboîtent le pas à ceux de chez Prades et tout le monde repart dans la nuit. Pourvu qu'aucun d'eux, sur son chemin, ne rencontre le loup-garou.

### Légendaire

Il faut bien ces veillées, leur chaleur, leur amitié, pour permettre de supporter la langueur et la monotonie des hivers. Tant que dure l'assemblée, autour du feu, tant qu'on parle, qu'on écoute, qu'on chante, qu'on frémit au récit des merveilles ou des épouvantes, on oublie la dureté de la vie : le travail incessant et pénible, la pauvreté, l'incertitude du lendemain. On a bien besoin aussi des légendes pour donner un horizon fabuleux à la peine quotidienne. Ainsi s'efface un moment la rudesse des jours sur cette terre si pauvre.

En ces campagnes où il y a alors tant de familles nombreuses, la légende de l'Enfant de Neige dut être inventée par quelque malheureuse fermière qui, elle, n'arrivait pas à avoir d'enfant.

Un distique de Patrice de la Tour du Pin m'a été longtemps familier :

*Tous les pays qui n'ont plus de légendes*
*Seront condamnés à mourir de froid.*

Me répétant ces vers, je me disais que mon vieux pays celtique gardait, lui, bien des braises sous les cendres de sa pauvreté, car il demeure riche en légendes. Celle de l'Enfant de Neige date sans doute du temps où les hivers étaient longs et rigoureux sur les landes limousines, du temps où la neige y installait son désert blanc et monotone pour des semaines et des semaines. Que faire alors devant l'étendue éblouissante, sinon rêver ? C'est ce qui dut arriver à ce couple de paysans parvenus au milieu de leur âge et désolés de n'avoir point d'enfant. Ils revenaient par une nuit de Noël de l'église du village vers leur ferme lointaine au milieu des champs. Tout émus par le mystère de la Nativité, ils se taisaient, chacun gardant pour lui son secret et son regret. A une croisée de chemins, un bonhomme de neige se tenait, raidi et bleu sous la lumière de la lune, abandonné là par les gamins qui, dans la journée, avaient dû le façonner. « Regarde, s'écria la fermière, regarde, Jean, ne dirait-on pas un enfant ? un enfant de neige ? » Et de s'agenouiller devant l'humble et fragile statue, de caresser le visage, les épaules de glace. Sous ses caresses, et sous les larmes qui tombaient des yeux de la paysanne, voilà que le bloc de neige peu à peu fondit jusqu'à ce que de cette armure d'eau gelée se dégageât, ô miracle, un bel enfant clair, un vrai petit bonhomme, un vivant qui suivit le couple émerveillé.

Ils enfermèrent dans leur maison, comme le plus fabuleux des trésors, ce petit prince blanc qui avait l'apparence et l'âge du fils dont ils rêvaient en vain depuis dix ans, mais qui possédait une sagesse surhumaine. « Je suis né de cet amour, leur confiait-il, de cet amour si puissant que vous gardiez dans votre cœur pour cet enfant que le sort vous avait refusé. » Il ajoutait : « Gardez-vous de trop vous attacher à moi, car je ne suis qu'un reflet de votre songe, ma chair est de neige, ne l'oubliez pas, au printemps que demeurera-t-il de moi ? » Et il est vrai qu'au fur et à mesure que fondaient les derniers lambeaux de neige dans les congères que le soleil jamais n'effleurait, les fermiers voyaient leur fils si clair devenir plus frêle et plus diaphane encore. La femme l'enferma dans la chambre du nord, espérant ainsi le garder près d'elle, malgré la fin de l'hiver. Mais dans cet abri, l'enfant de neige paraissait prisonnier ; ce n'était plus la tiédeur de l'air, ni la lumière qui le faisait dépérir mais la tristesse, d'autant plus qu'il entendait par la fenêtre les appels et les rires des galopins du voisinage. Une fillette, entre autres, tantôt le suppliait, tantôt le défiait de venir la rejoindre et de se mêler à leurs jeux. Quand vint le soir de la Saint-Jean, les cris de joie redoublèrent ; déjouant la vigilance de ses « parents », l'enfant de neige s'échappa par la fenêtre. Il rejoignit les autres enfants sur la place du village autour du grand feu de joie. Une fois encore la petite fille d'Eve le défia : « Il n'oserait pas sauter le feu ! » Ce que, pour lui plaire, allaient faire bientôt les autres garçons. Alors, il s'élança, malgré l'immense flamme, juste au moment où le fermier et la fermière arrivaient pour le reprendre, pour le sauver, pensaient-ils. Il y eut au-dessus du bûcher un crépitement d'étincelles, une gerbe d'étoiles, cependant qu'on entendait : « Adieu, mère, adieu père, adieu les enfants ! Ne m'oubliez pas ! L'enfant de neige, je resterai blotti au fond de votre cœur. »

Cette légende du solstice d'hiver et du solstice d'été, j'en ai retrouvé la trace dans maints pays : en Scandinavie notamment et en Russie. Sa version limousine, je l'avoue, m'enchante ; j'aime sa clarté mystérieuse, ce filigrane d'enfance qu'elle inscrit dans la métamorphose des saisons, ce pouvoir magique de l'amour tantôt bénéfique (il crée l'enfant de neige), tantôt maléfique (il le détruit... mais aussi le délivre).

## La Croix du Bon Ménage

Voici une autre légende de l'amour, celle-ci liée à Limoges et qui, du Moyen Age au siècle dernier (et même jusqu'à nos jours), est demeurée bien vivante.

De ce Moyen Age, à la fois tendre et sévère, qui précéda le sac de notre cité par le Prince Noir, de ce temps où la foi, la poésie, l'amour fleurissaient en hymnes, en vers et en émaux à l'ombre de l'abbaye de Saint-Martial, il n'est pour moi plus émouvant vestige qu'un couple de gisants taillés dans le granit, devant lesquels, bien souvent, je suis venu me recueillir dans un bel et vieux jardin dont les terrasses dominent la Vienne.

Ces jeunes époux s'étaient arrêtés dans notre cité, étape sur le chemin de Saint-Jacques de Compostelle où ils se rendaient en pèlerinage. Sans doute souhaitaient-ils chez nous vénérer les reliques de saint Martial. Hélas ! l'épouse tomba si gravement malade qu'en quelques jours elle mourut. Avant de rendre l'âme, elle fit jurer au jeune homme d'accomplir sans elle leur pèlerinage, puis de revenir prier sur son tombeau. Deux ou trois ans s'écoulèrent avant qu'il ne parvint, retour de Saint-Jacques, à rejoindre la terre limousine où reposait sa mie. Son deuil et le voyage l'avaient tant épuisé qu'à peine arrivé à Limoges, à son tour il décédait, non sans avoir demandé qu'on l'allongeât dans le caveau où l'attendait son amour. Lorsqu'on ouvrit la tombe pour y descendre le malheureux, on vit la jeune morte s'éveiller et se mettre de côté pour faire place à son mari. Un sculpteur, dont on ignore le nom, immortalisa ce miracle en taillant dans un bloc de granit l'effigie des deux amants fidèles. Le temps, la pluie, au cours des siècles, ont effacé les traits des jeunes visages, mais on voit toujours les corps tendrement rapprochés : lui, étendu sur le dos, les mains jointes à la hauteur du cœur, elle, allongée sur le flanc et tournée vers son compagnon d'éternité. La merveilleuse dalle dut être arrachée du lieu réel de l'ensevelissement et connaître bien des abris de fortune avant d'être installée dans l'orangerie de l'ancien palais épiscopal.

C'est là, traversant le jardin, que j'allais régulièrement retrouver mes gisants, comme si, me semblait-il, eux et moi, hors du temps, nous étions donné rendez-vous.

## Cavaliers et Vampires

D'autres légendes limousines sont beaucoup plus « noires ». Ainsi celle du Cavalier Noir de Saint-Georges. Ce sombre cavalier monté sur un cheval noir que poursuit un grand lévrier noir fait chaque nuit le tour d'une colline à Saint-Georges-la-Pouge, dans la Creuse. Si lourd est le cheval et si bruyant son galop que la terre en tremble et qu'on va écouter la chevauchée à une lieue de distance, car nul, certes, ne se risquerait à se trouver sur le trajet du cavalier. Mais l'effroi que celui-ci peut inspirer n'est rien à côté de l'épouvante qui s'attache à la légende d'Echizadour, et pourtant, au XIXe siècle, il y a belle lurette que la dame d'Echizadour a disparu ! Mais sait-on jamais ! Si quelque jour elle allait revenir dans les ruines de sa tour qui se dresse encore du côté de Saint-Méard, dans la Haute-Vienne.

C'était aux temps lointains, où les Sarrasins avaient envahi la France jusqu'au Limousin. Certes, après la bataille de Poitiers, ils s'enfuirent, mais pas tous. Des tribus entières arrivèrent à survivre et à se maintenir en Limousin, gardant leurs pratiques cabalistiques. Ainsi, la fille du seigneur d'Echizadour fut-elle élevée par une nourrice d'origine sarrasine.

Cette nourrice était une sorcière et elle initia Hilda à la sorcellerie. Quand la jeune fille eut seize ans, elle obéit à sa nourrice et partit pour l'Espagne où elle resta plus de trois années. On ne sait ce qu'elle y fit, mais lorsqu'elle revint en Limousin, elle avait une beauté étrange et paraissait bien plus fortunée que sa famille. Elle fit construire une tour où elle s'enfermait des semaines durant. On disait qu'elle s'y livrait à la sorcellerie. En même temps qu'Hilda était revenue au pays, commença à apparaître de loin en loin une monstrueuse chauve-souris. La première fois, elle entra de nuit dans une ferme où une jeune femme avait mis au monde deux jours auparavant un beau bébé. La jeune mère fut réveillée par un frôlement, un battement d'ailes dans la chambre. Effrayée, elle parvint à allumer une chandelle : horreur, elle vit une énorme chauve-souris posée sur le berceau du nouveau-né. La jeune maman se leva en criant, courut vers le berceau, la chauve-souris se redressa, déploya ses ailes immenses, fixa l'atroce regard de ses minuscules yeux pourpres sur la jeune femme, puis s'envola par la fenêtre. Hélas ! dans son berceau, l'enfant blafard était mort, deux minuscules trous rouges à la base du cou. La même scène se renouvelait de loin en loin, toujours en étaient victimes des nouveau-nés non encore baptisés. Cependant le temps passait, les années, les décennies, il y avait maintenant plus d'un siècle qu'Hilda était revenue, jeune et belle, de son voyage mystérieux en Espagne, or la solitaire demeurait toujours aussi belle et aussi jeune. Ainsi, jusqu'au jour où une nièce d'Hilda donna naissance à un enfant dans le château d'Echizadour, car deux nuits plus tard, la maman vit entrer dans sa chambre et se diriger vers le berceau l'énorme, l'affreuse chauve-souris, mais la jeune mère qui était en train de prier en égrenant les perles de son chapelet bénit, eut l'idée de lancer celui-ci sur la chauve-souris qui tomba morte aussitôt au pied du berceau avant d'avoir eu le temps de sucer le sang du nouveau-né. Depuis lors nul n'a jamais revu la belle Hilda, Hilda la sorcière, Hilda la vampire.

Telles sont quelques-unes des légendes limousines que fermiers et métayers se racontaient le soir, à la veillée au siècle dernier.

## Quand les bêtes parlaient

En Limousin, comme ailleurs, contes ou légendes font allusion au... « temps où les bêtes parlaient ». Bien que ce langage des bêtes fût sans doute devenu rare au siècle dernier, le paysan prêtait alors grande attention aux « signes » que pouvaient lui prodiguer les animaux de la ferme.

On racontait que l'un de ces paysans voulut savoir s'il était vrai, comme certains le prétendaient, que, pendant la nuit de Noël, les animaux retrouvaient l'usage de la parole, usage qu'ils avaient perdu au cours du temps. Il se cacha donc à minuit dans l'étable et, tout à coup, il entendit l'un des bœufs qui disait à l'autre : « Meuh ! Demain nous mènerons notre maître à l'église. » Il faut dire que notre curieux était un fieffé mécréant. En entendant le bœuf, il devint furieux et s'écria : « Ah ! sales bêtes, moi qui n'ai jamais mis le pied à l'église, vous voudriez m'y mener de force ! » La rage le prit et le dément tua ses bœufs à coups de fourche Ensuite, il rentra à la maison, et là, sur le seuil, soudain, il tomba raide mort. De telle sorte que, le lendemain, une nouvelle paire de bœufs menait son cadavre vers l'église.

En tout cas, s'il ne devait pas arriver bien souvent qu'on entendît les bêtes parler, tous les paysans parlaient à leurs bêtes, non seulement pour les commander dans le travail, mais aussi dans les grands moments de la vie et de la mort.

Ainsi, lorsqu'un paysan mourait, s'il avait des ruches, son fils aîné allait y accrocher une étoffe noire, sinon, avant neuf jours, les abeilles seraient parties ; en outre, le fils soulevait la chape de paille des ruches et avertissait les abeilles en leur disant : « *Ma pita, trobaia. De meitre vous n'en manqueré pas!* (Mes petites, travaillez. De maître vous n'en manquerez pas !) »

On craignait beaucoup en effet que les abeilles abandonnent leurs ruches et essaiment vers des lieux lointains. De même à la Chandeleur, le fermier apiculteur faisait bénir un cierge et le transportait, allumé, de l'église à ses ruches. Le paysan, le cierge en main, déambulait autour du rucher. Il espérait bien qu'après cela les abeilles ne quitteraient plus jamais le cercle invisible qu'il avait tracé.

*CHAPITRE V*

# COMMENT APPRIVOISER LA VIE

## Naissances

Au siècle dernier, rares étaient, en Limousin, les foyers sans enfants. Et pourtant le verrou de l'église de Saint-Léonard (Haute-Vienne) n'était pas le seul objet magique que les femmes stériles (ou qui craignaient de l'être) allaient toucher avec l'espoir d'enfanter dans l'année qui suivrait. Dans les environs de Saint-Junien, à la Bretagne, les femmes allaient se frotter le ventre à un grand dolmen, ainsi deviendraient-elles fécondes, ou, si elles l'étaient déjà, elles obtiendraient un accouchement facile. Une autre pierre, non loin de Javerdat, offrait les mêmes vertus.

Avec ou sans l'aide des verrous magiques, des dolmens et autres pierres enchantées, les familles de plus de six, huit, dix, voire douze enfants, étaient monnaie courante, surtout à la campagne. Chez ces pauvres gens, une aussi nombreuse progéniture ne favorisait guère pour chacun des petits la chance au bonheur. C'est pourquoi, sans doute, les mères étaient-elles si attentives aux présages, attachés selon elles, à la naissance de leur bébé. S'il pouvait naître le dimanche, se disaient-elles, ou encore s'il arrivait « coiffé » (c'est-à-dire la tête du bébé sortant la dernière du ventre de la mère, il serait toujours heureux. Après la naissance, il pouvait y avoir encore de bons présages pour l'enfant : ainsi le garçonnet ou la fillette qui « mettait » en premier les incisives supérieures, vous pouviez être sûr qu'il aurait plus de bonheur dans sa vie qu'aucun de ses frères et sœurs.

Mais que de risques aussi pour les jeunes mamans, que de précautions à prendre à leur égard (non pas celles de l'hygiène, au siècle dernier, hélas ! on n'y songeait guère). Une femme étant sur le point d'accoucher, si jamais une veuve de l'année venait à entrer dans la chambre, tant que la visiteuse en deuil serait présente dans la pièce, la malheureuse femme ne pourrait être délivrée. Lorsqu'on allait voir une nouvelle accouchée, on ne manquait pas de lui laisser une offrande, quelques sous par exemple, afin de ne pas... emporter son lait. Ou encore, on attachait au cou des jeunes mamans un sachet de sel : ainsi ne manqueraient-elles pas de garder leur lait. Il ne fallait surtout pas emporter du feu du foyer d'une jeune accouchée, sans quoi son enfant risquait de devenir chassieux.

C'était un bien grand malheur, si la marraine d'un nouveau-né tombait enceinte le jour du baptême, en effet, la pauvre marraine mourrait dans l'année, et son filleul itou. On ne devait jamais mettre un petit enfant devant un miroir, ça pouvait appeler le diable. Si jamais deux enfants en bas âge venaient à s'embrasser, leurs mères étaient navrées, elles savaient que leur garçon ou leur fille perdraient du coup ses couleurs ou bien seraient retardés pour parler.

On veillait, bien sûr, à ce que les petiots soient propres... enfin, pas trop sales, mais là encore, il fallait faire attention : par exemple, bien prendre garde à ne pas couper les ongles d'un enfant avant qu'il ait atteint sa première année, sinon, plus tard, cet enfant deviendrait un voleur. Et quand on coupait les ongles de l'enfant pour la première fois on ne manquait pas d'aller s'asseoir devant un « buisson blanc ».

Une étrange coutume liée à la naissance, qui se pratiquait encore assez souvent au début du XIXe siècle dans les campagnes les plus reculées du Haut-Limousin, était la *couvado.*

Lorsque la mère avait mis au jour son enfant, c'était au tour du père de prendre le lit et d'y demeurer quelques jours comme si lui-même avait souffert des fatigues et des douleurs de l'enfantement. Sans doute peut-on rire de ce « simulacre », en fait c'était vouloir « marquer » que la paternité n'était pas moins profonde, pas moins charnelle que la maternité. On peut voir un prolongement de la *couvado* dans cette autre pratique confirmant la force des liens du sang entre père et enfant : lorsqu'un gamin avait des rougeurs sur la peau, on le guérissait (ou du moins, on pensait le guérir) en l'enveloppant dans une chemise de son père, chemise que l'on prenait soin de tourner à l'envers.

## De la chasse à l'époux au mariage

Au siècle dernier, les jeunes Limousines ne songeaient pas encore à quitter la campagne pour la ville, aussi les garçons ne restaient-ils guère célibataires. C'étaient les filles qui se faisaient du souci dans la crainte de ne pas se marier. C'est pourquoi, nombreuses étaient les superstitions concernant la « chasse à l'époux ».

Près d'Eymoutiers, au village de Lavilleneuve, lors de la foire de janvier, on pouvait voir de nombreuses filles de ce bourg et des environs danser « sur le molle », c'est-à-dire dans la boue, sans prendre garde aux éclaboussures qui souillaient leurs cotillons. C'est que, disait-on, cette danse en ce jour et dans cette boue permettrait aux impatientes de se marier dans l'année.

Les filles de Pageas, elles, se contentaient de passer la tête dans une niche pratiquée dans le mur de l'église. Celles de Saint-Julien-les-Combes ne manquaient pas d'aller en procession prier saint Eutrope. Ce joli défilé tournait autour du saint et, l'une après l'autre, les « candidates » attachaient autour des poignets de la statue les jarretières de laine qu'elles portaient à la jambe droite. Les vauriens du voisinage ne manquaient pas de venir eux aussi en nombre ; ils se dissimulaient derrière les buissons pour profiter du charmant spectacle.

Les jeunes couturières d'Ambazac avaient un truc bien commode, lorsqu'elles faisaient des robes de mariées, elles ne manquaient pas d'y glisser un de leurs cheveux, elles espéraient bien ainsi provoquer le destin et grâce à ce cheveu... si bien placé, trouver à leur tour preneur dans les douze mois qui suivaient la noce de leur cliente.

Les épingles étaient aussi fort précieuses pour les filles en mal de mari. La statue de la Vierge, dans la chapelle de Notre-Dame-du-Pont, à Saint-Junien, était toute recouverte de ces aiguilles que les jeunes Saint-Juniaudes venaient y piquer. Ou encore, il était bien connu que la jeune fille qui posait la première épingle sur la robe d'une fiancée se marierait dans l'année... à moins qu'elle ne monte, la pauvrette, la malheureuse, sur la queue d'un chat.

La fille qui, grâce à l'épingle piquée dans la statue de la Vierge ou à la jarretière accrochée au bras de saint Eutrope ou encore au cheveu glissé dans une robe de mariée ou, tout simplement, grâce à ses beaux yeux, avait trouvé chaussure à son pied, ne devait pas pour autant relâcher son attention. C'est qu'après le mariage, viennent les jours, les mois, les années de la vie conjugale si souvent semés d'embûches de toutes sortes (souvenons-nous de la chanson : « *Auro que te tiene, t'auras do batou, mo Lisette !* Maintenant que je te tiens, tu auras du bâton, ma Lisette ! »). Alors, le jour des noces, il faut surveiller les moindres signes et, au besoin, donner un coup de pouce au destin.

L'épousée dont la robe de noce était souillée au sortir de l'église par la pluie, par la boue, avait bien de la chance car... elle connaîtrait la fortune.

En bonnes paysannes à la fois prudentes et avisées, la plupart des épousées, dès la cérémonie nuptiale, songeaient (leur mère, le matin même le leur avait assez conseillé) à s'assurer de l'autorité dans leur jeune ménage. Pour cela, elles savaient qu'au moment où leur conjoint leur passerait l'alliance au doigt, il serait bon que l'anneau ne dépassât pas d'abord la seconde phalange, ensuite elles aideraient elles-mêmes à le faire glisser plus loin. Ou encore, deux précautions valant mieux qu'une, après avoir reçu la bénédiction nuptiale, elles s'efforçaient de se lever bien vite avant leur mari, ainsi seraient-elles maîtresses au foyer. Evidemment, les plus malins des maris avaient vent de ces ruses et ils ne manquaient pas d'y parer : par exemple en prenant soin à l'église de s'agenouiller sur la traîne de leur épouse... *Auro que te tiene !...*

Il faut aussi se méfier des sorciers, des jeteurs de sort quand on se marie. Aussi bien, les paysans limousins ne manquaient pas, le jour de leurs noces, de mettre du sel dans leur poche avant de passer devant M. le curé et M. le maire. A Limoges, s'il arrivait que deux frères ou deux sœurs se marient le même jour, on prédisait que l'un des couples emporterait tout le bonheur, alors que l'autre ne connaîtrait que le malheur.

A Crozant, dans la Creuse, après la messe de mariage, on reste dans l'église, les garçons d'honneur se relaient pour emplir un verre de vin blanc qu'à tour de rôle, le prêtre, les enfants de chœur, les parents, les invités vident d'un trait. Après quoi, quand tout le cortège a ainsi bu, on sort de l'église et on lance le verre à terre : le bonheur des mariés sera proportionnel au nombre des éclats de verre.

Dans les grandes paroisses, il arrivait que deux mariages se rencontrent à l'église. Au premier béni, tout le bonheur ; la seconde mariée risquait fort d'être malheureuse en ménage.

N'est-ce pas du côté de Bellac, aux lisières du Poitou et du Limousin qu'on chantait ?

*Quand on est maridé*
*On fait triste ménage*
*Et du soir au matin*
*On a bien du chagrin.*

*Si tu n'en prends*
*Une femme qui soit laide*
*En grand danger*
*De ne pouvoir l'aimer*
(refrain bis) *Quand on est maridé,* etc.

*Si tu n'en prends*
*Une femme qui soit belle*
*En grand danger*
*Les cornes-z-apporter*
(refrain bis) *Quand on est maridé,* etc.

Mais il ne faut point penser qu'aux seuls risques de l'infidélité conjugale ! Il faut d'abord manger. C'est pourquoi, sans doute, s'efforçait-on d'assurer aux jeunes époux des chances d'abondance. Pour cela, en maints villages du Haut-Limousin, au sortir de l'église, lorsque la noce se dirigeait vers l'auberge, sur le seuil de celle-ci, le garçon d'honneur arrêtait le cortège et présentait aux mariés une écuelle de soupe. Au moment où ils en goûtaient une cuillerée, un lascar, d'une fenêtre de l'auberge, faisait pleuvoir de l'avoine dans le bouillon. C'était sans doute à la fois pour inciter ironiquement les deux époux à mener une brillante... chevauchée, et pour qu'à l'avenir une bonne « pitance » ne leur fasse jamais défaut. De même, dans toute la région d'Argentat, en revenant au logis, les mariés devaient passer entre leur garçon et leur demoiselle d'honneur qui élevaient alors au-dessus des époux une tourte de pain bis et s'écriaient : « *Qué jamais vous manca !* »

## Maladies et guérisons

Les médecins étaient peu nombreux dans la campagne limousine, du moins suffisaient-ils à la tâche, car les paysans n'allaient les quérir, lorsque la famille tombait malade, qu'après avoir eu recours à tous les procédés magiques dont quelque vieille femme, ou quelque « sorcier », conservait précieusement le répertoire. Pourquoi appeler le médecin, quand il y a tant de saints guérisseurs à invoquer, tant de « bonnes fontaines » où il suffit d'aller faire ses dévotions ! Même en laissant quelques offrandes à la statue du saint ou à la « bonne fontaine », ça coûtera beaucoup moins cher que la consultation du docteur. Indiquons au passage que le vétérinaire, lui aussi, subira la même concurrence de la part des saints et des sources. Cependant, étant donné que la perte d'une bête est une véritable ruine pour le métayer peu argenté, on se décidera plus vite à faire venir le vétérinaire si les pratiques magiques semblent peu promptes à rétablir la santé d'une vache, qu'à aller chercher le médecin si la femme ou les enfants ont les « traînaisons » malgré l'usage des prières ou des sortilèges.

Terre des saints et des eaux courantes, le Limousin est riche en « bonnes fontaines ». Aux premiers temps du christianisme, un saint arrivait au pays des Lemovices. Voulant évangéliser ces païens, il se mettait aussitôt à bâtir une église ; celle-ci construite, le saint se débarrassait de ses outils ; il jetait au loin son marteau, et là où le marteau tombait aussitôt une source jaillissait. D'autres fois, c'était le bâton du saint qui, en frappant le sol, avait créé la fontaine, ou encore le saint parcourait le pays, à dos d'âne, de mulet ou de cheval, et c'était le sabot de la monture qui provoquait le jaillissement de la source miraculeuse.

Quoi qu'il en soit, au XIX^e comme aux siècles précédents, les paysans limousins et même les citadins disposaient d'une belle gamme de « bonnes fontaines » : d'Espartignac, de Sent-Marsal à Arnac, de Saint-Martial de Chasteaux, de la Graffouillère qu'avait fait jaillir M. Saint Martial ; Sent-Merloudou près de Tulle, Sent-Aliès à Solignac, Sent-Irieris à Saint-Yrieix-la-Perche, Sent-Alei à Chaptelat, Saint-Cloud à Payzac, Saint-Théau à Nedde, Saint-Antoine-de-Padoue près de Brive, et encore des centaines d'autres, de la fontaine d'Eygurande à la foun Saint-Estefe, en passant par la foun d'Arnac-Pompadour, la foun Saint-Prime près de Baulieu, la foun Sainte-Fortunade à Chabrignac, la foun Saint-Doulcet à Chamberet, etc.

Les bonnes fontaines guérissaient essentiellement le *mal chestiu*, le *mal jovence* et les fièvres. Le *mal chestiu* désignait l'anémie, les « traînaisons », l'état de consomption, parfois aussi les convulsions, tout ce qui semblait relever d'une faiblesse aussi mystérieuse que pernicieuse. Le *mal jovence* concernait les nourrices qui ont perdu leur lait. Les fièvres, c'étaient celles du paludisme assez répandu dans le Limousin.

Bien sûr, il y avait toutes sortes de maux qu'on espérait guérir en humectant la partie malade avec l'eau des « bonnes fontaines ». Ainsi, la fontaine de Saint-Ferréol de la Chartroule aidait l'éruption de la *rabanela* à mûrir, et, ensuite, l'eau de Saint-Xantin de Malemort faisait sécher les croûtes.

La foun Sent-Estropi (Saint-Eutrope) faisait du bien aux estropiés, Saint-Clair était recommandé pour les maux d'yeux, Saint-Aurélien (Aureille) atténuait la surdité, Saint-Cloud guérissait les « clous » (les furoncles). On emmenait les enfants qui, bien qu'ils en eussent l'âge ne parlaient pas encore ou parlaient difficilement, à la foun Senta-Caquita (la sainte qui caquette) ; quant aux faibles, aux débiles on allait les tremper, pour les fortifier, dans la fontaine Sent-Guinhe-lou-Fort (le saint qui guigne le fort).

Cela dit, le choix de la bonne fontaine n'était pas si aisé car, pour une même maladie, plusieurs saints pouvaient paraître compétents. Il fallait donc arriver à « faire parler » ou « faire bouger » celui dont la « bonne fontaine » serait la mieux appropriée pour le malade. Il y avait toujours, dans un hameau voisin, une vieille réputée pour sa connaissance des saints guérisseurs. On allait la chercher, on l'amenait au chevet des malades ; elle allumait quatre bougies ; à chaque coin du lit elle en plaçait une à laquelle elle donnait le nom d'un saint guérisseur : il faudrait se rendre à la fontaine du saint dont la bougie serait la première consumée.

Ou encore la vieille enflammait des bouts de branches de coudrier coupées la veille de la Saint-Jean. Toute la famille faisait cercle autour d'elle, cependant qu'elle plongeait les bouts de bois enflammés dans une bassine d'eau, chacun de ces tisons représentait un saint, le premier qui s'enfonçait désignait le saint le plus propice.

Près de Solignac, dans les environs de Limoges, les femmes préféraient réciter une longue litanie de saints guérisseurs, en tenant à la main une tige de noisetier enflammée, le nom prononcé au moment où la branche s'éteignait était celui du saint à choisir.

Bien entendu, en plus des saints et de leurs bonnes fontaines, nos arrière-grands-parents et grands-parents du siècle dernier disposaient de l'aide des sorciers, des guérisseurs et d'une vieille tradition de médecine populaire.

Les sorciers étaient plus redoutés qu'aimés, et pourtant on faisait sans cesse appel à eux pour « enlever le sort » que des gens « à mauvais œil » avaient jeté sur tel ou tel membre de la maisonnée ou sur le bétail.

Le sort jeté sur vous ou sur votre bétail, n'était-ce pas la pire des maladies ? Le fermier qui allait à la foire vendre veaux ou cochons redoutait que quelque voisin ou voisine à mauvais œil n'ensorcelât le bétail, de sorte que lui n'arriverait pas à le vendre. Il n'était pas rare de voir à l'aube fermier et fermière s'affairer dans l'étable et à la porte de celle-ci afin de contraindre à sortir à reculons les bêtes qu'on allait mener à la foire. La fermière prenait soin, avant le départ de son mari à la ville, de mettre un peu de sel sur la tête des veaux et de tracer une croix sur l'échine des porcs. « Hé, Baptiste, s'écriait-elle, lorsque l'homme et les bêtes prenaient la route, surtout n'oublie pas, à la croix de chez Ribiere, n'oublie pas d'arracher un peu de mousse sur la pierre du socle puisque ce sera la première croix sur le chemin. »

Certes, il y avait bien des moyens pour tenter de conjurer le mauvais sort. Par exemple croisait-on le regard d'une personne dotée du « mauvais œil », d'un geste de la main, il fallait rompre le rayon visuel du jeteur de sort, ainsi l'empêcherait-on de nuire. Dans les étables, on plaçait un pot de miel : excellent pour préserver le bétail de quelque méchant sort. Les bergères savaient se garantir elles-mêmes en allant couper des branches de bouleau, le jour du Vendredi saint.

Et puis, il y avait le recours au porte-bonheur : les cornes du cerf-volant (le lucane); une grosse perle marron percée en son milieu et que les femmes portaient suspendue à un fil passé autour du cou; à Tulle, c'étaient plusieurs petites perles polies qu'on portait en collier : les *tessenous*. La fermière cherchait à avoir des poules blanches, elles étaient de bon augure, au contraire des noires. Voulait-on connaître les pensées du voisin qu'on supposait « jeteur de sort », on essayait d'avoir en poche une araignée vivante.

Malgré toutes ces précautions, les paysans craignaient les « jeteurs de sort », et ces « mauvais sorciers » qui aidaient les méchants à détruire celui ou celle qu'ils haïssaient : on se racontait d'affreux envoûtements pratiqués de manières diverses : soit par l'image évoquée dans l'eau de la future victime, soit par l'incision de l'écorce de certains arbres, soit encore par des animaux vivants ou tués destinés à représenter la personne à envoûter. A Favars, racontait Gaston Vuillier, une femme voulait la mort d'un jeune homme pour se venger de lui. Le sorcier consulté lui remit un cœur de bœuf palpitant encore, qu'il plaça dans un vase. Chaque jour, la femme s'acharnait à piquer ce cœur avec de longues épingles. Le jeune homme commença à dépérir et bientôt mourut.

On peut considérer comme une sorte particulière de sorciers les « meneurs de loup ». Il y a cent ans, cent cinquante ans, les loups hantaient encore le Limousin; aussi les propriétaires de grands troupeaux ne manquaient-ils pas, chaque année, de faire protéger ceux-ci par les meneurs de loups. Ces derniers assuraient que, grâce à des incantations, ils empêchaient le fauve de mordre ; cependant, une fois qu'il avait traversé un cours d'eau, le loup redevenait féroce.

Enfin, chaque maître de maison savait, sans avoir à aller quérir le sorcier, le guérisseur, ou en dernier ressort le médecin, ce qu'il fallait faire pour se préserver ou guérir de certaines maladies, notamment celles qui affligent les enfants. Afin d'aider ceux-ci à « mettre leurs dents » sans douleur, on tuait une taupe, on lui arrachait la mâchoire et on la suspendait au cou du bébé. Contre les vers — qu'on accusait de nuire beaucoup à la santé des enfants — on pliait dans un linge un peu d'une herbe dite « aurona » et on accrochait ce petit sachet au cou du gamin. D'autres jugeaient plus sûr de donner aux enfants un collier de gousses d'ail, cependant qu'un collier d'ambre protégeait les petits contre les convulsions.

Contre les fièvres, porter attaché au cou une coquille de noix dans laquelle était logée une araignée bien vivante, passait pour excellent. Ou bien, on coupait les ongles des mains et des pieds, puis on les plaçait dans une entaille pratiquée dans l'écorce d'un frêne en disant : « Frêne je te laisse mes fièvres », un bon signe de croix là-dessus avec une branche de l'arbre et on pouvait s'estimer guéri.

Dans certains villages, une famille avait le privilège de posséder une petite pierre plate qui passait pour guérir les maux d'yeux. On venait de plusieurs lieues à la ronde emprunter cette petite pierre : appliquée sur l'œil malade, elle faisait, croyait-on, merveille.

Plus d'une ménagère croyait que les poux protégeaient les enfants de maintes maladies. En vertu de cette croyance, elles laissaient soigneusement les poux pulluler sur la tête de leur progéniture. Mais, combien de fois, dans les hameaux, les villages et les faubourgs, on voyait des chercheuses de poux penchées sur la chevelure des gamines et des gamins. Contre la coqueluche, boire le liquide sécrété par les limaces rouges était recommandé, cependant que les poitrinaires devaient, eux, manger tous les matins à jeun ces mêmes bestioles. Avait-on mal aux dents, le mieux était de couper avec ses dents la première fougère que l'on croisait en chemin.

Voulait-on se débarrasser de ses verrues ? Rien de plus simple, il suffisait de mettre deux grains de sel dans un linge et de le jeter au milieu du chemin. Le passant qui commettra l'imprudence de ramasser le linge, prendra également les verrues. D'autres préféraient frotter leurs verrues avec des feuilles de vergne et planter ensuite celles-ci dans le fumier. Quand les feuilles seraient pourries, les verrues disparaîtraient. Certains jugeaient plus efficaces les habits d'un cocu : il fallait frotter ses verrues à la blouse, à la veste ou à la chemise de l'homme trompé, et les verrues s'en allaient.

Contre les brûlures, la formule suivante passait pour excellente, il fallait réciter (en limousin bien sûr) :

*Saint Pierre et le Bon Dieu se promenaient,*
*Ils rencontrèrent un enfant qui s'était brûlé.*
*Saint Pierre murmura au Bon Dieu :*
*« Vas-y avec de la chair de porc*
*Et avec trois souffles de ton corps,*
*Tu mettras le feu dehors. »*

On soufflait alors sur la brûlure en traçant une croix avec son haleine. On recommençait encore la prière suivie du souffle en croix, et la brûlure s'effaçait.

La plus spectaculaire des pratiques de guérison, était sans doute le martelage de la rate destiné à délivrer les enfants des *ratas,* maladies infantiles : anémie, nervosisme dont on attribuait la responsabilité à la rate. On emmenait l'enfant dans l'antre du forgeron, on le plaçait nu sur l'enclume que l'artisan se mettait à frapper à grands coups de marteau. Secoué par les trépidations du métal, assourdi par le bruit infernal, le malheureux enfant hurlait d'épouvante lorsque soudain il voyait le marteau du forgeron se lever une dernière fois et tomber à toute volée sur son ventre. Bien entendu, le forgeron arrêtait net l'élan du marteau et frôlait délicatement le ventre du gamin. Immédiatement, la mère rhabillait l'enfant et l'emportait... terrorisé... et guéri.

### La « Dame à la Faulx »

La mort, si fréquente dans les familles paysannes du Limousin, au siècle dernier, fait planer une lourde nuée sombre dans la vie quotidienne des campagnes. On verra pourtant que les funérailles sont très souvent une sorte de fête, grâce à l'assemblée nombreuse qu'elles suscitent et au repas copieux, arrosé et bruyant, qui leur succède.

La nuée sombre se traduit par bien des signes au long des jours et des nuits. Un chien égaré qui aboie dans la nuit annonce la camarde. De même font les cris des chouettes (d'où le sort cruel que réservait le fermier à l'inoffensif oiseau lorsqu'il l'attrapait, le clouant les ailes en croix aux portes de la grange). Un meuble qui craque est présage de mort à moins qu'il ne signifie qu'une âme du purgatoire réclame des prières ; cependant qu'une étoile filante marque tantôt l'envol de l'âme d'un défunt, tantôt l'entrée d'une âme en purgatoire.

Si une poule imitait le chant du coq, c'était pour prédire la mort du maître ou de la maîtresse de maison. Pour conjurer ce coup du sort, on devait s'empresser d'occire la poule messagère de mauvaise nouvelle et la manger.

Il arrivait encore, voici cent ans, que... pour abréger une agonie on brûlât dans l'âtre du mourant la *Cosse de Nau* (la bûche de Noël) que l'on conservait pieusement dans les fermes. Au contraire, en brûlant un joug, on espérait retarder la mort.

Du côté des Monédières, un fermier venait-il à mourir, sa veuve se mettait au lit et, à son chevet, parents et voisins défilaient pour présenter leurs condoléances. Dans la région de Nedde, on plaçait en offrande dans les poches des défunts des objets familiers, des gâteaux, une pomme ou une noix, quelques sous. Aux alentours d'Eymoutiers, quand un meunier trépassait, on lui versait un peu de sa farine dans la bouche.

En Creuse, en Corrèze, comme dans la Haute-Vienne, on ne manquait pas d'asperger d'eau bénite tous les objets familiers du mort, sinon il risquait de ne pouvoir entrer au paradis, et son fantôme reviendrait sur terre pour essayer en vain de reprendre ces objets. Bien entendu, on ne balayait pas la maison tant que le corps du trépassé y demeurait, sinon, avec la poussière on aurait jeté son âme dehors ; de même laissait-on les glaces voilées et les pendules arrêtées.

Dans certains villages de la montagne limousine, dès les funérailles accomplies, on changeait le lit du mort, on en crevait la paillasse puis l'on en faisait brûler la paille sur la route en prenant soin de bien vite s'éloigner dès que la flamme crépitait, car celui vers qui la fumée se dirigerait serait ensuite le premier à mourir. Craignant que l'âme du défunt ne s'y soit baignée, on jetait l'eau et le lait après la levée du corps.

Il arrivait que plus d'un Limousin eût commis de son vivant de mauvaises actions demeurées impunies. Dans ce cas le coupable défunt pouvait faire l'objet de « remontrances » du ciel (à moins que ce ne fût plutôt l'enfer qui commençât pour le mort, son cadavre encore chaud !). Par exemple, la famille, qui veillait le corps, voyait avec épouvante bondir dans la chambre mortuaire de grands chats aux yeux étincelants, ces bêtes démoniaques se jetaient sur le cadavre et le dévoraient sans qu'aucune des personnes présentes, fût-elle armée, pût les chasser ni les tuer. D'autres fois, c'était non pas des fauves mais une force invisible qui emportait le cadavre au nez des parents médusés.

## *CHAPITRE VI*

# DIMANCHES ET FETES

Veillées et légendes sont là pour élargir l'horizon familier. Le paysan limousin, au siècle dernier, mange tout juste à sa faim (et encore lorsqu'il échappe à toutes les calamités qui le guettent : de la grêle à l'épidémie décimant un troupeau, des gelées tardives aux méchants procédés de quelques mauvais « maîtres », sinon c'est la misère, la faim, *le pain noir*), il trime aussi plus que son saoul ; quant à sa femme, elle est encore plus à plaindre que lui : de l'aube à la nuit, elle n'arrête jamais car il lui faut participer aux travaux des champs, s'occuper du bétail (traire les vaches, préparer la pâtée des porcs, nourrir lapins et volailles), assurer la vie de la maison (le feu, l'eau du puits à tirer — qu'ils sont lourds les seaux à remonter, puis à rapporter à la ferme ! — les repas), enfin donner le jour à une nombreuse nichée et l'élever ; dans ces conditions, il n'est pas étonnant qu'à trente ans la malheureuse en paraisse plus de cinquante. C'est pourquoi paysans et paysannes ont bien besoin des fêtes, de leur joie, de leurs excès, pour redonner courage de loin en loin, pour se dire que la vie ce n'est pas seulement cette file de jours harassants.

Il y a les fêtes qui sont tout simplement celles de la destinée : les baptêmes, les mariages, les enterrements (mais oui, d'une certaine manière alors, l'enterrement peut être une fête sinon pour la proche famille du défunt du moins pour ses familiers) ; les fêtes du travail (celle de la moisson : *lo gerbo baudo,* celle de la batteuse), enfin les fêtes carillonnées : Noël, Pâques, la Saint-Jean, la fête du saint patron du lieu...

L'an ne commence-t-il pas par une fête ? Moindre que Noël, certes, mais enfin le jour de l'An en Limousin, voici cent ou cent cinquante ans, s'accompagnait de quelques rites que bien peu de paysans et de paysannes auraient osé enfreindre ou ignorer. Cependant que les galopins s'en allaient en cortège de ferme en ferme, de hameau en hameau, toquant aux portes et chantonnant à la maîtresse de maison une « *Boun Anado ! Bien accoumpagnado ! Mes' etrennas, si au pla !* », chaque ménagère essayait d'être la première à tirer un seau du puits commun, car cela ferait pondre les poules. Parfois même, pour plus de précaution, la fermière donnait l'étrenne au puits en y jetant une poignée de sel. Ensuite, elle ne manquait pas de donner aussi l'étrenne à la volaille : pour ce faire, un peu de pain blanc trempé dans l'eau du premier seau tiré du puits faisait merveille ; les poules qui auront mangé de ce pain-là seront de fameuses pondeuses pendant l'année.

Mais le jour de l'An est peu de chose par rapport au carnaval. Ceux qui ont à peine rassasié leur faim pendant toute l'année, vont pouvoir enfin faire bombance à s'en rendre malade. Ceux qui ne connaissent au long des jours que peines et travail, vont pouvoir rire, faire les fous, boire et chanter et danser.

Dès le petit matin, les femmes s'affairaient dans la cuisine ou la salle commune pour préparer les ragoûts, les rôtis, les entremets et les énormes et nombreux pâtés de porc, de lapin, de pommes, de prunes sèches. Les préparatifs, la cuisson prenaient toute la journée. Enfin arrivait le soir que les hommes avaient attendu en s'attardant devant leurs verres (de telle sorte qu'ils ne marchaient guère droit et que le vin du dîner — le souper, disait-on — finirait de les saouler).

On s'empiffrait alors à s'en rendre malade. Au moment des pâtés de pommes et de prunes, arrosés d'une eau-de-vie de prune, certains essayaient de pousser la chansonnette. Ils s'arrêtaient bien souvent avant la fin, car l'ivresse leur avait fait perdre en chemin plus d'un couplet. Dans maints villages, on plaçait ces réjouissances sous la protection des trois saints... bien appropriés : « Sen Goulart, Sen Babinart, Sen Soulard. » Souvent aussi, à la tombée de la nuit, on allait brûler un grand mannequin de paille symbolisant M. Carnaval lui-même. Quand la contrée était traversée d'une rivière, on plaçait le mannequin en feu sur un radeau qu'on laissait dériver au gré du courant, et la foule joyeuse chantait à tue-tête :

*Adi paulvre Carnavau*
*Tu t'en vai et io demeuro*
*Adi paulvre Carnavau.*
*(Adieu pauvre Carnaval*
*Tu t'en vas et je demeure*
*Adieu, pauvre Carnaval.)*

Malgré la liesse et la frénésie, les ménagères en Bas-Limousin, n'oubliaient pas d'aller dans le verger entourer les arbres fruitiers d'un lien de paille qu'elles avaient trempé dans le bouillon du repas ; ainsi, pensaient-elles, cerisiers, pêchers, poiriers et pommiers donneront le moment venu une abondante récolte de fruits.

Si le Mardi-Gras était vraiment pour les Limousins la Fête avec un très grand F majuscule, les Rameaux, la Semaine sainte, Pâques, la Saint-Jean, en plus de leur signification religieuse, comportaient leur lot de coutumes et de rites.

Aux Rameaux, il ne fallait pas manquer d'arroser d'eau bénite les champs de blé, ainsi pensait-on s'assurer d'une bonne récolte. Pendant la Semaine sainte (on l'appelait *Semana négra*), les ménagères se gardaient bien de laver leur linge... cela aurait fait mourir leurs hommes.

A Pâques, alors que les enfants allaient en chantant de porte en porte, faire la quête aux œufs, dans les contrées pierreuses où, l'été, abondaient les vipères, on ne manquait pas de manger des œufs durs dès le matin, cela afin de se préserver des morsures de serpents. A Cieux, également, ces œufs durs du matin de Pâques étaient recommandés, mais là c'était dans l'espoir d'éviter, grâce à cette pratique, la mort subite.

La Saint-Jean apportait presque autant de joie que Carnaval, mais une joie plus légère, moins noyée d'alcool, moins alourdie de ripailles. Les feux de Saint-Jean se répondaient de collines en vallées. A Limoges même, la coutume était très vivace. Quelques jours avant la fête, les gamins faisaient la quête dans les faubourgs pour acheter du bois, des pétards, des fusées. Comme dans les hameaux, comme dans les villages, dans chaque quartier de la ville de saint Martial s'élevaient sur les places de hauts bûchers qu'on allumait la nuit venue. Les jeunes et les enfants faisaient la ronde autour du feu, puis quand celui-ci diminuait de hauteur, les plus hardis sautaient au-dessus du brasier. A la campagne, on recueillait soigneusement les brandons, les hommes les jetaient à la volée contre les arbres : plus les étincelles étaient nombreuses, plus la récolte de raves serait abondante.

Le lendemain, à l'aube, on pouvait voir parfois quelque fermier conduire ses vaches vers l'emplacement du feu de joie, car le premier à faire passer ses bêtes sur le brasier éteint aurait le plus beau bétail de la contrée.

Les femmes non plus ne restaient pas inactives une fois éteint le feu de joie ; elles allaient, dans la nuit, cueillir les herbes de la Saint-Jean : bouillon-blanc, serpolet, digitale, millepertuis, auxquelles elles ajoutaient des pousses de coudrier et de sureau. De ces plantes, elles composaient des bouquets qu'elles faisaient fumer, puis suspendaient dans les étables, à la porte des écuries, et aussi dans la maison. Ces herbes éloignaient malheurs et maladies. Un bouquet planté sur le tas de fumier accroîtrait encore la vertu de cet engrais. Plus tard, quand viendrait la saison des orages, on pourrait écarter la foudre en jetant un de ces bouquets sur le toit de la ferme.

### Des jeux et des ris

Les « grands » ont leurs soucis ; pour eux, dans la campagne limousine, la vie est plus souvent sévère que réjouissante, mis à part bien sûr, les veillées, les fêtes, les mariages... Il en va tout autrement pour les loupiots, pour les gamins. Plus tard, certains regretteront peut-être de n'avoir pas été envoyés à l'école, mais pour le moment et tant qu'ils sont encore trop petits pour donner un coup de main véritablement utile aux travaux des champs, ils ne manquent pas d'heures, chaque jour, pour courir la campagne, dénicher les oisillons, sauter les haies, jouer quelques mauvais tours aux gosses des autres hameaux, ou plus simplement et plus sagement pour se livrer à leurs jeux favoris.

Sommes-nous aux beaux jours quand les prés en pente viennent d'être fauchés ? Quelle joie de faire les roudelous en se laissant rouler tout le long de la pente, du haut de la prairie jusqu'au fond où souvent court un ruisseau dans lequel, plus d'une fois, l'imprudent gaillard, saoulé par son interminable roulette, choit soudain tout penaud. D'ailleurs, si se retrouver malgré soi trempé comme une soupe n'est guère plaisant, en revanche, la baignade dans les ruisseaux et les étangs dont tout le pays regorge est fort pratiquée par les galopins qui pataugent et s'éclaboussent tout nus dans l'eau plutôt fraîche. Quelle gaieté si les plus coquins sortis les premiers du bain s'enfuient en emportant les fringues des retardataires ! L'hiver, plus de baignades, mais que de glissades sur les mares ou sur les longues flaques gelées qui brillent dans les prés.

Quand on n'a pas l'occasion d'audacieuses équipées, on joue à la *clopada* (aux claques), en se tapant dans les mains, ou bien à la *redola* en faisant rouler sur une planche inclinée quelques piécettes de monnaie. Lorsqu'une pièce en touchait une autre déjà à terre, celle-ci devenait la propriété du garçon qui venait de faire rouler la pièce, mais bien souvent, les sous étant rares, on les gardait pour le jeu seul, le perdant donnant au gagnant non pas la pièce mais un bouton.

On joue aussi à la toupie, aux billes, à *la peirolas* (aux petites pierres) qu'on lance en l'air, puis qu'on rattrape tantôt sur le dos, tantôt dans la paume de la main, comme ailleurs on fait avec les osselets, et je te lance les cailloux et je te les rattrape (si possible) en faisant *la rofa, la cin, in cogan la doua...*

Un jeu qui plaît bien aux « drôles », c'est celui de *Jean répoun* : le meneur de jeu cache un camarade « chasseur » derrière quelque buisson, cependant que les autres galopins tournent le dos. Ensuite le meneur revient chercher ceux qui attendaient et les conduit vers la cachette où guette le chasseur ; ils le suivent en chantant :

*Liou Jean répoun,*
*Digue, digue,*
*Liou Jean répoun,*
*Digue de moutoun.*

Quand le meneur juge qu'il a mené le « gibier » suffisamment près du « chasseur », il crie soudain : « *Jean ne répoun pu !* » Et les autres de s'enfuir cependant que le « chasseur » bondit hors de sa cache à la poursuite des fuyards qui essaient de regagner le *sauvadour*, le coin où il est convenu qu'ils sont à l'abri ; si l'un d'eux est pris par le « chasseur », c'est à son tour de remplacer celui-ci.

Dans le Bas-Limousin, les enfants avaient une prédilection pour le jeu de *pourta-farino* (porte-farine). Le meneur de jeu s'asseyait sur quelque rocher au coin d'un pré, le joueur désigné devait se coucher, placer la tête entre les genoux du meneur, et garder une main, la paume offerte, sur son dos.

Comme cela il ne risquait pas de voir le camarade qui s'approchait à pas de loup, venait frapper la paume offerte puis, vite, regagnait sa place dans le rang des autres joueurs. Les oreilles rouges (car le meneur prenait un malin plaisir à serrer les genoux sur sa proie), celui dont on avait frappé la main, se dégageait, allait se planter devant les joueurs en rang, désignait celui qu'il croyait être son frappeur, le chargeait sur son dos et retounait vers le maître du jeu.

« *Que pourta ?* (que portes-tu), demandait celui-ci.

— *De lo farino* (de la farine) », répondait l'autre.

Si le frappé avait bien en effet ramené sur le dos son frappeur, le meneur de jeu disait :

« *Posa lo farino.* »

Et le « sac de farine » à son tour devait placer sa tête entre les genoux du garnement et tendre une main sur l'échine.

Si, au contraire, le porteur s'était trompé, il s'entendait ordonner d'une voix autoritaire :

« *Entourna* (Retourne-t'en). »

Il devait donc ramener son camarade parmi les autres, et tenter de nouveau sa chance en désignant un autre « frappeur ». Comme cela jusqu'à ce qu'il ait deviné.

Plus palpitant encore, le jeu du loup et de la brebis ! D'autant plus que le loup était évidemment un garçon, la brebis, une fille, et ses agneaux, d'autres fillettes ou des gamins plus petits. Le « loup » se tapit dans quelque buisson, la brebis déambule, traînant à sa suite les « agneaux » qui se tiennent à la ceinture, et de chantonner. « Promenons-nous dans le bois pendant que le loup n'y est pas », puis :

« Loup, y es-tu ? demande la brebis d'une voix tremblante.

— *Noun,* gronde le fauve.

— *Que fai-tu ?* (que fais-tu ?)

— *Passo moun davantau* (je mets mon tablier). »

Brebis et agneaux reprennent leur promenade et leur refrain : « Promenons-nous, etc. » puis de nouveau :

« Loup, y es-tu ?

— *Plô ! Plô !* (Certes ! Certes !) » rugit la grosse voix, cependant que le loup bondit vers la fillette et les enfants qui s'éparpillent en criant. Celui ou celle que le loup attrapera aura un gage à donner.

Si les filles, *la drôlas,* se mêlent aux jeunes garçons pour jouer à « Loup, y es-tu ? », elles préfèrent à l'ordinaire rester loin de ces sauvages et jouer plus calmement avec leurs poupées d'épis de maïs ou de chiffon. Un peu plus grandes, il leur arrive de pratiquer *lou leret.* Elles se renvoient — avec une palette — un morceau de liège dans lequel elles ont planté des plumes de poulet ; celle qui laisse tomber à terre *lou leret* a évidemment perdu.

Leurs frères ont d'autres jouets que leur « grand » (leur grand-père) leur a appris à fabriquer eux-mêmes : *lo siringo* (la seringue) taillée dans une branche de sureau dont on enlève la moelle ; *lou petar* (pistolet à air comprimé) qui fonctionne selon le même principe que la seringue de sureau. Quelle joie lorsque, avec *lo siringo* ou *lou petar,* les vauriens peuvent s'approcher en catimini du coin où jouent les filles et soudain, sans se montrer, avec la seringue, les aspergent d'eau, ou, avec le pistolet de bois, les mitraillent de « balles » faites de filasse au préalable bien mâchée et bien poisseuse de salive. Il y a tant de jouets que les galopins façonnaient : avec des joncs qu'ils tressaient, ils faisaient des « grelots » dans lesquels ils avaient placé quelques cailloux (ma grand-mère me fabriquait encore de ces « grelots » quand j'étais enfant). Avec une tige de blé vert, ou avec l'écorce d'un rejet de châtaignier, ou encore tout simplement avec un brin d'herbe tendu dans l'interstice que laissent les deux pouces rapprochés, brin d'herbe qu'on maintient ainsi vertical devant les lèvres, ils disposaient de sifflets (*lou estriflors*) aigres ou stridents.

Enfin, le dimanche après-midi (ou pendant l'hiver au cours de certaines veillées), le plus bel amusement des petits était sans doute de regarder « jouer les grands » aux « palets » (faits de disques de plomb ou de minces ardoises), aux boules de bois, qu'on appelait *testas de mort* à cause des trois trous qui permettaient, en y logeant les doigts, de saisir la boule et de la lancer ; au *boutzou* (un bouchon sur lequel les joueurs posaient en équilibre leur mise (un sou en général) et qu'ils essayaient ensuite de renverser avec un petit palet ; celui qui réussissait ramassait les sous demeurés près du bouchon ; aux quilles enfin, le jeu de prédilection. Les Limousins aimaient tellement ce jeu, qu'ils plantaient souvent leurs quilles n'importe où, au risque d'empêcher le passage d'une voiture ou même de blesser les passants en lançant la boule, de telle sorte que les autorités municipales devaient parfois intervenir pour rappeler les joueurs à plus de discipline, comme en témoigne par exemple ce règlement de police pris par la mairie d'Allassac en 1860 et cité par M. A. Marthon, dans une remarquable étude sur les *Sports et Jeux d'autrefois en Bas-Limousin :* « Il est défendu de jouer aux quilles sur les places, rues et grandes routes, excepté dans les lieux désignés par l'autorité locale. » C'est cette même municipalité et ce même arrêté qui « réglementaient » les baignades dans la Vézère — à croire que les Limousins furent les précurseurs du nudisme !

> Il est enjoint aux individus qui vont se baigner à Garavel de se couvrir d'un caleçon ou d'un vêtement remplissant le même but. Il leur est défendu de se promener nus, soit à pied, soit à cheval, sur le pont de Garavel et sur le chemin qui conduit au bain des femmes.

Ce qui divertissait peut-être le plus les enfants lorsqu'ils observaient les jeux des « grands », c'était de voir ceux-ci se comporter exactement comme... des gamins : ainsi à la veillée, lorsque la famille et ses voisins se livraient au concours de grimaces ! Et je te fais rouler les yeux, et je m'aplatis le nez, et je te tire la langue, et je te prends l'air du fada (l'idiot) du village, et je te marche cassé en deux, les pieds en dedans, la langue pendante. Quelle bonne grosse joie, tous de s'esclaffer, de s'étouffer de rire ! Tous de penser que le voisin ou la voisine n'avaient guère besoin de grimaces, tout laids qu'ils étaient déjà au naturel. Tout de même une fameuse brochette de grimaces ; on croirait voir, vivantes, les figures de pierre, les unes si cocasses, les autres si menaçantes, qui ornent les chapitaux de l'église.

# *CHAPITRE VII*

## KALEIDOSCOPE CORREZIEN

### Les Monédières

Le Limousin atteint sans doute sa plus grande rudesse, sa plus extrême pauvreté dans le haut-pays corrézien, du côté de Millevaches et des Monédières. Sous un ciel souvent accablé de nuages, battus par le vent, plateaux et landes où, de loin en loin, on aperçoit quelque pâtre enveloppé dans sa cape sombre, s'étendent jusqu'à l'horizon.

Les habitants du haut-pays descendent des Celtes pour la plupart. Ils sont petits — les plus petits hommes de France, dit-on — mais, travailleurs acharnés, ils tentent d'arracher leur subsistance à une terre aussi pauvre qu'eux-mêmes. On ne s'étonnera pas de leur trouver un visage sévère, des manières gauches, un aspect de froideur que ne dégèlera guère le brasier de tourbe arrachée aux marécages, dont ils essaient de réchauffer, pendant l'hiver si dur là-bas, la salle sombre, enfumée, de leur ferme. Le pain de seigle dont ils se nourrissent est dur et noir ; ils y ajoutent le tourtou, qui est une sorte de grosse crêpe épaisse faite avec une farine de sarrazin sauvage.

Dans ces solitudes où les hameaux sont si rares, si éloignés les uns des autres, il arrivait parfois au voyageur de croiser ou d'apercevoir, sur la lande, un cortège funèbre se rendant d'un écart à l'église du village distant souvent de plus d'une lieue ; le prêtre à cheval conduisait ainsi le cercueil poussé sur une charrette, ou porté à bras par les quelques parents ou amis du défunt. En tête du cortège, devant le cheval du prêtre, un homme brandissait une haute croix voilée d'un crêpe noir qui se tordait dans les rafales du vent d'ouest. Quelques femmes en grand deuil, gémissant et pleurant, fermaient la marche.

Un esprit romantique au goût du jour aurait pu trouver poignante à souhait cette contrée sauvage et belle, mais gageons que les autochtones menaient une vie trop rude pour accueillir en eux la fleur pâle du romantisme, du moins n'était-il pas étonnant que la grandeur sévère de leur pays leur inspirât un folklore riche en aspects fantastiques.

Ils se racontaient ces légendes à la veillée dans leur misérable logis, tassés devant l'âtre de leur cuisine dallée de granit humide ; la salle sombre s'ouvrait directement dans le fond sur l'étable, c'est-à-dire que, pratiquement, la famille vivait avec les animaux. Certains foyers plus déshérités encore s'abritaient dans des cabanes faites de terre et de morceaux d'écorce ; ce maigre torchis et le vieux chaume qui le surmontait avaient beau s'adosser à quelque talus, le vent de la lande pénétrait en sifflant par les fentes des parois. Souvent, à l'automne, près de la ferme ou de la cabane, on pouvait voir les *martines,* pauvres vieilles brebis attachées deux par deux, de telle sorte qu'elles ne pouvaient guère se déplacer et ne risquaient pas de trop s'éloigner de la maison ; elles ne faisaient que brouter et dormir, engraissant ansi leur carcasse. Quand l'hiver venait, le paysan égorgeait les *martines,* les dépeçait en quartiers qu'il mettait au saloir pour un mois. Ensuite, on suspendait aux poutres de la cuisine ces quartiers de viande coriace, on les décrochait pour le Mardi-Gras ou à l'occasion de quelque mariage, à moins que ce ne soit pour les *mourtalias* qui sont les repas de funérailles.

## La vente des cheveux

Voici une scène qui se jouait bien souvent aux dépens des pauvres paysannes des Monédières.

J'ai conté dans *Le Pain noir* comment la mère de Cathie (c'était réellement arrivé, et bien des fois, à mon arrière-grand-mère) avait dû vendre à un colporteur sa belle chevelure, si grande était la misère que la malheureuse femme, pour quelques sous, sacrifiait ses longues tresses qui tombaient sous le cliquetis impitoyable des ciseaux. Ainsi dans tout le Limousin, aussi bien en Creuse, en Corrèze que dans la Haute-Vienne, du mois de mai à fin septembre, la plupart du temps, comme nous l'avons vu, à l'occasion des foires, jeunes femmes, jeunes filles et même parfois des fillettes, vendaient leurs cheveux aux brocanteurs.

En Corrèze, c'était souvent des marchands venus de Treignac qui se livraient à cette opération. Sur les marchés, ils étalaient des lots d'indiennes aux couleurs séduisantes. Les femmes, attirées par ces étoffes, s'arrêtaient devant l'étalage, et le marchand les appelait : « *Piaos ! jeunas, lou piaos ! lou pialoux ! pialous !...* (Hé, les femmes, cheveux, cheveux, les petits cheveux ! petits cheveux !... » En rougissant, en hésitant, les femmes et leurs filles s'approchaient encore, examinaient les étoffes que leur vantait le marchand. Et voilà, pour un peu de mauvais tissu bariolé, les longs et beaux cheveux blonds, châtains ou noirs, allaient tomber dans le sac du marchand.

La « victime » s'agenouillait, enlevait sa coiffe, dénouait ses tresses, essayait de retenir dans ses mains les mèches de la chevelure au-dessus du front, mèches peignées en « bandeaux », lesquels, en général, n'étaient pas compris dans la vente. Le marchand, debout derrière elle, de queques coups rapides de ses grands ciseaux, tranchait la chevelure. Plus d'une fois, il profitait d'un moment d'inattention de sa « victime » pour couper également les bandeaux qu'il avait promis de respecter. Ensuite, comme un trophée, destiné à montrer aux autres femmes qu'elles n'avaient qu'à suivre l'exemple de la jeune tondue, il accrochait la chevelure coupée à son étalage. La malheureuse se relevait, honteuse, souvent en larmes, surtout lorsque le bonhomme avait taillé plus qu'il n'était permis, elle serrait sa coiffe autour de sa tête mutilée et s'en allait, son paquet d'indienne sous le bras. Tant pis pour elle, pauvre dupe, si, de retour à la ferme, son mari ou son père, triste et furieux, la tançait de verte façon. C'est que, trop souvent, pour les maris, la chevelure de leur femme, du moins le souvenir qu'ils en gardaient, du temps des premiers mois de leur mariage, alors que la jeune épousée prenait encore le loisir de se peigner longuement devant son mari tout neuf, et que celui-ci regardait encore sa Marie, ou sa Toinon, comme la jeune et jolie personne qu'elle était, et non pas comme la compagne de labeur, si vite vieillie à la rude tâche quotidienne, qu'elle ne tarderait pas à devenir, ce souvenir de la belle et longue et libre chevelure était pour eux la seule image d'une richesse, d'un luxe naturel que la vie aurait permis d'atteindre si elle avait été tout autre que cette suite sans fin de pauvreté, quand ce n'était pas de misère.

Toutes ces chevelures coupées aux pauvresses pour orner le front des riches coquettes représentaient une masse capillaire considérable. A telle enseigne que chaque année à Limoges, pour la Saint-Jean, les 23, 24 et 25 juin, se tenait, au *Café de France,* une bourse mondiale du commerce des cheveux ! (Cela dura jusqu'à 1914.)

> Tous les posticheurs, marchands de chevelures, représentants des grandes maisons de coiffure de France et même de l'étranger s'y donnent rendez-vous. Il en vient de Paris, de Bordeaux, de Lyon, de Londres, de Berlin, d'Italie, et pendant les trois jours que dure le marché, on pèse et l'on soupèse avec animation les nattes blondes et brunes. On examine avec intérêt les cheve-

lures blanches, plus rares celles-là, et qui, avec les rousses, atteignent les prix les plus élevés ; puis les cours s'établissent : de 300 à 350 francs le kilo pour les lots les plus rares, environ 150 francs le kilo pour les lots ordinaires [1].

## En Xaintrie

Quel contraste entre la rudesse des Monédières et la douceur heureuse de la Xaintrie ! Et pourtant, ici et là nous sommes toujours dans la même Corrèze.

Xaintrie, un beau nom mystérieux, une contrée du Limousin en Corrèze, elle s'étend sur les cantons d'Argentat, de Mercœur et de Saint-Privat. On lui annexe parfois Beaulieu, cette vieille, pittoresque cité sur la Dordogne. Le sol de la Xaintrie fait se voisiner les granits du Limousin et les calcaires du Quercy. La Dordogne la traverse, tumultueuse en amont d'Argentat, puis paisible, large et puissante comme un fleuve d'Argentat à Beaulieu. Argentat, capitale de la Xaintrie, étage ses vieilles maisons des XVe et XVIe siècles, couvertes de longs toits de schistes lourds, les toits de lauzes. Elle « possède » quatre rivières : en plus de la Dordogne, la Masonne, le Doustre, la Souvigne. D'autres cours d'eau baignent les prairies grasses, les terres fécondes, les bosquets de noyers et les vignes de la Xaintrie, leurs noms semblent faire entendre la musique de leurs flots : la Diège, la Triouzoune, la Luzège.

Argentat, au siècle dernier, c'était la ville des *gabariers,* ces sympathiques « navigateurs » de la Dordogne au courant de laquelle ils laissaient aller leurs flottilles de gabarres chargées de merrains et de carassonnes. Ils approvisionnaient ainsi le Bergeracois et le Bordelais en bois de futaille et en échalas. Ces « marins » d'eau douce avaient leur jargon

1. Michel COISSAC : *Mon Limousin,* 1913, p. 239.

avec ses expressions pareilles à des îlots sur la rivière de la langue limousine : ainsi « accourcir » pour dire : essayer d'attraper ; « tournier » pour « atermoyer » ; « s'acclaper » : s'aplatir comme une crêpe. Lorsqu'ils ne voguaient pas sur leurs gabarres, ils logeaient en campagne dans leur maison de Xaintrie avec ses pans de bois, ses colombages, ses cloisons de torchis jeté à la truelle et couleur de pain bis, son toit de lauzes ou parfois de schistes. D'autres habitaient le vieux quartier pittoresque de l'Escondamine à Argentat ; de là ils n'avaient que quelques pas à faire quand ils devaient rejoindre le quai des Gabariers.

Quand le travail les conduisait au loin, ils aimaient parler de leur « pays » aux gens du Bergeracois ou du Bordelais ; ils disaient combien leur contrée était belle, couverte au printemps de fleurs multicolores, ils vantaient l'allure des tours de Merle, ces ruines de pierre rose érigées sur les roches de grès de la même couleur tendre et cernées par un méandre de la Maronne. Ils étaient fiers aussi que leur terre possédât le plus gros saint du Limousin : il s'agissait du saint Mathurin de l'église de Saint-Mathurin-Léobazel, un ventripotent saint patron des fous, des possédés et des potiers d'étain (les sels d'étain rendaient fou, disait-on). Les gabariers décrivant aux gens *d'ailleurs* leur très gros saint limousin ne savaient pas alors qu'il ressemblait à une statue... d'Alexandre Dumas. On les écoutait volontiers, car ils avaient la langue bien pendue. Surtout, que personne n'allât s'aviser de leur donner démenti de leurs paroles, sinon gare à l'imprudent, il n'avait plus qu'à... s'acclaper s'il ne voulait pas faire connaissance avec la dure poigne des gabariers !

## *CHAPITRE VIII*

# UNE FOI VENUE DU FOND DES AGES

On était encore fort pieux, voilà cent ans, dans la ville de saint Martial, à l'exception du milieu ouvrier. En plus des confréries de Saint-Martial, de Saint-Aurélien, en plus des pénitents de toutes couleurs, abondaient les communautés religieuses d'hommes et de femmes : oblats de l'Immaculée Conception, pères franciscains, Trappistes (à Mérignat près de Bourganeuf), sœurs de Saint-Vincent-de-Paul, sœurs de la Croix, sœurs de Saint-Alexis (à l'hôpital), sœurs de Marie-Thérèse (au Bon-Pasteur), sœurs de Nevers ( à l'asile d'aliénés), sœurs du Sauveur (faubourg du Pont-Saint-Martial), sœurs de l'Espérance, sœurs de Nazareth. Et n'oublions pas cinq couvents de religieuses : celui des Carmélites, rue Neuve-Saint-Etienne, celui des Clairettes, rue de l'Evêché, des Visitandines, boulevard des Petits-Carmes, des Filles-de-Notre-Dame, rue des Quatre-Chemins, des Sœurs de la Providence, place de la Cité.

Sur une population d'alors cinquante mille habitants, forte était la proportion des prêtres, des religieux, des religieuses, et des laïcs enrôlés sous les bannières des confréries. Peut-être faut-il voir là une fidélité par-delà les siècles au passé d'une cité qui avait été, au Moyen Age, un grand foyer religieux rayonnant sur toute la chrétienté et, d'abord, évidemment, sur le Limousin.

Bien que le XIXe siècle ait vu s'affirmer l'anticléricalisme dans notre province, nombreux demeuraient les prêtres issus de familles paysannes. Ils savaient bien s'adapter à la mentalité des paroisses semblables aux villages dans lesquels ils avaient grandi, mais il leur fallait souvent composer avec la foi si particulière de leurs ouailles, foi où la plus authentique piété pouvait se nouer à des surgeons toujours vivaces d'un très ancien paganisme.

Il peut être intéressant de noter qu'à la fin du siècle, en même temps que l'athéisme militant se développait en Limousin, cette même province nourrissait de sa spiritualité, de ses croyances, de ses coutumes, le petit-fils de maître Lachaud (l'avocat célèbre de Mme Lafarge, né en Corrèze à Treignac) : Marc Sangnier qui, plus tard, dans le groupe catholique *Le Sillon,* unira le christianisme et la démocratie.

Ce n'est point par hasard que Balzac a fait vivre dans un pauvre bourg de la montagne limousine, son « curé de village », M. Bonnet, ce saint homme.

### En souvenir de saint Martial

Pays païen, pays chrétien, pays peuplé de saints, pays chargé de légendes et de superstitions, le Limousin possédait de grandioses fêtes religieuses auxquelles participait toute la population, qui se mêlait alors au clergé ainsi qu'aux confréries de pénitents.

Il en allait ainsi par exemple lors des Ostensions célébrées en Haute-Vienne, et pour la fête de la Lunade à Tulle.

Les Ostensions avaient lieu tous les sept ans. A Limoges, à Saint-Junien, au Dorat, en grande pompe, en grande liesse, on sortait des églises les reliques des saints prestigieux : saint Martial, de tous le plus vénéré, saint Aurélien (toujours sous la garde des bouchers limougeauds), saint Junien.

La ville de Saint-Junien procédait la première à l'ouverture des Ostensions : un cortège suivait les quatre suisses, gardes du tombeau du saint, pour se rendre à l'église ; là on célébrait la messe puis on allait planter les oriflammes des Ostensions aux anciennes portes de la ville. Le soir, de nouveau le cortège populaire se formait pour revenir à l'église ; sur le parvis les suisses, empoignant à deux mains leurs hautes épées, saluaient l'entrée du lieu saint. Puis la foule descendait vers la rivière afin de visiter la chapelle de Notre-Dame-du-Pont ; et le long serpent humain remontait vers la ville cependant que les suisses majestueux saluaient de nouveau les drapeaux des portes de la cité. Malgré la température hivernale, l'affluence était considérable ; elle sera encore bien plus importante à la clôture printanière des Ostensions ; alors, sous le soleil, les anciens costumes avec leurs couleurs et leurs ors paraîtront plus fastueux, les reposoirs avec leurs linges blancs, leurs porcelairnes et leurs fleurs seront plus opulents, et les rues entièrement couvertes de feuillages feront ressembler la cité à la fraîche et vieille forêt où s'isolait saint Junien.

A Limoges, la mi-carême amenait le début des fêtes des Ostensions. Dès le matin, l'évêque bénissait le long drapeau qui, pendant toute la durée des fêtes septennales, allait flotter aux barres du clocher si fin, si élancé de Saint-Michel-des-Lions. On promenait le drapeau à travers la ville au bruit de la mousqueterie. Les membres de la grande confrérie de Saint-Martial, tous en frac et coiffés d'un chapeau à la française, avec un rameau de laurier et une cocarde blanc et amarante, étaient munis d'armes à feu de toutes les formes : fusils de chasse et vieilles pétoires, pistolets d'arçon. Des salves de mousqueterie éclataient devant chaque église, puis reprenaient à la sortie de la procession. Bien entendu sur la ville entière les cloches des églises sonnaient à toute volée.

Dans l'après-midi, les *San-Marceaux* présentent une dernière fois le drapeau devant l'autel de Saint-Martial, puis de jeunes téméraires s'engouffrent dans le clocher, reparaissent là-haut, tout là-haut, au bord du vide ; les milliers et les milliers d'yeux de la foule fixent un regard admiratif et apeuré sur les audacieux qui, grimpant aux barres fixées le long de la paroi de la flèche, parviennent à y amarrer l'immense oriflamme. Les grimpeurs poussent dans le ciel un joyeux vivat auquel répond l'interminable et puissante acclamation de la foule amassée au pied du clocher. Comme un trophée, le drapeau flotte dans le ciel, avec sa croix amarante sur fond blanc. Vu d'en bas, il semble de proportions modestes, alors qu'il couvre de sa toile trois mètres carrés et que sa hampe mesure plus de sept mètres.

Après cette brillante et pittoresque inauguration, on attendra le jour de Quasimodo pour procéder, toujours en grand cérémonial, à l'ouverture des châsses contenant (à Saint-Michel-des-Lions) les reliques de saint Martial et (dans la petite chapelle des bouchers) celles de saint Aurélien. Ensuite, en fin d'après-midi, à l'issue des vêpres, la procession fervente, chantante et pétaradante, déroulera dans les rues pavoisées son pittoresque défilé.

A la Pentecôte, affluaient à Limoges des milliers de dévots venus des petites villes et des campagnes limousines. La cathédrale Saint-Étienne, l'église Saint-Pierre et l'église Saint-Michel accueillaient tour à tour l'armée des processionnaires, mais tous ne pouvaient entrer, des milliers demeuraient sur le parvis, reprenant en chœur le refrain des cantiques chantés à l'intérieur.

Enfin, le dimanche suivant la Pentecôte, avait lieu — pour sept ans — la clôture des Ostensions. C'était au tour de la confrérie de Saint-Aurélien de procéder à cette cérémonie, celle de l'ouverture ayant été menée par la grande confrérie de Saint-Martial. Le matin, les confrères, accompagnés de leurs familles et suivis de la foule en procession, pénétraient dans l'église où avait été exposée depuis le jour de la mi-carême la relique de saint Aurélien. Il la ramenait avec respect jusqu'à la chapelle de la rue de la Boucherie, les bouchers — membres de la confrérie — y veilleraient jalousement sur elle pendant sept nouvelles années.

Pendant cette dernière journée de fête, les syndics de la

confrérie tenaient table ouverte devant leurs maisons et conviaient tous leurs parents, amis et connaissances à fraterniser avec eux au cours de ces agapes de plein air. Le soir, dès que s'annonçait la nuit, le bourdon de Saint-Michel donnait le signal des illuminations : tous les clochers et tous les couvents de la ville et de fort nombreuses maisons s'éclairaient sous la lueur des lampions et des feux de bengale ; la place Saint-Michel, la place Saint-Martial resplendissaient de lumière, les vieilles rues ornées de draps, de guirlandes de verdure et de fleurs, brillaient sous le reflet des verres multicolores ; partout s'élevaient les feux de bengale, les fusées, partout éclataient des pétards ; dans toute la ville régnaient jusqu'à l'aube une animation et une gaieté extraordinaires ; évidemment, la rue de la Boucherie où M. Saint Aurélien avait réintégré pour sept ans son domicile, était de toutes les rues la plus pavoisée, la plus illuminée, la plus effervescente.

Telles étaient les Ostensions limousines. Lorsque vers la fin du siècle un conseil municipal les interdit à Limoges, leurs processions ne défilèrent plus dans les rues de la ville, mais, à l'intérieur des églises, les cérémonies traditionnelles continuèrent leur faste. En 1897, les pèlerins ne pouvant tous pénétrer dans les églises tant l'affluence était grande, beaucoup devaient demeurer à l'extérieur, et leurs cantiques prenaient alors un air de défi à l'interdit municipal. Quand vint le jour de clôture des Ostensions, les confrères de Saint-Aurélien, faute de pouvoir défiler dans les rues, se rendirent en voiture jusqu'aux églises, et le soir les illuminations de Saint-Michel, Saint-Pierre, Saint-Étienne et Saint-Aurélien montrèrent qu'un arrêté municipal ne pouvait... arrêter les manifestations d'une foi venue du fond du Moyen Age.

En plus de celles de Saint-Martial et de Saint-Aurélien, Limoges comptait de nombreuses confréries de pénitents. Il en allait de même à Tulle, « capitale » de la Corrèze.

## La confrérie des Pénitents blancs à Tulle

La confrérie des Pénitents blancs, fondée en 1590, était la plus ancienne des compagnies de pénitents de Tulle, elle était placée sous le patronage de saint Jean Baptiste, tandis que la non moins célèbre confrérie des Pénitents gris, fondée en 1601, glorifiait saint Jérôme [1].

Les habitants de Tulle, pour la plupart des artisans et des bourgeois, constituaient l'essentiel de la confrérie. Elle recrutait également dans les faubourgs de la ville et même dans les paroisses voisines comme Favars, Chanac et Chameyrat. Vers la fin du XIX^e^ siècle, lors des dernières processions de pénitents blancs, on pouvait voir, au beau milieu des cortèges, des enfants revêtus de la fameuse cagoule, ceints de la corde, et tenant dans leur main droite une croix en bois faite à leur mesure. Ces jeunes recrues appartenaient à la confrérie au même titre que les adultes. Déjà, au siècle précédent, les registres mentionnaient des intronisations d'enfants, voire de tout petits à peine âgés de trois ans. C'étaient les parents qui parrainaient leurs propres enfants et acquittaient pour eux leur droit d'admission et leur obligation annuelle. Lors des défilés solennels de la confrérie, un tout jeune enfant, vêtu de laine blanche, suivait la croix en tenant en laisse un agneau : il symbolisait saint Jean-Baptiste, le patron des pénitents blancs. Cet enfant pouvait ensuite être introduit au sein de la confrérie sans avoir à acquitter un droit d'admission. Le Rituel imprimé en 1642 nous informe sur la cérémonie en usage pour l'intronisation d'un nouveau membre, et à vrai dire, selon plusieurs témoins, il semble qu'au siècle dernier le même cérémonial était encore prati-

1. Pour connaître la confrérie des Pénitents blancs nous disposons du Rituel imprimé en 1642, du registre contenant les listes des consœurs, les procès-verbaux de réceptions et d'élections, et les délibérations de l'assemblée générale de 1745 à 1792, d'un autre registre contenant les réceptions et délibérations de 1807 à 1874 et de la très intéressante étude que lui a consacrée M. René Fage en 1905.

qué. Après s'être informé sur la vie et les mœurs du postulant et avoir consulté l'assemblée générale, le conseil demandait au secrétaire d'énoncer au novice les règles auxquelles il devrait se conformer, et de lui lire les diverses bulles d'indulgences accordées par les Saints-Pères. Le jour prévu pour son intronisation, le novice se présentait nu-pieds sur la tribune devant l'assemblée des pénitents ; il s'agenouillait et joignait les mains, tandis que les confrères entonnaient les litanies du Saint-Sacrement, ponctuées jusqu'à la fin de la cérémonie par des *Kyrie eleison* repris en chœur. Outre les réceptions de nouveaux confrères, les cérémonies qui justifiaient une assemblée générale des pénitents dans la chapelle étaient assez nombreuses ; les unes se célébraient à dates fixes, les autres à la demande du prieur. Les premières, connues de tous à l'avance et obligatoires, avaient lieu les premiers dimanches de l'avent et du carême, les six premiers vendredis de carême, le mercredi-saint, le jeudi-saint, le vendredi-saint, le jour de Pâques, la veille de la Pentecôte, le premier dimanche après la Fête-Dieu, la veille et le jour de l'Assomption, le jour de la décollation de saint Jean, la veille et le jour de la Toussaint, le jour des Morts. A la demande du prieur, la confrérie se réunissait également pour assister aux funérailles d'un de ses membres, pour implorer la guérison des confrères ou consœurs, pour traiter les affaires importantes concernant la communauté sur le plan matériel ou moral. Chaque assemblée était annoncée au son de la cloche et par le mandataire des pénitents. Dans toutes les circonstances le cérémonial requis était observé scrupuleusement par les pénitents blancs. En voici un exemple concernant la visite de toutes les églises ou chapelles de la ville le soir du jeudi-saint :

> Les confrères s'étant finalement assemblés aujourd'hui à six heures du soir, et mis à genoux dans leur chapelle pour, revêtus de leur sac et habit, une chandelle allumée en main, et pieds nus, aller en procession,

visiter et adorer le Saint-Sacrement dans les autres églises ou chapelles de la ville ainsi qu'ils ont accoutumé de faire ; celui qui porte la croix dit la leçon suivante : *Fratres eamus, et quaeremus,* etc. Tous les confrères répondent : *Deo gratias.* Puis les choristes entonnent les litanies du Saint-Sacrement, disant *Kyrie eleison* et les confrères répondent et disent *Kyrie eleison,* et ainsi continuent jusqu'à la fin desdites litanies, verset après verset qu'ils recommencent et répètent pendant la cérémonie parfois si besoin est. S'étant placés dans les églises qu'ils visitent et mis à genoux devant le Saint-Sacrement, le déroulement de ladite procession se fait comme s'ensuit. Les choristes ayant cessé les versets des litanies, le prieur dit : *Christus factus est... Pater noster,* etc., que tous disent à voix basse. Puis les choristes commencent le psaume, *Miserere mei,* qu'ils poursuivent verset après verset jusqu'à la fin alternativement avec lesdits confrères, après lequel le prieur dit sans *Oremus* l'oraison suivante : *Respice quaesumus Domine,* etc., mais à voix un peu plus basse, et la susdite chanson parachevée les choristes reprennent les versets des litanies et tout incontinent les autres confrères vont à l'adoration deux à deux et en chantant et répondant aux versets desdites litanies suivent la croix et se retirent.

La confrérie qui, dissoute pendant la Révolution, avait pu se reconstituer dans les premières années de l'Empire, comptait déjà d'assez nombreux membres dont un prieur, des syndics et des conseillers élus, quand furent publiés le mandement de l'évêque de Limoges et l'arrêté du préfet de la Corrèze réglementant les congrégations et les confréries. Comprenant que son existence demeurerait précaire sans une autorisation officielle, elle adressa au maire de Tulle, M. Duval, une requête pour que lui soit accordé le droit d'assister aux processions et aux autres cérémonies religieuses. Le 30 mai 1807, le maire donnait l'autorisation demandée et un peu plus tard les pénitents blancs obtenaient de M. Brival, vicaire général et curé de Notre-Dame, le droit de « faire donner la bénédiction du Saint-Sacrement dans leur église tous les seconds dimanches de chaque mois ». Ainsi reconnue tant par le diocèse que par la municipalité, la confrérie put reprendre possession de la chapelle à laquelle elle avait dû renoncer en 1792, et établit l'inventaire que nous reproduisons ici :

*Inventaire que nous avons fait dans l'église, le* 5 *juillet* 1807 *en présence des sieurs Roux, prieur, Croizy et Vialle, syndics, et les sieurs Piaubert et Lafon, sacristains :*

*Un ornement noir, neuf complet.*
*Un idem noir, demi usé.*
*Un idem noir, manquant de l'étole et la bourse.*
*Un idem fond blanc avec fleurs violettes et vertes.*
*Un idem avec la croix blanche et violette.*
*Un idem de toutes couleurs.*
*Un idem rouge, complet.*
*Un idem, complet, de toutes couleurs.*
*Deux missels parisiens, dont un couvert de rouge l'autre en gris.*
*Un cahier de missel pour les morts.*
*Une bourse.*
*Deux étoles usées.*
*Vingt-quatre purificatoires usés.*
*Quatorze lavabos.*
*Trois amics.*
*Une toilette de dentelle commune.*
*Une idem, garnie de mousseline usée.*
*Deux toilettes pour le tronc.*
*Une lampe en cuivre.*
*Quatre chandeliers en cuivre.*

*Quatre chandeliers en fer-blanc.*
*Six idem en bois.*
*Deux croix de cuivre dont une argentée.*
*Six lustres en bois.*
*Huit mauvais fauteuils.*
*Un mauvais prie-Dieu.*
*Un mauvais tapis pour l'autel.*
*L'action de grâce.*
*Une pelotte pour mettre les épingles.*
*Quatre petites cloches bonnes ou mauvaises.*

*De là sommes entrés dans une des chambres que nous avons trouvée avec un très mauvais plancher et un mauvais lambris auquel il manque beaucoup de planches. Nous avons trouvé dans ladite chambre un mauvais horeloge manquant de plusieurs pièces ; il y a trois poids en pierre.*

*Nous sommes entrés dans la salle d'assemblée où nous avons trouvé une grande croix avec son Christ ; deux placards sans limandes ni serrures ; manquant dans ladite salle de bancs, deux contrevents et de plusieurs carreaux de vitres, et des planches au plafond.*

*Dans la tribune il manque plusieurs planches au plafond, cinq contrevents, et les croisées manquant de toutes ses vitres ; il manque un côté de croisée. Les murs ayant besoin de recrépir, et un torchis en plusieurs endroits tout le tour de la tribune.*

*De là nous sommes entrés dans la chambre du courrier, laquelle nous avons trouvée en fort mauvais état, ayant besoin de faire élever la cheminée, faire recrépir le tour des murs ; la croisée sans contrevents n'étant fermée que par une grille en bois ; le mur de l'escalier décrépit : la croisée de l'escalier qui donne sur l'autel manquant de plusieurs carreaux de vitres.*

*La toiture ayant besoin de grandes réparations ainsi que le clocher, pleuvant dans beaucoup d'endroits.*

*Il y a une petite cloche qui est fêlée, pesant environ un quintal.*

*Il manque dans la sacristie, à la porte où l'on met la fontaine, un parevent et des crampons et une serrure, des limandes à l'armoire, gonds et serrures, et un crépissage tout le tour du mur.*

*De tout quoi avons clos ledit inventaire en présence des soussignés, le jour, mois et an que d'autre part.*

ROUX, prieur ; CROIZY, syndic ; VIALLE, syndic ; GUIRANDE aîné et POURCHET, conseillers.

La confrérie retrouvait certains des objets qu'elle avait en sa possession avant la Révolution, mais la chapelle était en piteux état et des réparations devaient être entreprises d'urgence : il fallait refaire la toiture, placer aux fenêtres des vitres et des volets, remplacer la cloche fêlée. Hélas ! l'argent manquait, si bien que prieur, syndics et conseillers durent élaborer un sévère règlement intérieur et être impitoyables avec les confrères qui n'acquittaient pas leur droit de réception. Ils créent en outre un droit de réception *in extremis :* une personne sur son lit de mort pourra être admise au sein de la confrérie, et si la famille verse trente francs les pénitents assisteront à son enterrement. L'année suivante, ils fixent à soixante francs pour un enterrement de première classe et à trente francs pour les autres, le droit d'assister aux obsèques des personnes qui ne font pas partie de la confrérie. Parallèlement à cette série de mesures destinées à améliorer ses ressources, la compagnie s'organise davantage en créant une nouvelle fonction, celle du pénitent « courrier » qui a pour charge de convoquer les confrères aux assemblées et aux enterrements, et d'organiser la réception des nouveaux confrères. Le « courrier obtient un logement, dix écus de gage, et cinq sols à la réception de chaque nouveau pénitent. Il est également décidé que les officiers seront élus chaque année le 26 juin, après les processions de la Lunade ; que les syndics sortants présenteront leurs comptes de gestion le 2 juillet au nouveau et à l'ancien prieur réunis pour la circonstance ; qu'aux funérailles d'un pénitent assistera une délégation de trente confrères ; qu'on désignera quatre visiteurs pour assister les malades et les miséreux de la confrérie. Le 8 mai 1808, quatre visiteurs et six préfets de modestie sont nommés. Les préfets, choisis parmi les pénitents les plus zélés de la compagnie, ont pour mission de donner l'exemple de l'exactitude, de la piété et de la dévotion à leurs confrères. Grâce à cette série de mesures, la compagnie obtint rapidement suffisamment de ressources pour que son prieur dévoué, M. Roux, pût faire réparer la chapelle, acheter le mobilier nécessaire et remplacer la vieille cloche endommagée. En 1808, les droits de réception des postulants avaient rapporté 774 francs, et ceux des postulantes 216 francs, alors qu'à la fin du siècle, en 1899, la confrérie ne trouve plus que 65 francs pour les premiers et 31 francs pour les secondes. De plus, la cotisation annuelle avait produit 71 francs en 1808 et donna 88 francs en 1809. La caisse était également alimentée par des dons et des quêtes, par le produit du tronc, par le droit de porter le dais et la croix et, nous l'avons vu, par celui d'assistance aux funérailles. Ainsi l'abbé Graviche, qui aux côtés de M. Roux, prieur laïque, était délégué par l'abbé Brival, vicaire général, pour présider les réunions de la confrérie en qualité de prieur ecclésiastique, put faire voter par l'assemblée en 1809 la construction d'une chaire pour l'église des Pénitents blancs, « de mêmes proportions que celle de l'église paroissiale de Notre-Dame [1] ».

L'année suivante, l'érection d'une nouvelle croix sur le Champ-de-Mars fut acceptée par vote à l'unanimité, et l'assemblée décida également l'acquisition de « six bâtons sur-

---

1. D'après R. Fage : *Les Confréries de pénitents de Tulle,* 1905, p. 144.

montés d'un couronnement pour servir aux processions », de six grands flambeaux pour la décoration de l'autel, enfin d'un costume « brillant » pour le « courrier » [1].

La construction de la croix dura presque deux ans et il fallut maintes fois recourir à de nouveaux dons des confrères et des personnes pieuses, mais grâce au dévouement des douze confrères zélés auxquels l'exécution du projet avait été confiée, la grande croix put enfin être érigée solennellement sur le Champ-de-Mars de Tulle le 22 mars 1812. En fait, la confrérie ne se borna pas à cette œuvre de prestige, symbole de sa vigueur renaissante ; dès 1818, elle commanda au sculpteur Roche une croix processionnelle et à la dame Brun une belle écharpe en point de Tulle destinée à orner cette croix. La confrérie devait, par la suite, conserver précieusement cette écharpe et ne l'étendre sur la croix que pour les processions solennelles.

> Supportée par trois baguettes, dont l'une était placée en haut de la croix et les deux autres à l'extrémité de chaque bras, elle formait une sorte d'auvent au-dessus du Christ, et retombait à droite et à gauche presque jusqu'à terre. La partie flottante de la bande est la plus richement brodée : des fleurons, des rinceaux, l'image de saint Jean, le nom des deux dentellières, enfin la date, 1818 [2].

Peu après la fin du siècle dernier, cette importante pièce de dentelle encore en parfait état n'était déjà plus que le seul échantillon connu du célèbre point de Tulle. Elle conservait encore ce rare mérite et témoignait par ailleurs de la prospérité dont avait pu bénéficier la compagnie des Pénitents blancs pendant le premier tiers du XIXe siècle. En vérité, de 1807 à 1830, la confrérie, malgré quelques moments

1. R. FAGE : *Op. cit.*, p. 146.
2. *Ibid.*, p. 148.

difficiles, avait su se développer en évitant tous démêlés avec les autorités civiles et religieuses. Mais dès 1830 et pendant toute la durée de la monarchie de Juillet, elle disparut, du moins son registre ne mentionne-t-il ni réunion ni acte quelconque pendant toute cette période. C'est seulement le 24 septembre 1848 qu'elle devait se réunir à nouveau sous la présidence du curé de Notre-Dame. Puis, après trois années nouvelles de silence, elle allait, à partir du 13 mars 1851, tenir de nouveau régulièrement séance et consigner par écrit ses divers actes. Elle allait aussi faire de la propagande pour recruter de nouveaux membres. Ainsi, pour attirer également des femmes pieuses, elle décide, le 3 octobre 1852, « que dorénavant les confréresses qui auront payé leurs devoirs annuels auront part, comme les confrères, à l'article quinzième du règlement, c'est-à-dire qu'on fera pour elles un service le premier jour libre après leur décès ».

Tous les trois ans la compagnie élisait ses officiers. M. de Lamazorie, son prieur, et M. Gorse, son sous-prieur, allaient lui donner, grâce à leur zèle, un nouvel essor. En 1856, la caisse de la confrérie était de nouveau suffisamment remplie pour permettre la réfection du pavé de l'église. Mais, l'année suivante, un événement allait mettre en révolution pendant près de deux ans la confrérie. En effet, M. Lalitte, vicaire général, voulut établir dans la chapelle des Pénitents blancs une nouvelle congrégation de filles. Il voulait rendre commune la chapelle aux pénitents et à cette congrégation nouvelle. Faisant déplacer les bancs et établir un devis des travaux à entreprendre, il réglementa la participation de chacune des compagnies à l'entretien de la chapelle. Quand les Pénitents blancs eurent compris que rien n'arrêterait le vicaire, ils se réunirent le 3 avril 1859 en assemblée extraordinaire et décidèrent, par une ferme résolution, de s'opposer à toutes les entreprises de M. Lalitte. Mais, le 4 juillet, le vicaire demandait à l'évêque, Mgr Berteaud, la dissolution de la confrérie ; le lendemain l'évêque faisait droit à sa demande. Dès le 10 juillet, quelques pénitents particulièrement zélés se réunissaient en commission pour reconstituer une nouvelle confrérie. D'autres pénitents se firent très vite inscrire et, vers la fin de l'année, la nouvelle compagnie comptait déjà soixante-cinq membres. Heureusement pour la nouvelle confrérie, l'évêque de Tulle décida de créer la paroisse de Saint-Jean-Baptiste ; la chapelle des Pénitents blancs étant devenue l'église paroissiale, l'autel de Saint-Jean situé dans le bas-côté gauche put servir d'autel à la confrérie. Le curé de la paroisse exerça également les fonctions de prieur ecclésiastique de la nouvelle confrérie et les choses rentrèrent dans l'ordre.

L'admission de nombreux membres au sein de la compagnie se fit comme précédemment, les personnes pieuses des deux sexes pouvant y être reçues. Seul fait nouveau, on décida en 1863 que les enfants pourraient être admis après leur première communion.

Pendant la dernière période de l'existence de la compagnie un seul événement marquant allait intervenir. L'abbé Pallier, curé de la paroisse et prieur ecclésiastique, ayant pu obtenir, après diverses démarches en haut lieu, une parcelle du crâne de saint Jean Baptiste, l'ostension de la relique donna lieu à une impressionnante cérémonie religieuse le 27 août 1865.

Le soir, après les vêpres, l'évêque de Tulle, Mgr Berteaud, monta en chaire et prononça un grand et beau sermon essentiellement à l'adresse des pénitents. Ainsi, selon l'abbé Pallier qui en fit un résumé, l'évêque montra aux confrères pénitents le Christ crucifié comme leur véritable bannière, l'agneau divin qu'avait montré leur saint patron. Il leur expliqua le symbole de leur sac de pénitent et du voile qui couvrait leur tête, en se servant des paroles de Tertullien et rappelant l'usage des premiers chrétiens qui revêtaient de blanc, de la tête aux pieds, les nouveaux baptisés, pour leur indiquer la pureté et la simplicité de la vie chrétienne.

Après cet événement fameux, la confrérie des Pénitents blancs connut encore une dizaine d'années d'activités assez fastes, ainsi recouvra-t-elle, par exemple, son ancien droit d'élire ses officiers. Le dernier conseil de la compagnie officiellement connu fut composé de MM. l'abbé Bourgeade, prieur honoraire ; Gorse, avocat, prieur ; Dufour, sous-prieur ; Feix, premier assistant ; Laval, trésorier ; Bur, vice-trésorier ; le registre de ses délibérations s'arrête au 23 avril 1874. A partir de cette date la confrérie dont l'existence officielle s'effaçait peu à peu allait s'éteindre lentement jusque vers la fin du siècle.

Du moins pendant la plus grande partie de ce siècle, la confrérie des Pénitents blancs eut l'occasion d'affirmer sa gloire en célébrant chaque année la fête de son saint patron, lors de la Lunade, cette procession qui faisait de la Saint-Jean la plus belle nuit des Tullistes.

## La Lunade

A Tulle, le matin de la Saint-Jean, bourgeois, artisans, petit peuple des faubourgs se levaient plus tôt que de coutume. Déjà des ménagères se hâtaient dans le dédale des vieilles ruelles qui traçaient leur chemin capricieux entre les maisons de bois ou de granit, appuyées les unes aux autres comme des aïeules se soutenant de leur mieux. Oui, Tulle s'éveillait avec une sorte d'impatience en ce jour du 23 juin, veille de la nativité de saint Jean Baptiste, car, en l'honneur du saint, aurait lieu le tour de la Lunade, la grande procession, la grande fête annuelle des Tullistes. Certes, on avait encore le temps puisque ces solennités se dérouleraient seulement au coucher du soleil, cependant chacun se préparait dès le matin à la fête religieuse, d'où cette animation dans la vieille cité devant les plus humbles comme devant les anciennes maisons seigneuriales, les vestiges du palais des évêques, la tour de Maisse, même sur les marches de l'étrange escalier des Quatre-Vingts. Accoutumés à leur ville, les passants ne songeaient même pas à contempler la belle maison de l'abbé avec ses sculptures de la Renaissance.

Déjà les carrioles commençaient à amener des campagnes environnantes les familles paysannes qui voudraient participer au tour de la Lunade ; bientôt, de Brive, d'Argentat, de Treignac, des cousins, des cousines, attendus pour la procession par leurs parents de Tulle, débarqueraient des diligences. Et même les plus dévots des habitants avaient commencé dès la veille à se préparer au grand jour. La foule des badauds les avait regardés, en grand nombre, se rendre nu-pieds à la cathédrale ; là, ils étaient restés à genoux, priant, psalmodiant aussi longtemps qu'avait pu brûler la chandelle dont chacun d'eux s'était muni ; lorsqu'une chandelle enfin consumée s'éteignait en fumant, le dévot se levait, se signait et regagnait son logis.

Inutile de dire que ces mêmes Tullistes, hommes et femmes, si empressés à honorer saint Jean, ne seront pas les derniers à se hâter de nouveau, le lendemain, dès que le jour tombera, à la cathédrale où se presse une foule considérable. Lorsque la lune commence à s'élever dans le ciel clair de juin, l'assemblée quitte la cathédrale. Marchant en tête, les confréries, les congrégations religieuses portent, parmi mille bannières, la statue de saint Jean Baptiste. Ce sont les Pénitents blancs qui, tôt le matin, ont eu le privilège de descendre de son autel dans la cathédrale où elle est exposée toute l'année la statue de leur saint patron pour la placer sur un brancard tapissé. Ils ceignent la tête du saint d'une couronne, glissent dans sa main un beau bouquet de fleurs liées par un ruban, après avoir revêtu la statue d'une aube blanche et d'un manteau de velours pourpre ourlé d'or. Le soir, une foule considérable suivra la statue resplendissante : nombreux sont ceux qui avancent nu-pieds, quelques-uns même à genoux. Ainsi la longue procession serpente par les vieilles rues en pente, gagne les hauteurs du plateau qui domine la ville, là elle s'arrête souvent pour se recueillir, prier et chanter devant les oratoires qui jalonnent son parcours. L'aube ne sera pas loin lorsqu'enfin la procession ramènera saint Jean Baptiste dans sa cathédrale.

Cette effigie de saint Jean Baptiste, c'était pour les Tullistes d'alors un tel honneur de l'approcher, de la porter tout au long du tour de la Lunade, que des enchères, présidées par le curé, avaient lieu pour désigner ceux qui pourraient participer au *reinage,* c'est-à-dire ceux qui constitueraient en somme pour une nuit la petite cour du saint. Le plus offrant était nommé premier roi, ce serait lui qui marcherait en tête du cortège, viendrait ensuite le second roi. De même, les enchères permettaient de désigner la première puis la seconde reine. Les porte-bannière et porte-rubans, seigneurs de moindre importance, étaient également soumis aux enchères, de même que ceux qui voulaient porter à bras la statue de saint Jean : le plus offrant était nommé premier bras, le suivant second bras, puis le troisième et enfin le quatrième bras.

La tête du cortège ainsi constituée, la procession pouvait s'ébranler à travers Tulle toute fleurie, pavoisée, illuminée de cierges, de lanternes et de lampions. De loin en loin, des haltes étaient prévues pour le repos des pèlerins. Là toute la longue procession s'arrête, défait pour cinq ou dix minutes son ordonnance. Les marchands de gâteaux, de fruits, de boissons se précipitent. On baffre, on boit, on crie, on rit sous le regard indulgent et lointain du saint Jean Baptiste statufié. Une fois reposé et restauré, le cortège se reforme, le *reinage,* le clergé, les confréries repartent d'un pas solennel, entonnant des hymnes, et la foule suit, de nouveau respectueuse.

A un détour de rue, sur une place, s'élève un tas de bûches qui vient d'être embrasé par les gens du quartier, les flammes crépitent, s'élèvent très haut. La procession contourne le feu. Au passage, les pèlerins venus des campagnes avoisinantes allument au foyer, les uns des branches de châtaigniers, les autres de noyers, branches qu'ils ont apportées de leurs fermes ; ils pensent que ces rameaux mordus par le feu de la Lunade seront pareils à des rameaux bénits et les protégeront ensuite, toute l'année, contre les épidémies, eux, leur famille et leurs bestiaux.

Le lendemain, à l'aube, les Pénitents blancs, en costume de cérémonie, avec à la main leur bâton ou leur croix de bois, marchant sur deux rangs, précédés par leur grande croix à l'écharpe brodée, vont reprendre le chemin de la veille et refaire tout seuls, suivant leur propre rite, le tour de la Lunade. Dès quatre heures, ils se réunissent dans leur église pour y entendre la messe. Après l'exposition du Saint-Sacrement et la récitation des litanies, ils se rendent à l'église cathédrale devant l'autel de saint Jean et y psalmodient le célèbre *Iste puer qui natus est.*. Ils gagnent ensuite le parvis de la cathédrale et, alignés deux par deux les uns derrière les autres, au rythme incantatoire des litanies que chantent les choristes, ils se mettent à défiler en remontant la côte du faubourg d'Alverge. A mi-côte, ils s'immobilisent devant la chapelle de la présentation de la Vierge Marie et récitent le *Salve Regina.* Ensuite la compagnie s'ébranle à nouveau et va, par le chemin de croix emprunté depuis le Moyen Age, de station en station, récitant des oraisons et psalmodiant les litanies de la Vierge, de saint Jean et des autres saints. Trois heures plus tard, les Pénitents blancs reviennent dans leur église à travers le faubourg du Lion-d'Or, la place de l'Aubarède et le faubourg de la Barrière. Chacun reprend sa place dans la tribune et dans le chœur, et avant de se séparer la confrérie au grand complet prononce tous les offices de la journée.

Ainsi s'achevait chaque année à Tulle, au siècle dernier, la célébration de la Lunade par les Pénitents blancs. Un grand, un fameux jour pour Tulle que ce jour (et cette nuit) où toute la population de la cité et de ses environs, jeunes et vieux, riches et pauvres mêlés avait fait ainsi le tour de la Lunade. Vers la fin du siècle, cependant, le maire avait interdit le déroulement de la Lunade. Les dévots n'en continuaient pas moins, à leurs risques et périls, à la célébrer... plus ou moins clandestinement. Ainsi, en 1898, le matin du beau jour, ce fut un cortège de fidèles irréductibles qui entendirent honorer saint Jean sans ébruiter leur exploit, mais le soir ils... récidivèrent, cette fois-ci avec la foule. On accusait le maire d'être prêt à faire intervenir l'armée contre la procession « pour servir la maçonnerie contre onze bigots et deux cents dévotes ». On l'accusait plus encore, ce malheureux M. Tavé, d'avoir provoqué par son anticléricalisme le courroux du ciel, car la veille de cette Lunade de 1898, orage et pluie s'étaient déchaînés, entraînant une violente crue de la Solane qui inonda le quartier du Trech, et de la Céronne qui, elle, noya les ateliers de la manufacture d'armes. Comme on le voit, on ne badine pas avec la Lunade.

## *CHAPITRE IX*

# A L'ECOLE

L'une des grandes idées généreuses du XIXe siècle aura été celle de l'instruction pour tous. Quand le peuple enfin aurait reçu les lumières du savoir, quand tous et toutes sauraient lire et écrire, et ainsi pourraient s'abreuver aux sources de la connaissance, l'homme libéré des préjugés et de l'obscurantisme accéderait enfin à la liberté, à la justice, au bonheur. Il y avait, certes, loin de ce vœu humanitaire à la réalité : l'analphabétisme n'a cessé de régner tout le long du siècle dans les classes pauvres, l'effort de scolarisation entrepris par la IIIe République aura bien du mal à en venir à bout, particulièrement dans la campagne limousine.

Qu'aux premières décennies du siècle, un petit paysan de la Creuse, de la Corrèze ou de la Haute-Vienne, fût envoyé à l'école pour y apprendre à lire, écrire et compter, voilà qui tenait, sinon du miracle, du moins de l'exploit ! D'abord, il fallait qu'il y eût une école dans le voisinage, chose des plus rares, et qu'en outre les parents du garçon fissent preuve d'une bien vive intelligence et d'un bien grand entêtement pour braver l'opinion des autres, des voisins et des bourgeois du coin.

**Un écolier creusois**

De cette intelligence et de cette volonté opiniâtre, le père de Martin Nadaud (le futur maçon, député, préfet, mémorialiste...) fit preuve abondamment lorsqu'il décida, dans son hameau de la Creuse, que son fils... aurait de l'instruction. Il dut d'abord faire face à un « tollé » général. La mère protestait avec vigueur : elle avait absolument besoin du « petit » pour l'aider aux champs. Le grand-père fit chorus, puis tous les voisins : « ... Pour des enfants de la campagne ce qu'ils pouvaient apprendre à l'école ne leur servirait pas à grand-chose, sinon à faire quelques lettres et à porter le livre à la messe [...]. « Ni mes frères, ni toi, ni moi, déclarait « le grand-père, n'avons jamais appris à connaître nos lettres « et nous avons mangé du pain tout de même. » Heureusement le maçon tint bon ; il demanda au « père Faucher », marguillier de Pontarion, vieillard unanimement respecté bien qu'il ne dédaignât point la chopine, et qui prenait des enfants chez lui pour leur enseigner l'alphabet et un peu l'écriture, de recevoir le petit Martin Nadaud comme nouvel écolier.

« Un matin, après avoir mangé la soupe plus de bonne heure que les autres jours, [mon père] me mit à la main un joli petit panier qu'il avait tressé lui-même, et me voilà parti chez le père Faucher. »

Notre écolier se rendait donc tous les matins à Pontarion, après avoir ramené les vaches à l'étable. Il restait chez le marguillier à peine deux heures, ensuite il reprenait la route et le soir devait retourner aux champs, aider sa mère et son grand-père (car son père, lui, était reparti travailler à Paris). Enfin, pendant le mois de moisson, plus question d'aller à l'école, le travail aux champs mobilisait tous les bras, même ceux d'un garçonnet. Au bout d'un an passé ainsi à apprendre l'alphabet et à épeler les syllabes, notre écolier n'était pas très savant.

L'année suivante, voilà qu'un véritable instituteur s'installe à Pontarion, un nommé Rioublanc. Nouvelle dispute entre le maçon rentré de Paris et sa famille. Pourquoi renvoyer encore le petit à l'école ! L'année chez le marguillier a coûté déjà douze francs, et brebis et vaches furent bien mal gardées. Colère du père qui menace de souffleter sa femme et reproche au grand-père de dépenser son argent au cabaret plutôt que d'aider à payer l'instruction de son petit-fils ! Martin ira chez l'instituteur, et même il y restera pendant toute la durée de la classe, aussi bien l'après-midi que le matin !

Rioublanc avait la passion de son métier, il faisait régner une discipline sévère : à la cave, celui qui bavardait ou ne savait pas sa leçon ! Le vieux curé de Pontarion venait de temps à autre visiter l'école qu'il avait incité Rioublanc à fonder. Tous les dimanches, le vieil instituteur conduisait son petit monde à l'église où l'on admirait la vieille, grosse et riche baronne de Corbier récemment rentrée de son émigration à Coblence. A la sortie de la messe, les villageois se découvraient devant elle, la suivant des yeux jusqu'au seuil de son château qui faisait face à l'église. Et tous de se lamenter sur les épreuves de la vieille baronne, sur son exil. « Maudit Robespierre ! »

Le jour des prix, Rioublanc conduisait ses élèves dans le manoir, la baronne posait une couronne de chêne sur la tête des meilleurs élèves et leur donnait un petit livre religieux. Si elle s'était doutée que ce petit Nadaud qu'elle venait ainsi de couronner, deviendrait plus tard, grâce à ses lectures,... républicain !

Mais le vieil instituteur se retira, notre écolier espéra que c'en était fini des livres et des cahiers ; il se trompait. Son père, l'obstiné, le conduisit dans un autre bourg, Saint-Hilaire, où, disait-on, un ancien officier des armées de l'Empire, M. Dyprès, s'était installé et avait fondé une école. Comment ce créole, originaire de Saint-Domingue, était venu échouer dans ce bourg de la Creuse, on l'ignorait, ce qu'on savait c'est qu'il avait grande réputation pour enseigner. Pensez : de Bourganeuf, un riche bourgeois lui envoya ses trois fils ! L'ennui, pour le petit Martin Nadaud, c'est que son village de Lamartinèche est bien loin de Saint-Hilaire, de sorte qu'il lui faudra être pensionnaire. « Peu importe l'argent, dit le père, avant tout il faut faire instruire notre fils. » On donna cinq francs par mois à l'instituteur, et trois francs à la Jeannette Bussière pour coucher le gamin et lui tremper la soupe. En outre, chaque dimanche, la mère ferait à pied le chemin pour porter à son fils une tourte de pain et un fromage.

L'ancien officier de Napoléon, le vieux grognard, était un excellent maître, malheureusement il buvait. Et non seulement, il se servait de l'eau-de-vie à pleins verres, mais encore, à demi-ivre, il en versait à ses élèves. Alors, peu à peu, les parents se mirent à retirer leurs enfants de l'école, et un beau jour, M. Dyprès comprit qu'il ne lui restait plus qu'à quitter Saint-Hilaire. Ainsi, prirent fin, à peu de chose près, les études du petit Martin Nadaud qui revint au travail des champs. Il devait écrire, bien des années plus tard : « Si je n'avais pas eu à faire à cet homme dont la voix et le commandement impérieux me remuaient profondément l'esprit, je n'aurais jamais connu mes quatre règles, ni la distinction entre le substantif et l'adjectif. »

Et surtout, il n'aurait pu devenir plus tard ce « citoyen » émérite, ce représentant du peuple qui nous laissa sur sa vie et sur celle de ses compagnons, de savoureux et précieux mémoires auxquels nous ferons appel de nouveau pour présenter les maçons de la Creuse.

Dans ce département comme dans le reste du Limousin, non seulement la plupart des enfants de la campagne n'apprennent pas à lire ni à écrire, mais, comme père et mère, ils ne savent guère non plus parler français. Pourtant, l'Empire poursuivant la rigueur centralisatrice de la République jacobine, elle-même continuatrice de la centralisation royale, avait souhaité et espéré l'abandon du... « patois » par les populations indigènes. Pour cela, il s'était attaché au développement de l'instruction publique, mais celle-ci concernait essentiellement les classes aisées.

## Ecoles et collèges en Corrèze

Si nous nous tournons vers la Corrèze, nous voyons que cette « instruction publique » — à en croire le sous-préfet de Brive — y est accueillie avec « beaucoup de faveur » et qu'elle est « sagement distribuée » dans l'arrondissement.

Depuis 1804 une école secondaire fonctionne à Brive, équivalant à celles de Tulle, Uzerche, Treignac et Ussel : huit professeurs y enseignent le latin, le français et quelques rudiments d'histoire, de géographie et des mathématiques à 72 élèves (34 externes payant 6 francs par mois, et 38 pensionnaires à 300 francs par année scolaire) ; son directeur est Damien Adam, un ex-oratorien, et ex-professeur au collège militaire de Vendôme. Les locaux ont été empruntés à l'ancien collège des doctrinaires. Brive compte en outre 6 instituteurs... travaillant à leur compte : M. Maza, ancien doctrinaire âgé de quarante-six ans, enseigne les principes du latin et du français à 9 pensionnaires et à 12 externes (les pensionnaires paient 36 francs par mois, les externes 4 francs) ; M. Conchard-Vermeil, autre ex-doctrinaire, âgé de trente-huit ans, a 6 pensionnaires et autant d'externes ; M. Verlhac, noté sur les rapports de la sous-préfecture comme « instituteur depuis trente-trois ans, âgé de soixante-trois ans, littérateur, connu dans plusieurs ouvrages périodiques, enseigne 8 externes et 5 pensionnaires » ; M. Galet, « prêtre, ancien cordelier, docteur, ex-instituteur », se contente de 2 pensionnaires mais éduque 15 externes ; M. Muzat, cinquante-deux ans : 26 externes, certains à raison de 2 francs par mois, apprennent auprès de lui la lecture, l'écriture et le calcul, les autres pour 3 francs par mois ont droit aux principes du latin ; enfin, logé gratuitement à l'hospice, M. Laporte, instituteur, règne sur 29 externes qui paient les uns 1 franc, les autres 1 franc 50 pour apprendre la lecture, l'écriture, le calcul et... les principes de la religion ; en outre, cette même éducation est assurée gratuitement par M. Laporte à 15 enfants de l'hospice.

Et les filles ? Eh bien, quelques institutrices leur enseignaient — bien entendu à celles dont les parents avaient assez de ressources pour payer les études — la lecture, l'écriture, l'arithmétique, les principes de la religion catholique, sans oublier l'art du ménage et, ajoute un rapport administratif, « le travail des petits ouvrages qui sont le ressort de leur sexe » ; moyennant quoi on en faisait des demoiselles accomplies. A Brive, des dames nièces de Mme Saint-Marsault, ex-abbesse de Bonnesaigne, avaient 36 élèves ; les dames Cosnac de Beynat en régentaient 27 ; les dames ursulines : 18 externes, 12 pensionnaires et 13 demi-pensionnaires ; les dames Dalmay et Mirambel : 15 externes ; enfin Mlle Salviat tenait « une école d'écriture » pour 20 externes.

En dehors de Brive, dans l'arrondissement, il y avait encore une vingtaine d'instituteurs, leurs « écoles » recevaient chacune de 15 à 30 élèves dont parfois quelques pensionnaires. Ainsi, à Meyssac, on comptait 2 instituteurs et 70 élèves ; à Objat : 3 instituteurs pour 45 élèves. Plusieurs enseignants de l'arrondissement étaient des prêtres : M. Malerbaud, curé et... mathématicien à Ussac, M. Veyssade à Yssandon ; M. Marque aîné à Curemonte, aidé d'un... sous-instituteur, éduquait 10 pensionnaires à 30 francs et 30 externes, etc. L'école de Turenne (30 élèves), sous la férule de M. Verdier, « instituteur depuis très longtemps dans cette commune », était souvent applaudie pour ses succès.

En 1808, un deuxième établissement secondaire fut ouvert à Brive par M. Grancher, « élève de l'université de Paris et professeur aux écoles centrales ». Cette même année, les dames ursulines avaient la possibilité de s'installer dans l'édifice des ci-devant cordeliers grâce à la « munificence impériale »... et à l'intervention du sénateur Cabanis, l'illustre médecin et penseur, enfant de Brive, philosophe matérialiste mais frère d'une ursuline ! Mgr l'évêque de Limoges en personne vint inaugurer ce nouvel établissement religieux et scolaire qui, dès son ouverture, comptait déjà 13 pensionnaires, autant d'externes, et 12 ursulines chargées de les instruire.

Comme on le voit, en ces temps où l'instruction était chose rare, et en ce Limousin où elle était encore plus parcimonieusement répandue, Brive et son arrondissement faisaient figure fort honorable quant au nombre des écoles et des enseignants. Le « riant portail » ne faisait pas que s'ouvrir au soleil du midi : il s'entrouvrait aussi sur les lumières de l'esprit.

Cependant, si l'on en croit l'abbé de Cueille (ex-émigré) devenu principal du collège de Treignac (Corrèze), les conditions matérielles et intellectuelles dans lesquelles était dispensé l'enseignement laissaient souvent à désirer. Voilà ce qu'écrivait l'abbé au préfet de la Corrèze le 26 décembre 1807 [1] :

> Les professeurs sont obligés de faire leurs leçons dans les chambres peu fermées et si mal couvertes que lorsqu'il pleut nous courons dans les coins pour donner nos leçons.
>
> De plain pied au jardin sont un réfectoire, une cuisine, une cave au-dessus de laquelle est une dépense. Par-dessus tout cela, se trouvent le logement du directeur, composé d'une chambre et d'un cabinet ; deux chambres pour les deux autres professeurs ; sur les logements des trois professeurs sont quatre chambres sans cheminées, destinées pour les pensionnaires qui peuvent s'y placer au nombre de vingt ou vingt-cinq tout au plus. Au haut de l'escalier est conservé un petit cabinet pour un domestique, et à côté un réduit où se trouve l'horloge. D'un côté de la cour sont trois classes au-

1. Cité par M. Jean Vinatier, dans son *Histoire générale de Treignac-sur-Vézère*, Brive, 1974, t. II, p. 234.

> dessus desquelles est une salle d'étude. Vis-à-vis est une chapelle. Voilà tout.

En outre, les élèves avaient bien du mal à fixer leur attention pendant les cours, car les bureaux de l'état civil demeuraient installés dans le collège, d'où un voisinage parfois tumultueux et bruyant.

> Je me bornerai à vous dire que très souvent nous avons été interrompus dans nos classes par le son des cornemuses, instruments de nos campagnes et de nos villageois, lorsqu'ils viennent faire enregistrer leurs mariages, et que nous avons alors toute la peine du monde à contenir nos jeunes élèves et à faire taire ces montagnards dans leur ivresse ; qu'il ne se passe pas de classe sans qu'on ne vienne interrompre plusieurs fois et le professeur et les écoliers soit en feuilletant les registres, ou en délivrant les actes. Muses et cornemuses ne pouvaient fraterniser.

Quelques années plus tard, le recteur de l'académie de Limoges autorisait un certain Pierre Nicaud à fonder une école primaire à Treignac ; il lui écrivait le 15 décembre 1812 :

> D'après les renseignements avantageux qui nous sont parvenus sur votre compte, je vous autorise provisoirement à tenir une école primaire dans la commune de Treignac. Vous ne pouvez dépasser dans vos leçons, la lecture, l'écriture, les premières notions de calcul et de catéchisme. Vous ne devez admettre dans votre école que des enfants qui aient été vaccinés ou qui aient eu la petite vérole.

## Un triste record

En fait, malgré de tels efforts locaux, l'instruction primaire se développe bien peu en Limousin. Même la loi de la IIIe République instaurant en 1881 la gratuité de l'enseignement dans les écoles communales ne parviendra pas à éteindre l'analphabétisme au cours des vingt dernières années du siècle. D'une part les écoles étaient encore trop peu nombreuses, de l'autre elles n'étaient guère fréquentées que l'hiver, en dehors des périodes de gros travaux où les paysans estimaient ne pouvoir se passer du concours de leurs garçons ; quant aux filles, elles étaient vouées l'année durant aux travaux ménagers, à la filature du chanvre ou encore à la garde des troupeaux. Il n'était donc pas question, pour elles, de se rendre à l'école.

Dans l'Almanach de la Corrèze pour 1833, on pouvait lire ce sombre tableau :

> L'état de l'instruction populaire est déplorable dans notre département. Dans les communes rurales on ne voit que bien peu de personnes qui sachent lire et qui parlent l'idiome français. La plupart des écoles qui existent ne sont fréquentées qu'en hiver, et par dix ou douze élèves. Les bons instituteurs sont d'une rareté affligeante.

Quinze ans plus tard, sous la IIe République, les choses n'avaient guère changé. Si l'on comparait alors les départements de l'Est de la France avec ceux du Centre, sous le rapport de la diffusion de l'instruction parmi les femmes, on trouvait des différences considérables : ainsi dans les départements de l'Est, le nombre de filles qui bénéficiaient de l'instruction primaire n'était inférieur, en moyenne, que d'un huitième à celui des garçons qui fréquentaient les écoles ; tandis que dans la Haute-Vienne le nombre des filles qui fréquentaient les écoles n'atteignait guère que la moitié de celui des garçons. Par exemple, en Haute-Vienne en 1848, d'après l'*Annuaire de l'économie politique et de la statistique* [1], sur 1 000 femmes, le nombre de celles qui n'avaient reçu aucune instruction était de 895, et sur une moyenne de 1 000, le nombre des jeunes gens de vingt ans qui avaient fréquenté les écoles et savaient au moins lire était de 216 ; cela plaçait le département au dernier rang (85e) des départements français sous le rapport de l'instruction. En 1875, la Haute-Vienne et la Corrèze figurent toujours au nombre des dix départements français qui comptent le plus d'illettrés parmi les recrues. En 1890, la Creuse et la Haute-Vienne occupent en France respectivement le 85e et le 86e rang pour l'instruction des conscrits.

Triste record, en vérité, contre lequel les admirables instituteurs et institutrices de la IIIe République luttaient de leur mieux.

1. Publié par J. Garnier et Guillaumin, Paris.

## *CHAPITRE X*

## « LO CHANSOU LEMOUZINA »

Dante dit avoir songé, un moment, à écrire *La Divine Comédie* en langue limousine : c'est qu'il était sensible, comme tous les beaux esprits de son temps, de l'Italie à l'Espagne, au rayonnement de la poésie courtoise des troubadours limousins.

Après la croisade des Albigeois, finie la civilisation de langue d'oc. Dorénavant la langue limousine, comme la langue provençale, sera considérée avec mépris par les héritiers des vainqueurs comme un patois. Chose beaucoup plus grave, cette opinion mensongère sera tantôt sournoisement tantôt autoritairement inculquée aux Limousins eux-mêmes.

Loin de nous l'idée de déplorer, au cours du XIXᵉ siècle, à la suite du jacobinisme de la Révolution (lui-même surgeon paradoxal du centralisme royal) et sous les efforts successifs des deux Empires et de la IIIᵉ République, l'extension, par l'enseignement, du français à l'ensemble des provinces de l'hexagone : sans cela, aurions-nous eu un Giraudoux, un Jouhandeau, un Blanzat, un Margerit ? Mais il est évidemment très regrettable que la IIIᵉ République ait incité ses instituteurs à livrer une sorte de petite « chasse aux sorcières » à l'égard des écoliers qui s'obstinaient à « parler patois » dans les classes ou sous le préau de l'école. En fait, tout dépendait du degré d'intelligence, d'esprit de finesse, de sensibilité des instituteurs et institutrices. Je me rappelle avec quelle joie et quelle sympathie, la cousine germaine de ma mère, institutrice dans les hameaux de la montagne limousine, *savourait* les trouvailles verbales de ses écoliers et écolières dialoguant « en patois ». Certes, elle leur enseignait la langue de Racine et de Victor Hugo, mais ce n'est pas elle qui eût mis le bonnet d'âne au petit paysan ou à la petite paysanne dont la langue maternelle serait tout naturellement revenue à la bouche bien qu'ils fussent en classe. Avec quelle gaieté et quelle tendresse, elle me conte encore de nos jours cette scène de sa jeunesse : une minuscule petite bonne femme de cinq ans, en sabots et en fichu noir comme une vraie fermière, le jour de la rentrée des classes, tout éplorée d'être séparée de son grand frère qui l'a menée pour la première fois à l'école, flanque des coups de pieds dans les tibias des deux institutrices qui essaient de la faire entrer en classe. L'une des maîtresses, qui a ressenti douloureusement les coups de sabots, donne alors une petite taloche à la rebelle. Celle-ci, rouge de colère, se campe, les poings aux hanches, toise d'un regard furieux ses adversaires et s'écrie : « *Ah ! Due garça ! Si autré crésé que mo maï m'envoié en ciassé per me fa bourra ! Dirai à moun gran fraï de vous bourra tout parié !* (Ah ! ces deux garces ! Si vous croyez que ma mère m'envoie en classe pour me faire battre ! Je dirai à mon grand frère de vous battre pareillement !) »

Ce qu'on peut déplorer, c'est qu'au siècle dernier et au début de celui-ci, on n'ait pas donné pour mission aux instituteurs de respecter la langue limousine tout en enseignant le français : l'histoire de leur langue maternelle et de leur province n'eût pas empêché les écoliers d'apprendre le français et l'histoire de France.

Quoi qu'il en soit, tout le peuple à la ville comme à la campagne parlait limousin, et beaucoup de bourgeois également, non seulement quand ils s'adressaient à leurs fermiers, leurs métayers, leurs ouvriers ou leurs domestiques, mais encore souvent entre eux, d'homme à homme, tout au moins en émaillant leur dialogue d'expressions limousines.

## Une Renaissance

Depuis le début du XIXᵉ siècle, des érudits locaux taquinaient la muse limousine, écrivant çà et là quelques fables ou quelques *gnorles,* mais c'est après 1870 que dans le sillage de Mistral, se développe en Limousin la renaissance félibréenne. Les « Occitaniens » d'alors, nostalgiques du passé, épris de la vie rustique, craintifs devant le développement des villes, de l'industrie et du prolétariat, sont volontiers conservateurs, monarchistes, aux antipodes de l'instituteur républicain, laïque et propagateur résolu de la langue française qu'il oppose au « patois », expression des temps révolus.

On a pu appeler « Mistral limousin » le chanoine Roux, qui vécut de 1834 à 1905. Il fut d'abord curé dans une paroisse de la montagne corrézienne ; là il se plaisait à étudier les coutumes, les mœurs, la façon de parler des paysans ; aussi pouvait-on trouver dans son œuvre, *Les Rustiques,* des tableaux pittoresques, justes et émouvants de la vie campagnarde en Limousin. Trois ans plus tard, en 1888, les vingt-quatre poèmes de sa *Chansou lemouzina* connaissaient un vif succès et enthousiasmaient Mistral qui écrivait : « Le génial Roux a allumé le feu de la Saint-Jean sur les cimes. » Enfin il établit une grammaire limousine (1895) qui confirma son rôle éminent dans la renaissance de la langue de notre province.

Un érudit, originaire de Nontron, Camille Chabanaud (1831-1908), se livra à une étude minutieuse et savante de la langue limousine ; on lui doit une *Grammaire limousine* qui parut d'abord, de 1871 à 1876, dans la *Revue des Langues romanes,* et un essai sur la langue et la littérature du Limousin (publié en 1891). Camille Chabanaud se vit confier la première chaire de philosophie romane, à Montpellier.

Encouragés par l'exemple et par l'œuvre du chanoine Joseph Roux, beaucoup de poètes s'employèrent à redonner des lettres de noblesse à leur langue limousine. Pour la plupart, ils publiaient leurs vers dans la revue de l'Escola lemouzina, *Lemouzi,* que dirigeait J. Plantadis. Parmi ces poètes, citons, en premier, Johannès Plantadis, lui-même, auteur d'une *Chansou de l'Auzelada,* puis Eusèbe Bombal (1827-1915), chantre d'Argentat et des gabariers de la Haute-Dordogne, Majoral du Félibrige, auteur des contes de *Champalimau* (1893) ; Marguerite Genès, reine du Félibrige à vingt-sept ans en 1895, qui donna pour titre à ses poèmes : *Lou Felibrige daus Auzeus ;* Alfred Marpillat, poète comique, auteur des *gnorles* de *Per s'esclafar.* Des folkloristes (L. Plantadis, L. Branchet, F. Celor) recueillaient pendant ce temps légendes, contes et chansons populaires.

Par ailleurs, des chansons nouvelles naissaient en langue limousine. La plus célèbre d'entre elles est sans aucun doute : *Lo Briança,* de Joseph Mazabraud (la Briance est une jolie rivière affuent de la Vienne). Dans mon enfance encore, pas un Limougeaud je crois bien, qu'il fût bourgeois ou ouvrier, n'ignorait cette chanson mélancolique, et tous les paysans et villageois du département devaient l'entonner régulièrement aux noces et banquets.

Nous parlerons ailleurs des *gnorles* d'Édouard Cholet (1833-1917), dit Lingamiau : depuis leur première édition en 1882, ces fabliaux hauts en couleur connurent un grand succès populaire. J.-B. Chèze (1870-1935) a également consacré des *gnorles* à la peinture des paysans des Monédières. Léon Dherlade (1815-1891), qui écrivait sous le pseudonyme de Minicou dans l'Almanach limousin, établit en 1885 un *Dictionnaire de la Langue limousine,* et un an après publia un recueil de *Dictons et Proverbes limousins.* Plus proches de nous, Jean Rebier, P.-L. Grenier et Albert Pestour ont poursuivi la renaissance littéraire de la langue limousine.

C'est à mon sens Albert Pestour qui est, de loin, le meilleur poète de langue limousine. En certains de ses poèmes, il retrouva la sensibilité quasi musicale des vers de l'admirable Bernard de Ventadour.

## Poète et paysan

Mais, peut-être, le poète le plus authentique, le plus doué en langue limousine, est-il le peuple limousin lui-même, dans ses légendes, ses contes, ses proverbes et ses chansons. J'ai rapporté, dans *Le Pain Noir,* les « paroles » que les paysans prêtaient aux oiseaux et qui enchantaient l'enfance de ma grand-mère et de mon grand-oncle maternel. Il est bien vrai que, si l'on écoute attentivement le pinson, on l'entend chanter, plaintivement l'hiver lorsqu'il va jusqu'au seuil de la ferme espérant que le fermier y laisserait pour lui quelques miettes : *Cousi ! cousi !* (cousin ! cousin !), et insolemment l'été lorsqu'il picore *lo cicoréso* (la cerise) : « *Crésé-tu, paubre paisan, qué vai na a to porto per un brisou ?* (Crois-tu, pauvre paysan, que je vais aller frapper à ta porte, pour une miette de pain ?) » Et le merle au printemps, oui, vous l'entendrez siffler : « *Ai cin pitis din moun ni ! Siran tôt dru ! tôt dru ! tôt dru !* (J'ai cinq petits dans mon nid ! Ils seront bientôt grands ! bientôt grands ! bientôt grands !) » Et cette coquine d'alouette qui tant peinait pour s'élever, palier par palier, vers le ciel, elle qui promettait alors, espérant quelque aide divine : « *Jurarai pu ! Jurarai pu !* » (qu'elle prononce zurarai), elle jure de nouveau à tue-tête lorsqu'elle se laisse retomber comme une pierre : « *Fé dé Di ! Fé dé Di ! Fé dé Di !* (Fils de Dieu !) »

Je ne connais rien de plus touchant que cette chanson, venue sans doute du fond du Moyen Age, que j'ai entendu chanter à Pâques à La Croisille-sur-Brivance et qu'a fortiori on devait chanter voilà cent ans :

LE CHRIST :

*Ent'ero-tu, mo maï,*
*Quand m'attachavo ?*
*(Où étais-tu, ma mère,*
*Quand ils m'attachaient ?)*

LA VIERGE :

*Ero au pié de lo cru*
*Que io puravo,*
*Et de mo pieu rousseu*
*Io t'essusavo.*
*(J'étais au pied de la Croix*
*Où je pleurais,*
*Et de mes cheveux blonds*
*Je t'essuyais.)*

La poésie, ce peuple la porte dans sa langue, le réalisme et la malice aussi, comme en témoigne cette historiette qui peint à merveille l'égoïsme et la tyrannie de certains « pater familias ». La scène se passe dans la salle commune à l'heure du souper. Le père a servi dans les écuelles la succulente brejaude, la soupe au lard si bien préparée par la mère ; il l'a servie parcimonieusement à chacun (abondamment à lui-même). Après ce premier tour, il reste encore une louche au fond de la soupière. Le tyranneau remplit la louche de ce restant de soupe et fait mine de l'offrir à chacun des siens : « *Fenno, n'en volai-tu ?* (Femme, en veux-tu ?) » La mère, qui sait lire sur la face de son maître et mari sa vraie pensée, répond à voix basse : « *Noun, marchi.* » Le maître alors s'adresse successivement à ses filles, à ses fils, au domestique : « *E té ?* (Et toi ?) » Chacun, humblement, refuse : « *Noun, marchi paï.* » Le fermier s'adresse enfin au dernier né, un marmouset de cinq à six ans :

« *E té, piti, n'en volai-tu ?* »

Le petit, qui n'a pas encore compris la musique, répond de sa voix flûtée, tout en avançant son écuelle :

« *En voudrio bé un piti pau...* (J'en voudrais bien un petit peu...). »

Mère, filles, fils, domestique regardent l'innocent d'un air épouvanté, cependant que le père s'écrie d'une voix de tonnerre :

« *Qué disai-tu ?* (Que dis-tu ?) »

Le petiot retire son écuelle, rentre la tête dans les épaules et murmure :

« *Noun, paï, n'en volai pas...* »

Rasséréné, le pater familias verse alors le restant de soupe dans sa propre écuelle et conclut, débonnaire :

« *Hé, piti, parlo que t'auve !* (Eh ! petit, parle, que je t'entende !) »

Comme on le voit par cette histoire, les Limousins ne manquaient pas d'humour et, naturellement conteurs, avaient le sens du trait.

Cet humour, on le retrouve en maints dictons ou proverbes qui étaient monnaie courante au siècle dernier. Oh ! bien sûr, le bon sens marchant en gros sabots se trouvait aussi dans ces « paroles » de la collectivité, mais, le ciel soit loué, la poésie souvent s'y glissait à son tour. A vrai dire, je cite ici ces dictons précisément pour montrer soit la poésie, soit la saveur de la langue limousine.

N'y a-t-il pas une grâce surréaliste dans ce tercet :

*Reveliàdo coum'un cin sô,*
*legeiro coum'un parpolio,*
*pu lesto qu'un chat'eicuro.*
*(Éveillée comme un « cinq sous »*
*légère comme un papillon*
*plus leste qu'un chat-écureuil.)*

Comment demeurer insensible à la gravité poétique de ces paroles que les paysans murmuraient lorsque, dans la campagne, ils passaient devant une croix :

*Io vou salude, bel aubre,*
*que no pourta ni felia, ni flour,*
*noumà la ressemblanço*
*de Notre Segnour.*
*(Je vous salue, bel arbre,*
*qui ne portez feuilles ni fleurs*
*mais qui portez la ressemblance*
*de Notre Seigneur.)*

Il y a au moins autant d'étrangeté que de sagesse dans cette constatation : *L'un ne po pa tropà lo luno en là den.* (On ne peut pas attraper la lune avec ses dents.)

C'est une pensée analogue qui inspire cette remarque : *Foudrio no bèlo làto per so prenei en lou diàble.* (Il faudrait une belle (une fameuse) latte pour s'en prendre au diable.)

Le bon sens rural qui ne renie pas son poids de lourde terre, mais aussi le goût du cocasse qui curieusement s'allie à un pessimisme traditionnel, voilà ce qu'on trouve souvent dans les dictons limousins. Certains ressemblent à des lapalissades, mais il faut voir, en fait, sous leur apparente platitude, une ellipse qui implique un sens complémentaire non exprimé :

— *Lou chiei ei per chassà, lo lèbre per fugi.*
(Le chien est fait pour chasser, le lièvre pour fuir.)

— *Gnio pà de feito sei lendemo.*
(Il n'y a pas de fête sans lendemain.)

— *L'un ne po pà essei a lo proucessi e sounà lo clocho.*
(L'on ne peut à la fois suivre la procession et sonner la cloche.)

— *Tou ce que chàbo ne duro pà.*
(Tout ce qui finit ne dure pas.)

— *Ce que se vei ne po pà se cochà.*
(Ce qui se voit ne peut se cacher.)

Les paysans limousins parlaient dru :

— *Si l'un deu bicà lou cu dô chi, siria counten, qu'en si deyà, so couo fuguesso levàdo.*
(S'il faut embrasser le cul du chien, on serait content qu'au moins sa queue fût déjà levée.)

Ces même paysans savaient observer les travers de chacun et les saynètes de la vie quotidienne :

— *O ei coumo là chobrà, quant'ô ne fai pà de mau, ô n'en penso.*
(Il est comme les chèvres, quand il ne fait pas de mal, il en pense.)
— *No couo d'anguilo li sertirio per lo gorgeo, o dirio qu'o lo pà mingeàdo.*
(Une queue d'anguille lui sortirait de la gorge, il dirait qu'il ne l'a pas mangée.)
— *O semblo un por, ne fai mà do be quan t'ô ei mor.*
(Il est pareil au porc, il ne fait du bien que lorsqu'il est mort.)
— *O po muri, l'un ne lioro pà, per oco, là vachà per lo couo.*
(Quand il mourrait, on n'attellerait pas, pour cela, les vaches par la queue.)
— *O fendrio un piàu per n'ovei la mèulo.*
(Il fendrait un cheveu pour en avoir la moelle) — un fameux avare, un *mingeo-mourchoù,* un mangeur de bouts-de-chandelles, tout le contraire d'un *mingeo-tou,* un mange-tout, un dépensier.

Le proverbe limousin est volontiers misogyne :

— *Fô moridà no fillo que chanto lou jàù.*
(Il faut vite marier la fille qui chante le coq [qui court les garçons].)

— *Fenno que so lou leti ne foro jamai bouno fi.*
(Une femme qui sait le latin [une femme instruite] ne fera jamais une bonne fin.)
— *Lou eicri soun do màlei, la parolà de là femà.*
(Les écrits sont mâles, les paroles femelles.)
— *Un credo aprei lou lou ! e si qu'èrio lo loubo ?*
(On crie après le loup ! et si c'était la louve !)

Mais à leur tour, les femmes disent aux hommes leurs vérités :

— *Vàù mier de rire countre un vilain que de purà countre un pù gente.*
(Mieux vaut rire auprès d'un [mari] laid que de pleurer auprès d'un plus beau.)
— *Vàù mie piti eiveri que gran eitolourdi.*
(Il vaut mieux un petit éveillé [dégourdi] qu'un grand endormi.)

La vie rude, misérable, impose son pessimisme, voire sa cruauté, à bien des dictons :

— *N'ovùglie voudrio veire soun pai pendu.*
(Un aveugle voudrait voir son père pendu.)
— *Quan lou boun Di vo, no poulo ei be to morto.*
(Quand le bon Dieu le veut, une poule est bientôt morte.)
— *Lou màù ve a chovàù, s'en torno d'ape.*
(Le mal vient à cheval, il s'en retourne à pied.)
— *Si l'un pourtàvo sà penà ô marcha per là vendre, obe là changeà, chacu s'en tornario en la souà.*
(Si l'on portait ses peines au marché pour les vendre ou les échanger, chacun s'en retournerait avec les siennes.)
— *Li o toujours no meichanto lego de chemi a fà.*
(Il y a toujours une lieue de mauvais chemin à faire.)

Enfin cette réflexion poétique et désabusée sur la fragilité de la vie :

— *L'un ei coumo lo rousàdo ò soulei.*
(On est [ici-bas] comme rosée au soleil.)

Mais nous terminerons ce chapitre sur les paroles limousines par une note plus comique, celle qui résonne dans ce dialogue de sourdes :

« *Odichià.* (Bonjour.)
— *Quei do yo ?* (Ce sont des œufs ?)
— *Coumo voù portà-voù ?* (Comment vous portez-vous ?)
— *Quàtre so.* (Quatre sous.)
— *Et chà voù ?* (Et chez vous ?)
— *Voù loù orià pà min.* (Vous ne les auriez pas à moins.)
— *Anen, pourtà-voù bien.* (Allons, portez-vous bien.)
— *Prenei-loù, tout poriei.* (Prenez-les tout de même.) »

## *CHAPITRE XI*

# LE LANGAGE DES ARMES

*Donnez-moi des soldats et des chevaux limousins.*

NAPOLÉON.

Les Lemovices avaient fourni de vaillants guerriers à Vercingétorix, et Napoléon, comme on vient de le lire, ne doutait pas de la valeur des soldats limousins. Mais les jeunes hommes de la Corrèze, de la Creuse et de la Haute-Vienne se seraient bien passés de la... sollicitude impériale, et leurs familles aussi.

Dans le Limousin entier, comme dans toutes les provinces, les besoins constants de... l'Ogre pour peupler ses armées de nouvelles recrues dépeuplaient d'autant les campagnes de jeunes travailleurs. Ceux-ci, ensuite, faisaient défaut (notamment en Corrèze, autour de Brive, si l'on croit les rapports des sous-préfets d'alors) pour assurer le défrichement ou les plantationrs de vignes. Bref l'agriculture manquait de bras, ces bras que l'Empereur contraignait à abandonner la charrue pour le fusil.

Pauvre sous-préfet de Brive, sa tâche ne devait pas être des plus faciles, soucieux qu'il était de donner l'impression à Paris que, dans son arrondissement, tous les jeunes désignés par le tirage au sort partaient gaiement pour l'armée... Seuls, prétendait le sous-préfet, certains « d'un tempérament faible ou dont les larmes de leurs parents amolissent le courage » font les mauvaises têtes. De toute façon, le contingent exigé par les autorités parisiennes était fourni à Sa Majesté, car on ne manquerait pas de pourvoir, par des tirages au sort supplémentaires, au remplacement des jeunes Corréziens réfractaires (moins nombreux, d'ailleurs, que ceux qui désertaient plus tard après leur incorporation). Oui, M. le sous-préfet devait se faire des cheveux blancs, car s'il ne voulait pas décevoir l'Empereur, il ne voulait pas non plus mettre son arrondissement à feu et à sang, alors il louvoyait, demandant aux maires de convaincre les réfractaires de bien vouloir prendre leurs feuilles de route. Jugements, condamnations et amnisties alternaient : 108 jeunes réfractaires amnistiés en 1810, mais 332 condamnés (94 par le tribunal d'Ussel, 136 par celui de Tulle, 102 par celui de Brive). Le préfet essayait d'atténuer le courroux du ministère : à l'en croire, certains réfractaires n'étaient en fait que des retardataires, d'autres des jeunes dont on ne connaissait plus le lieu de résidence car ils devaient être sans parents, enfin il fallait bien reconnaître que les jeunes recrues étaient « intimidées par la crainte d'une embarcation et des campagnes d'Espagne. »

Les choses tournaient parfois plus mal que n'en convenaient les rapports préfectoraux : il fallait faire appel à l'armée qui envoyait des colonnes mobiles pour organiser des rafles à travers la campagne corrézienne. Ainsi en 1808, ces « colonnes » ont « déniché » les réfractaires dans l'arrondissement de Brive. De même en juillet et août 1811, une colonne forte de 1 800 hommes traquait les insoumis, ceux-ci étaient estimés près de 1 300 : 1 055 furent arrêtés ou se rendirent d'eux-mêmes, 179 furent considérés comme devant être rayés des listes, étant sans doute décédés ou inconnus en leurs lieux présumés, 78 enfin réussirent à échapper aux poursuites.

Beaucoup de jeunes avaient trouvé un autre moyen pour échapper à la conscription : au lieu de « prendre le maquis », ils se contentaient de prendre femme, car les jeunes mariés étaient exemptés du service militaire, aussi de 1807 à 1814 le nombre des mariages ne cessait de s'accroître en proportion des appels à l'armée, à tel point que le préfet de Corrèze jugeait pour son département ce nombre « prodigieux ». Ce n'est pas nous qui blâmerons les jeunes Corréziens de l'époque d'avoir préféré Vénus à Mars, d'autant plus que les mêmes préfets et sous-préfets de l'Empire se plaignaient toujours, comme nous l'avons dit, que l'agriculture en Bas-Limousin manquait de bras ; il fallait bien choisir entre les champs de blé et les champs de bataille ! Pour 1807, l'administration avait recensé en Corrèze : 2 417 conscrits ; sur ce total : 747 furent réformés pour défaut de taille (on est plutôt petit en Limousin au XIX^e^ siècle), 547 pour infirmités, et 457 réfractaires ou déserteurs s'enfuirent soit avant d'être mobilisés, soit en cours de route après l'incorporation. Il resta donc 664 jeunes Corréziens dont beaucoup sans doute iraient se faire tuer pour la gloire de Messire Bonaparte.

## Maréchaux et généraux

Cela dit, le Limousin donna à l'Empire deux maréchaux qui furent élevés à cette dignité dès la première promotion impériale en 1804 : Jourdan, né à Limoges, le vainqueur de Fleurus qui finit gouverneur des Invalides sous Louis-Philippe ; Brune, enfant de Brive, qui mourut assassiné en Avignon pendant la Terreur Blanche, onze généraux dont les noms sont inscrits sur l'Arc de Triomphe et un grand nombre de brillants officiers. L'Empereur disait du général Dupont, de Chabanais, qu'il était l'un de ses meilleurs généraux ; de même, il tenait en grande estime : Dumoulin, Bardet Maison-Rouge, Mourier, Dupuy de Saint-Florent ou Bruslys (celui-ci, gouverneur de l'île Bourbon en 1809, ne pouvant la défendre contre les Anglais préféra se faire sauter la cervelle plutôt que de signer l'acte de capitulation). Citons encore les trois

Marlot, nés au château de la Rivière dans la plaine de Beaulieu, et qui furent généraux successivement sous Napoléon Ier, sous la Restauration et sous Louis-Philippe. Enfin rappelons la tardive mais célèbre carrière du plus célèbre des militaires limousins avec Jourdan : celle du maréchal ou plutôt du Père Bugeaud (« as-tu vu la casquette, la casquette ? »). Thomas Bugeaud de la Piconnerie, duc d'Isly, maréchal de France, né à Limoges en 1784, fils d'un gentilhomme pauvre, connut une enfance paysanne au domaine familial de la Durantie, dans le Nontronnais ; c'est là qu'il se retira après 1815 ; pendant bien des années, simple colonel retraité, il s'y passionna pour l'agriculture, puis reprenant les armes le laboureur se fit conquistador de l'Algérie. Dans cette tradition de conquête coloniale, d'autres Limousins s'illustrèrent, qui disposaient pourtant de bien maigres moyens militaires : ainsi Treich-Laplène, né à Ussel, chef de « comptoirs coloniaux » entre 1883 et 1890, et qui meurt à vingt-neuf ans, usé par son effort et par la fièvre, en donnant à la France la Côte-d'Ivoire ; ou bien le colonel Monteil, de Tulle, qui, de 1890 à 1892, avec une troupe comptant en tout et pour tout... dix tirailleurs, et sans faire parler une seule fois la poudre, se rendit de Saint-Louis à Tripoli par le Tchad, accomplissant ainsi une prodigieuse randonnée qui nous assura la « possession » de la boucle du Niger.

## Le bon numéro

Ces « pages de gloire » ne tournaient quand même pas la tête des conscrits limousins. Pas plus sous Louis-Philippe que sous Napoléon, les jeunes paysans de la Creuse, de la Corrèze, de la Haute-Vienne ne rêvaient de batailles, et plutôt que de mourir au champ d'honneur, ils souhaitaient tout bonnement continuer à vivre dans leurs champs. Certes, en 1832, une nouvelle loi avait ramené le service militaire de huit à sept ans et prévu dix-huit cas d'exemption et de réforme, mais si au tirage au sort on ne récoltait pas un bon numéro et si l'on n'était ni bancal ni rachitique, passer sept ans sous les drapeaux, il y avait de quoi, à cette seule idée, vous donner la chair de poule. C'est pourquoi tant de jeunes paysans demandaient aux sorcières de la contrée de leur désigner quelque bon saint qui, moyennant prières et offrandes, assurerait la sortie du bon numéro.

Selon M. Louis Peygnaud, à Rancon, dans la Haute-Vienne, la statue de saint Sébastien passait pour excellente protectrice des conscrits. Les jeunes gens de vingt ans y venaient donc volontiers faire pèlerinage ; volontiers, mais à la dérobée : chacun de ces coqs de village fût mort de honte si on l'eût surpris faisant ses patenôtres à M. saint Sébastien ; qu'irait-on penser de lui dans son hameau : qu'il avait peur d'être soldat ? Ils se mettaient donc en marche avant l'aurore, coupant par les prés et les bois pour se rendre à Rancon. Déjà le ciel rosissait alors qu'un de ces discrets « pèlerins » traversait le village. Bien vite, il gagnait l'église, la contournait, longeait le mur du cimetière où veillait encore la lanterne des morts, atteignait enfin la petite chapelle en forme de grange où l'attendait le saint. Le martyr, criblé de flèches par les archers, aurait sans doute à cœur de maintenir notre jeune paysan dans sa vie paisible, il empêcherait qu'on armât d'un fusil (cette arbalète des temps modernes) un bras qui ne demandait qu'à demeurer pacifique.

Il faut croire que saint Sébastien perdit de sa puissance dans les années qui suivirent car, pendant la guerre de 1870, les soldats limousins furent décimés. Les « moblots » de notre province s'étaient très brillamment battus dans les armées de la Loire ; Forgemol de Bostquémard se distingua comme chef d'état-major de Chanzy, et Laveaucoupet et Montaudon à la tête de leurs divisions à Forbach et sous Metz.

Le chanoine Joseph Roux, dans *Le Mal An,* évoquait le

départ de la garde mobile de la Corrèze à Tulle aux premiers jours d'octobre 1870 :

> Il y avait des jeunes hommes de toutes conditions et de tous états, des pères de famille, des récents époux, d'anciens militaires réengagés, des volontaires, des élèves des hautes écoles, des ouvriers, des paysans, des bourgeois, des gentilshommes. Toute la ville était sur pied, tout le département était accouru pour accompagner de ses vœux ces derniers défenseurs de la patrie en détresse...

Nous suivrons plus particulièrement le sort des gardes mobiles d'un autre département limousin : celui de la Haute-Vienne.

## Les gardes mobiles de la Haute-Vienne pendant la guerre de 1870-1871 [1]

Après le désastre de Sedan, qui entraîne la chute de l'Empire, la République, à peine constituée, organise les régiments de la Garde mobile formés essentiellement de célibataires ayant pour la plupart une vingtaine d'années et qui, par le jeu du tirage au sort, ont été jusque-là dispensés du service actif.

L'aventure de ces hommes nous est connue notamment grâce au livre *La Garde Mobile de la Haute-Vienne,* écrit à leur mémoire par leurs chefs, le colonel Pinelli et le comte de Couronnel, de Magnac-Laval, ancien capitaine de la 8e compagnie du 1er bataillon du 71e mobiles.

Les premiers inscrits ont été rassemblés au chef-lieu de leur district. Nous allons suivre le sort des hommes des com-

1. Cf. le remarquable ouvrage de Louis PEYGNAUD : *Le Bal des Conscrits* (1968) qui nous a inspiré ces pages.

munes de Saint-Symphorien, Nantiat, Saint-Pardoux, Roussac, Compreignac, Rancon, Thouron et Buis, qui sont regroupés à Bellac le 17 août 1870 et incorporés au 1er bataillon du 71e régiment de mobiles de la Haute-Vienne.

On imagine sans peine les scènes qui dans chaque commune accompagnent ces départs. Il est vrai que les pères de famille et les hommes mariés restent dans leur foyer, mais que de larmes pour ces frères aînés, pour ces fils qui dissimulent leur peine pour réconforter leurs fiancées, leurs mères, leurs sœurs. On se rassure pourtant à l'idée qu'en hiver, à l'époque où se célèbrent les mariages campagnards, la guerre sera terminée et qu'on sera de retour au village. En outre, plus d'un garçon se montre déterminé à abattre de nombreux « pruscos », comme on dit alors pour désigner les Prussiens.

Nos nouvelles recrues déchantent bientôt lorsqu'une fois réunies à Bellac elles découvrent le maigre équipement qui les attend : un pantalon de toile, une vareuse, des fusils à baguette, quelques dizaines de cartouches par homme et aucun matériel de campagne.

L'habillement est tellement rudimentaire que les journaux lancent des appels aux personnes aisées pour qu'elles fassent des dons de vêtements aux mairies : pantalons de drap, vareuses de laine, etc. En septembre, le journal *Le Gaulois* publie l'appel suivant : « Par ce temps de pluie et de refroidissement naturel de la saison, la blouse et le pantalon de toile sont un peu légers. Ceux qui viennent nous défendre méritent bien que nous fassions pour eux quelques sacrifices. » Quant au problème des armes, il est encore plus difficile à résoudre. Certes, ces nouveaux soldats savent relativement bien utiliser les fusils à baguette qui leur sont fournis : rares sont ceux, en effet, chez qui en toute saison un fusil ne repose pas toujours bourré sur le manteau de la cheminée, dans l'attente du passage de quelque gibier. Mais cet armement est par trop sommaire face au fusil Dreyse de l'armée prussienne. On a beau entendre parler de l'invention par le contrôleur d'armes Chassepot d'un fusil de guerre qui se charge par la culasse, on n'en voit pas encore un seul au bataillon. Dès les premières défaites de juillet et août 1870, les journaux n'ont pourtant pas cessé d'annoncer, pour apaiser l'inquiétude des Français, la découverte de milliers de chassepots dans différents dépôts et leur envoi immédiat aux armées. En attendant, on transforme les anciens fusils en armes se chargeant par la culasse et on les munit d'une fermeture dite « à tabatière ».

Dans le district de Bellac, comme dans bien d'autres endroits, on organise dans chaque commune, en prévision de nouveaux appels de gardes mobiles, des « exercices du soldat ». Les anciens militaires qui ont servi sept ans sont désignés pour servir d'instructeurs. Tous les dimanches et quelquefois en semaine, les hommes susceptibles d'être appelés se rassemblent dans un pré aux abords du village. Là, sous les ordres des instructeurs, ils doivent évoluer, apprendre à marcher par quatre, à faire demi-tour, à gauche, à droite, se coucher, ramper, se redresser et bondir enfin en simulant l'attaque à la baïonnette.

Le 1er bataillon du 71e mobiles, où ont été enrôlés les hommes de nos huit communes, quitte Limoges le 25 septembre pour Nevers, puis Gien. De nouvelles compagnies formées à Limoges arrivent bientôt. Les 2e et 3e bataillons constitués à leur tour, le 71e régiment de mobiles est au complet, mais c'est seulement le 21 octobre à Bourges qu'il reçoit les « chassepots », les fusils de guerre tant attendus par ses hommes désormais prêts à se battre. Cependant, on manque de renseignements sur les mouvements des troupes ennemies. Les officiers ne disposent même pas de cartes d'état-major, si bien que pendant plusieurs semaines nos soldats vont être déplacés au sud de la Loire, à travers la Sologne, de villages en villages, le plus souvent à pied, rarement par le train. Heureusement, les populations les accueillent avec chaleur et enthousiasme, ce qui maintient leur moral.

C'est finalement à Terminiers, à une vingtaine de kilomètres au nord-ouest d'Orléans, que, le 2 décembre au petit jour, sous le tonnerre des canons de l'ennemi, on se prépare à l'attaque. Mais celle-ci n'aura pas lieu, nos malheureux mobiles limousins seront décimés sur place par les canons d'acier des Prussiens au tir particulièrement bien ajusté. A la suite de cette triste journée, nos mobiles doivent battre précipitamment en retraite et ce n'est que trois jours plus tard, à Beaugency, qu'ils peuvent se regrouper et souffler pendant une journée. On compte les disparus ; parmi les hommes de nos huit communes, quatre ont péri sous les éclats des terribles obus allemands : Antoine Gabaud de Compreignac, Jean Delage, Pierre Fayaud, François Pasquet de Rancon.

Et les malheurs des mobiles limousins sont loin d'être terminés, comme en témoigne un de leurs officiers, le capitaine Blanchaud. Regroupée à Blois, le 9 décembre, la 2e brigade à laquelle appartient le 71e mobiles est dirigée vers Chambord où elle arrive vers six heures à la nuit tombée :

> Le parc de Chambord, raconte Blanchaud, était calme et silencieux quand nous y entrâmes... On s'arrêta près du château dont deux ou trois fenêtres des étages supérieurs étaient seules éclairées... La brigade était massée sur une pelouse de forme ovale assez vaste où quatre mille hommes étaient fort à l'étroit. Au moment où le colonel appelle à lui quelques officiers on entend échanger rapidement ces mots : « Qui vive ! » « Prusse ! Rendez-vous, vous êtes cernés ! » « Feu ! » répond l'officier français et ses soldats tirent au juger. Alors un immense éclair s'allume dans l'épaisseur du fourré. Quelques hommes tombent blessés, entraînant les fais-

> ceaux dans leur chute ; le courageux colonel Pinelli, qui s'était lancé en avant, a la jambe brisée. On recule vivement vers le bois ; mais à quelques pas à la lisière et sous le couvert sont tendus des fils de fer pour protéger les arbustes contre la dent du gibier. La peur ferme la porte à la réflexion et ces fils mystérieux paraissent un nouveau piège tendu par l'ennemi dans lequel nous avons donné tête baissée [...]. Enfin, les fils se rompent et une fois sous bois, les balles, heureusement assez mal dirigées, font peu de victimes [1].

Mais, au total, des blessés, des morts et des prisonniers il y en a beaucoup trop, lors de cette tragique embuscade. Les survivants finiront tant bien que mal par se regrouper à Tours, après avoir erré à travers la Sologne du côté de La Motte-Beuvron, de La Ferté-Saint-Aubin ou de Romorantin. Là, nos soldats ne seront qu'un millier à prendre le train pour rejoindre le dépôt de Limoges où va être reconstitué le 71e régiment de mobiles de la Haute-Vienne.

Qu'on imagine la joie de celles qui retrouvent leurs fils, leurs fiancés ou leurs frères, et la détresse des familles dont les leurs ne sont pas rentrés, détresse que seule la nouvelle du nombre important de prisonniers fait à Chambord vient tempérer.

La réorganisation du 71e mobiles est bientôt accomplie grâce à l'incorporation de ces jeunes hommes de nos campagnes limousines que l'on a vus tout à l'heure s'adonner aux exercices du soldat. Le régiment, de nouveau au complet, peut quitter Limoges le jour de la Saint-Sylvestre pour Le Mans où il arrive le 1er janvier 1871 au soir. Le 71e mobiles est rattaché à la 2e armée de la Loire qui combattra sous les ordres du général Chanzy. Une nouvelle campagne commence pour le régiment, elle sera moins meurtrière que la précédente, mais une épidémie de variole, la petite vérole

---

1. Cité par Louis PEYGNAUD : *Op. cit.*

ou « picote » comme disaient nos Limousins, va décimer ses rangs. A cela s'ajouteront les dures épreuves de l'hiver particulièrement enneigé et rigoureux cette année-là.

Les mobiles limousins du 71e régiment sont soumis au cours de cette deuxième campagne à de très pénibles mouvements de marches forcées, suivant les fluctuations de la retraite qui pourtant ne sera jamais désordonnée comme la précédente. Au cours de ces épuisants déplacements, nombreux sont les hommes des huit communes limousines citées tout à l'heure à titre d'exemple, qui meurent d'épuisement et de fatigue, comme Pierre Lépine, vingt ans, de Rancon, Jean Troubat, vingt-quatre ans, et Jean Charpentier, vingt-deux ans, de Nantiat.

Enfin, le 25 février 1871, vient à expiration l'armistice signé un mois plus tôt, le 28 janvier, entre Jules Favre et Bismarck, c'est l'annonce pour nos mobiles du retour prochain en Limousin. Mais nombreux sont les soldats immobilisés sur le front, qui n'ont pas la patience d'attendre leur démobilisation. Se souciant peu d'être portés déserteurs, ils abandonnent leurs unités pour rejoindre au plus tôt leurs fermes ou leurs villages.

Parmi tous ceux qui restent, certains malheureusement n'auront pas la chance d'être démobilisés et seront affectés au maintien de l'ordre à Paris. Pour décrire le sort tragique de l'un d'entre eux, nous résumerons une très belle page du *Bal des Conscrits* de Louis Peygnaud.

### Le 22 mai 1871, devant la barricade de la rue de Vanves avec François Noussat, de Saint-Pardoux, soldat au 113e de ligne

François Noussat a fait toute la campagne dans un régiment d'active, il est sorti indemne des combats. Respectueux de la discipline, il ne profite pas de la fin de l'armistice pour revenir à Friaudour, son village natal. Affecté au

113e de ligne, il se retrouve bientôt cantonné dans la région de Versailles, alors qu'aux portes de Paris, dès la fin mars, de sanglants combats mettent aux prises les troupes de Mac-Mahon et les insurgés de la Commune. Un des secteurs les plus farouchement défendus par les fédérés est la région de Vanves, le lycée et surtout le fort. Après l'évacuation du fort, la lutte entre Versaillais et fédérés reste acharnée à la porte de Vanves et à l'entrée de la rue de Vanves. Enfin, le 22 mai au matin, les troupes pénètrent dans la capitale. L'ordre a été donné de n'affronter les barricades qu'en cas d'impossibilité absolue de les tourner. L'une des plus difficiles à enlever est celle de la rue de Vanves. L'assaut en est ordonné et c'est le 113e de ligne qui a cette pénible mission. François Noussat est tué à huit heures du matin « à l'attaque de la rue de Vanves par suite d'une blessure reçue aux insurgés (atteint de plusieurs balles) ». C'est en ces termes que l'avis de son décès est notifié à la mairie de Saint-Pardoux et à ses parents, Jean Noussat et Anne Marcheix, de Friaudour.

Les maçons limousins étaient très nombreux à Paris. Certains d'entre eux prirent certainement part aux combats dans les rangs des fédérés de la Commune : le jeune François Noussat fut peut-être tué par l'un des siens. Il ne put rentrer dans ce Paris qu'il connaissait pourtant bien pour y être venu dès sa quinzième année, en compagnie de ses aînés, les maçons du Limousin.

## *CHAPITRE XII*

# UN PAYS PAUVRE EN RICHES

Aristocrates et grands bourgeois étaient peu nombreux en Limousin. Les hobereaux dans leurs campagnes vivaient presque aussi chichement que les petits propriétaires ; quant aux citadins, à part quelques maîtres de l'industrie amorçant son essor moderne, ils menaient un train modeste qui ne différenciait guère la maison du médecin, de l'avocat ou du notaire de celle du commerçant, ou même parfois de l'artisan. Bien entendu, ces moyens limités n'empêchaient pas la vanité sociale de se donner libre cours. On voyait dans les cités petites ou moyennes (Limoges étant la seule grande ville de la région) une bourgeoisie relativement lettrée tourner des regards respectueux et jaloux vers quelques familles nobles revenues bien souvent ruinées de l'émigration, cependant que les commerçants rêvaient d'établir leurs filles dans la bourgeoisie. Ainsi à Tulle, tout ce monde plus ou moins cossu se logeait dans la haute ville, et de là méprisait les ouvriers, appelés *los naz negre,* les nez noirs, qui, eux, occupaient la basse-ville, à la Barussie et au faubourg Saint-Jacques ; les nombreux artisans, les non moins nombreux jardiniers faisaient le lien entre ces classes si cloisonnées. En revanche, les notables de Tulle se sentaient moins étrangers au monde paysan, car aux beaux jours ils rejoignaient dans les environs leurs maisons bourgeoises qu'ils appelaient des « campagnes ».

Si nous nous rendons dans une autre pittoresque cité corrézienne : Treignac, dont M. Jean Vinatier a conté l'histoire [1], nous retrouvons de même une poignée de nobles ruinés par la Révolution, pas de grande bourgeoisie, mais quelques rentiers, un assez grand nombre de propriétaires fonciers, des représentants des professions libérales : notaires, juges, médecins et quelques fonctionnaires. Bien souvent c'est un notaire ou un médecin qui devient maire de la cité, cependant que détiennent la fortune les marchands et les « propriétaires » car ils ont réalisé des opérations particulièrement avantageuses en achetant les biens nationaux. Par exemple, un « marchand », Seurre-Bousquet, a pu acquérir à bon compte cent mille ardoises du château, un moulin et un domaine.

Cette « bourgeoisie » ainsi enrichie aux dépens du château et de l'église se montre volontiers voltairienne, mais lorsque l'Usurpateur disparaîtra, lorsque le trône et l'autel auront retrouvé leur puissance et leur gloire, lorsqu'il conviendra aussi de donner quelque « patine » à la fortune de trop fraîche date, ces « messieurs » et plus encore leurs épouses et leur progéniture reviendront au catholicisme.

## M. Lafarge

Veut-on savoir comment vivait un notable corrézien et sa famille, aux alentours de 1840, il n'est que de se pencher sur les mémoires d'une affaire qui fit grand bruit à l'époque : l'Affaire Lafarge. Charles Pouch-Lafarge, maître de forges au Glandier, maire de Beyssac, dans les parages de Tulle, en fut la triste victime, et sa femme, la Parisienne Marie Cappelle, devenue à vingt-trois ans Mme Lafarge, la roman-

---

1. Jean VINATIER : *Histoire générale de Treignac-sur-Vézère,* t. I et II, Brive, 1974.

tique et quelque peu hystérique héroïne ; mais laissons de côté l'assassinat de Charles (Marie l'a-t-elle ou non empoisonné ?) et les « folies » romanesques de Marie, nous avons sous les yeux la vie quotidienne de bien des familles bourgeoises de l'époque rencoignées au fond de quelque vallée limousine, dans leur « château ».

Le château ! c'est en fait une grosse demeure bâtie en granit du pays, coiffée de toits d'ardoise et flanquée de grands arbres, une pelouse, quelques allées, un perron, et l'on baptise cela : château et parc. Le « salon de compagnie » est tapissé de papier jaune (que la lumière çà et là a fort pâli, et qu'ailleurs l'humidité des murs assombrit de taches brunes), aux fenêtres, des rideaux de calicot rouge, le plancher est fait de planches rugueuses, souvent disjointes, assez mal cirées ; le mobilier est à l'avenant : commodes et tables de noyer, quelques chaises de paille, des fauteuils en velours rouge presque toujours cachés sous leur housse grisâtre. Dans cette pièce comme dans tout le reste de la maison règne une odeur de moisi : c'est que le pays est humide, plein de bois, de sources, de ruisseaux nourris de pluies fréquentes et abondantes. De grandes cheminées, ornées de hautes boiseries, permettent certes de faire du feu, mais si l'on se « rôtit » devant le foyer, à quelques pas de là, l'ombre, l'humidité et le froid ne sont guère entamés. Bah ! nos Limousins ne prêtent guère attention à ces inconvénients ; ils jouent aux hobereaux, dont leur famille a pu acquérir quelques restes à la faveur des « biens nationaux » (il faut que la Révolution ait servi à quelque chose, n'est-ce pas ?), mais ils ont encore la rudesse et l'endurance paysannes. Il faut une mijaurée de Paris, comme cette brune et pâle Marie Lafarge qui se prend sans doute pour une héroïne de Mme George Sand (Ah ! celle-là, quelle honte une femme pareille, un démon plutôt, et dire qu'elle vit, pas si loin de là, dans la province voisine et dans un « château » fort bourgeois si ressemblant à celui-ci !), il faut donc une mauviette de Paris pour oser se plaindre du froid, de la pluie, des feux trop chiches, des vitres, cassées çà et là, qu'on s'est contenté de raccommoder en collant le long des fissures des carrés de papier.

Mais de quoi ne se plaindrait pas une étrangère ? De la toilette des dames qu'elle juge démodée et ridicule, de la conversation des hommes qui ne savent que parler entre eux : de la récolte de leurs terres ou de leurs affaires (maître de forges, Charles Pouch-Lafarge parle avec ses voisins ou parents, de fer, de « gueuses », de « loupes », de « coulées de fonte »)! Pire ! Ces messieurs entre eux ne parlent que... « patois »! Allez les comprendre si vous n'êtes pas née en Limousin. Certes, il y a de loin en loin les repas où l'on convie d'autres familles de notables. La nourriture y est peu variée, sans doute, force pâtés de viande de porc, force tartes aux pommes, aux prunes, mais enfin le tout est abondant et correctement cuisiné. La bonne chère et la boisson ont vite fait de dégeler les convives ; ils reprendront tout à l'heure, en quittant leurs hôtes, leur air de pesante respectabilité. En attendant, il faut rire, que diable ! Par exemple, nous rapporte Mme Lafarge dans son journal, évoquant un pique-nique « mondain » au Glandier : « Un aimable plaisant cacha un limaçon dans le beignet de sa belle, grands cris et applaudissements ; un autre, par distraction, avala toute la provision de vins étrangers... un troisième mit une tarte sur sa tête, enfin un quatrième entonna une chanson grivoise. »

Sans doute la plus belle fête, pour les notables de la Corrèze, mais aussi pour les artisans, et pour les paysans du voisinage, c'était de se rendre en grande pompe aux courses de Pompadour. De Tulle, d'Uzerche, de Brive, de Turenne et des campagnes avoisinantes, des centaines et des centaines de curieux partaient pour aller assister à ces courses fameuses, les uns à cheval ou en calèche ou en tilbury, les autres à pied, les paysans dans leurs charrettes.

Pompadour (dont la favorite de Louis XV devait immortaliser le nom) possédait un vaste et beau champ de courses : la pelouse verte encadrée de grands arbres, la longue piste jalonnée de barrières blanches, sont du meilleur effet. Les jours de courses, dans le gros bourg pressé autour du haras (fondé en 1763), et tout le long de la piste, aristocrates et bourgeois, ouvriers et paysans se mêlent et se coudoient. Les fermiers sont arrivés les premiers, à la fraîche, car ils n'ont pas craint de partir dans leur charrette avant que le jour se lève. A présent, ils sont assis sur l'herbe à l'ombre de leurs voitures dételées. Ils ont l'air un peu engoncé dans leurs vestes courtes en bure et sous leurs grands chapeaux de poil de lièvre. Leurs fermières sont toutes fières de leurs devantaux [1] colorés qui égayent la grosse jupe noire ; sur les épaules elles ont jeté des fichus d'indienne et elles secouent la tête pour qu'on remarque mieux leurs bonnets à ruches sous la pailhole qu'orne un ruban de velours, ou bien leur barbichet de tulle aux ailes blanches pareil à quelque immense et léger papillon. Tout ce monde, pour passer le temps, mange et boit à qui mieux mieux. Des paniers, on sort le vin blanc, le saucisson à l'ail, les gâteaux. Il en faut plus encore pour rassasier la faim que donne l'excitation de ce grand jour, on fait donc la queue devant les baraques où des forains préparent et vendent des beignets.

Plus tard, arrivent les gens de la bonne société. Cependant que les frères, les pères vaquent du côté des écuries, à la recherche de quelque « tuyau » sur les paris à prendre, les dames déjà s'installent dans les tribunes. Le joli spectacle que celui de cette foule féminine, élégante et colorée. Sous les capotes à bavolets en taffetas ou en paille d'Italie, on joue des lorgnettes ou de l'éventail. Bien que l'été soit là, on arbore des châles de cachemire ou les écharpes de blonde noire, qu'on retient au creux du coude, laissant apparaître la blancheur des bras. Les toilettes de mousseline ou de percale, rehaussées de colliers de corail, de chaînes d'or porteuses de camées ou de croix émaillées, font songer à de grandes fleurs claires et légères.

1. Tabliers.

Ah ! pendant les longs, les interminables mois d'hiver, dans les châteaux comme dans les chaumières, dans les villes comme dans les campagnes, on en parlera de ces jours d'été aux courses de Pompadour.

C'est qu'en ce temps-là, le Limousin ne voyageait guère. Ou plutôt, il ne sortait guère de sa province ; en revanche, dans les limites de celle-ci, les relations de cousinage fournissaient aux notables et à leur bourgeoise maints motifs de déplacements. Certes, il ne fallait pas craindre les chemins peu praticables où les voitures ne pouvaient se risquer, on allait alors à cheval, la dame comme le notaire, le hobereau ou le commerçant. Les domestiques suivaient qui portaient les bagages en croupe.

On « descendait » à Tulle ou à Brive, on « montait » à Uzerche. Quelle jolie ville ancienne juchée sur un promontoire dominant de haut un coude de la Vézère. « Qui a maison à Uzerche a château en Limousin », disait-on. Et c'était vrai. D'ailleurs l'ensemble de la ville, ses clochers, ses remparts, ses tours aux toits pointus, ses ruelles surmontées de porches gothiques reliant les maisons fortifiées, tout cet enchevêtrement élégant de pierres ne donnait-il pas l'impression d'un seul et même château accroché à la colline ?

M. Stendhal, devançant non seulement la mode romanesque mais encore celle du tourisme, s'était arrêté à Uzerche, et plus tard il écrivait dans ses *Mémoires d'un touriste :*

> Il y a trois ans qu'à Uzerche, une des plus pittoresques petites villes de France, et des plus singulièrement situées, je fus témoin d'une façon nouvelle de guérir les douleurs rhumatismales. Il faut jeter un gros peloton de laine filée à la statue du saint patron de la ville ; mais les croyants sont séparés par une grille qui est à vingt pas, et pour faire effet il faut que le peloton de laine lancé par un homme qui a un rhumatisme à

la jambe gauche, par exemple, atteigne précisément la jambe gauche du saint. Le malade lance donc des pelotons fort gros jusqu'à ce qu'il ait atteint chez le saint la partie du corps dont il a à se plaindre.

Que n'était-ce de rhumatismes que souffrait Mme Lafarge ! Elle qui se rendait assez souvent à Uzerche eût pu à loisir se soigner et se guérir. Non, son mal était autrement subtil, on l'appellerait plus tard le « bovarysme ». Mme Lafarge était en avance sur les romanciers du XIXe siècle. Son notable de mari, le brave Limousin maître de forges, et sa belle-mère qui veillait, comme dans toutes les demeures bourgeoises respectables, à ce que l'ordre régnât — de l'armoire fermée à clef au bonnet de nuit bien repassé —, oui, son époux et sa belle-mère l'empêchaient de vivre. Alors, Charles mourut, non pas de sa belle mort comme la plupart de ses frères, les pharmaciens, les avocats, les notaires, les fabricants, les commerçants corréziens qui avaient épousé de paisibles et vertueuses payses, mais... empoisonné à la mort-aux-rats.

Toute la Corrèze, puis tout le Limousin, puis toute la France devaient bientôt se passionner soit pour, soit contre la mystérieuse Marie Cappelle, épouse Lafarge. Un demi-siècle plus tard l'Affaire Lafarge n'est pas encore oubliée. Quoi qu'il en soit, le malheureux Charles Pouch-Lafarge n'était qu'un notable de moyenne sinon de petite importance. La Corrèze comptait tout de même de plus grands bourgeois, et parmi eux qui étaient assez rares :

### M. le baron Lafond de Saint-Mur

Nous devons, à ce sénateur de la Corrèze, un sympathique « livre de raison » qu'il appela : *La Terre natale, impressions d'un campagnard* [1]. L'auteur avait été député sous le

1. Charavay frères, éditeurs, Paris, 1882.

Second Empire pendant trois législatures, la défaite de 1870 le rendit à la vie privée et... campagnarde. Comme d'autres devaient le faire après une autre défaite, soixante-dix ans plus tard, il prêcha « le retour à la terre ». Il donna d'ailleurs l'exemple, puisque, pendant six ans, de 1870 à 1876, date de son élection au Sénat, il entreprit de rénover son domaine de Roche-Haussière dont les trois quarts des cent vingt hectares demeuraient incultes. Sur ces immenses friches s'étendaient bruyères, ajoncs et genêts, les prés étaient tourbeux ou submergés, les terrains stériles, les maisons d'habitation des masures basses, humides, insalubres. Le baron s'installa confortablement dans sa demeure, construite sous Louis XIII, dont la façade s'ornait de rosiers multiflores et de glycines aux grappes bleues. De là, tout en écoutant le concert des linots, des chardonnerets et des merles, il décréta la guerre à la broussaille, à la ronce, au marécage et à la routine. Il créa devant sa maison un vaste jardin paysager dominant l'étroite vallée de la Doustre ; en même temps il faisait abattre ou niveler les murs en ruine, les tertres, les fossés, les futaies qui séparaient les unes des autres les deux cent vingt parcelles composant son domaine, il transforma en prairies les terres descendant vers l'eau, cependant qu'il réservait les parties hautes pour les bois et pour les terres labourables. Quant aux noires masures de ses fermiers et métayers, elles furent rasées et remplacées par de nouvelles maisons, « assises chacune en un verger, aérées, claires ».

Pour mener à bien ces grands travaux, le baron avait fait appel à la main-d'œuvre locale qui trouvait ainsi un débouché inespéré et en rendait grâces au maître du domaine.

On est là en présence d'un cas intéressant, bien que peu répandu en Limousin, du remplacement de l'aristocratie ancienne par une grande bourgeoisie moderne. En effet, notre baron Lafond de Saint-Mur ne craint pas de chanter les bienfaits de la Révolution : « Suivez et comptez le long des routes, note-t-il, ces innombrables maisonnettes simples et gaies comme les familles qu'elles abritent, sorties de terre depuis 1789 [...]. Dès 1789, surtout, le peuple des campagnes s'est jeté sur la grande propriété, il l'a dépecée et fécondée... »

Cela dit, il ne manque pas d'ajouter : « Toute commune rurale qui n'aura pas au moins une vaste propriété couronnée d'un château dignement habité, manquera d'un élément essentiel de bien-être et de moralisation. »

Ce « château dignement habité » couronnant son propre domaine, sans aucun doute notre baron devait considérer qu'il remplaçait avantageusement un autre château dont la Révolution avait fait des ruines : celui tout proche de La Roche-Canillac. La famille de Canillac de Beaufort de Montloissier avait régné féodalement sur la région pendant des siècles. Sous la Régence, le marquis de Canillac, si l'on en croit Saint-Simon, était un des hommes les plus spirituels de la cour. Cet esprit plaisait au Régent qui, lors de ses petits soupers du Palais-Royal, confiait à Canillac la charge d'éteindre les bougies. Comme on le voit, le nouveau maître de la contrée, M. le baron Lafond de Saint-Mur, s'affirmait infiniment moins libertin. Il avait des lettres, émaillant volontiers son journal de citations empruntées tour à tour à Virgile : « *Crescent illi, crescete amores* » (ces arbres croîtront et nos amours avec eux), à Horace ou au *Voyage en France* d'Arthur Young : « L'aspect de ce pays (le Limousin) est le plus beau que j'ai vu en France. » Et plus d'une fois son âme bucolique suivait les traces de Jean-Jacques : « Ce matin j'ai découvert à quelques pieds au-dessous de la croisée de ma chambre, dans une glycine, un nid de chardonnerets et j'ai pu voir le dedans de ce petit paradis. »

Ainsi vivait ce hobereau ami des oiseaux et des hommes, prêchant le retour à la terre, et d'abord à la sienne : corrézienne, limousine, celle où pousse le châtaignier. « Tous les voyageurs qui parcourent le Limousin, écrivait-il dans une envolée... lyrique, admirent ce magnifique végétal, le châtaignier, l'oranger de notre pays. »

## Changements survenus dans les mœurs des habitants de Limoges depuis une cinquantaine d'années

Tel était le titre de l'ouvrage qu'un autre notable limousin, celui-ci originaire de la ville de Saint-Martial, M. J.-J. Juge, dit Juge Saint-Martin, ancien professeur d'histoire naturelle, consacrait à l'observation de ces animaux bizarres et souvent décevants, ses concitoyens. Une première édition du livre ayant été épuisée, il en donna une seconde, « augmentée des changements survenus depuis 1808 jusqu'à 1817 [1] ». Notre auteur s'y inquiétait vivement des goûts, à son gré trop fastueux, dont la bourgeoisie limougeaude semblait devenir l'esclave, à la mode même de Paris, cette bourgeoisie qu'en ses jeunes années il avait connue prodigieusement économe et sobre.

Il regrettait presque le temps, pas si lointain, où l'on ne comptait à Limoges que peu de maisons arborant des croisées à grands carreaux ; les fenêtres alors pour la plupart portaient des panneaux de verre enfumé, montés en plomb ; lorsqu'il en tombait quelque lambeau, on y collait du papier. On imagine le faible jour qui devait régner dans les chambres meublées de lits dont le dossier, le ciel, les amples rideaux et la courte-pointe étaient de même étoffe rembrunie. Dans la pénombre luisaient les armoires de noyer, les grandes tables revêtues d'un vieux tapis de Turquie, les coffres couverts de cuir ornementé de gros clous dorés. Il n'y avait pas alors à Limoges, nous dit notre mémorialiste, soixante maisons fournies de couverts d'argent, et même dans ces demeures plus cossues on n'allumait guère d'autre feu que celui de la cuisine où toute la famille mangeait. Cette cuisine qui servait aussi de salon de compagnie était tapissée d'images et de portraits de famille encadrant l'immense vaisselier chargé de plats, d'assiettes, d'écuelles d'étain. Devant

1. A Limoges, chez J.-B. Bargeas, imprimeur-libraire, rue Ferrerie, mai 1817.

la cheminée monumentale était installée une grande roue en bois, elle était actionnée grâce à un animal qu'on y enfermait : ainsi quelquefois c'était une oie qui faisait rôtir un dindon.

Ah ! les vertus de l'économie ! on envoyait coucher sans lumière les enfants, les commis et les domestiques ; on se servait de linge roux parce qu'on trouvait qu'il ne blanchissait que trop tôt par l'usage ; on possédait deux habits : un d'été, l'autre d'hiver, et aussi un habit noir pour les deuils ; quand ces vêtements finissaient par s'user, on les retournait, plus tard encore on y taillait de petits habits pour les enfants. Bien peu d'hommes avaient une montre, cependant que les plus riches étaient fiers de porter une bague ou de sortir une tabatière de leur poche. La maîtresse de maison ne se séparait jamais de l'énorme trousseau de clefs qui commandaient chaque pièce et chaque meuble du logis, et elle ne manquait pas de faire payer à la servante tout ce que celle-ci cassait ou détériorait.

La pitance était sobre, bien qu'avec le plat de viande, ou l'omelette, ou la morue, ou le hachis au dîner (à midi) et au souper (le soir) à six heures, elle eût paru pantagruélique aux paysans toujours sous-alimentés.

Souper à six heures laissait de longues soirées, même si l'on se contentait d'une seule chandelle pour éclairer la maisonnée, aussi jouait-on au piquet ou aux dames, et l'été on se promenait un peu dans le quartier.

Telle était la vie austère des bourgeois de Limoges, mais aux derniers jours de l'Ancien Régime elle commença à connaître un peu plus d'élégance et de facilité et avec le nouveau siècle elle changea du tout au tout, du moins si l'on en croit Juge Saint-Martin. Les maisons perdirent leur mine sévère car, écrit-il, « l'usage de contre-lattes et celui de crépir les maisons en dehors leur a donné un aspect de propreté qui flatte l'œil et l'imagination... Les façades moins gothiques ne présentent plus ni torchis délabrés, ni croix de bois noircies par les siècles ; la plupart sont ornées de balcons et de persiennes peintes en vert. » A l'intérieur de ces demeures on trouve désormais des plafonds, des placards en boiserie, des tentures en étoffes de couleurs gaies ou en papier peint, des tableaux, des vases de porcelaine, des trumeaux, des cheminées et des tables de marbre, « et même des glaces ». « Enfin, on a des appartements bien éclairés et bien clos. »

Et pourtant, s'étonne (ou s'indigne ?) M. J.-J. Juge, « les fondateurs (de plusieurs de ces riches maisons) ne savaient seulement pas lire ». Voilà qui fait songer au Père Sauviat, personnage du *Curé de village,* le roman que Limoges inspira à Balzac. Ce vieux Sauviat, dont la triste maison s'élevait

> dans le Bas-Limoges, au coin de la rue de la Vieille-Poste et de la rue de la Cité, put acquérir — en 1793 — un château vendu nationalement, et le dépeça ; le gain qu'il fit, il le répéta sans doute sur plusieurs points de la sphère où il opérait ; plus tard, ces premiers essais lui donnèrent l'idée de proposer une affaire en grand à l'un de ses compatriotes à Paris. Ainsi, la Bande Noire, si célèbre par ses dévastations, naquit dans la cervelle du vieux Sauviat, le marchand forain que tout Limoges a vu pendant vingt-sept ans dans (sa) pauvre boutique [...]. Ni le mari ni la femme ne savaient lire, léger défaut d'éducation qui ne les empêchait pas de compter admirablement et de faire le plus florissant de tous les commerces.

On connaît la suite : Sauviat, désormais à la tête d'une fortune considérable, fera épouser à sa fille Pierre Graslin, l'homme le plus riche de la ville. Véronique ira donc habiter la belle demeure construite par le banquier et ornée somptueusement pour recevoir la jeune mariée :

> L'hôtel Graslin se meublait richement, des voitures de roulage venues de Paris se succédaient de jour en jour

à la porte et se déballaient dans la cour. Il courut dans la ville des rumeurs sur la beauté, sur le bon goût d'un mobilier moderne ou antique, selon la mode. La maison Odiot expédiait une magnifique argenterie par la malle-poste. Enfin, trois voitures, une calèche, un coupé, un cabriolet, arrivaient, entortillés de paille comme des bijoux.

C'est à la même époque que J.-J. Juge critique les excès de table auxquels se livrent alors les riches Limougeauds. A telle enseigne qu'un groupe de plaisantins appartenant à la haute société et gravitant autour du préfet publièrent un « arrêté préfectoral » qui limitait désormais l'ordonnance des menus à... cinq ou six plats, entremets, rôtis, volailles ou poissons ! C'est dans ces mêmes années que le goût des concerts et des bals se répand dans la capitale de la porcelaine.

> Les concerts sont ordinairement suivis de bals où règne le plus grand ordre : une salle magnifique, assortie de tous les dégagements nécessaires, est uniquement destinée à ces amusements voluptueux. C'est là que nos belles, élégamment parées, étalent l'agrément et les grâces de la jeunesse [...]. La blancheur éclatante de leur sein est tempérée par des roses de Bengale, fraîchement cueillies dans le châssis des fleuristes, toujours offertes par l'amitié, quelquefois hasardées par l'amour. Tout l'espace que parcourent ces charmantes danseuses en est parfumé [...]. La walse y est souvent répétée [1].

Et notre aimable mais vigilant censeur de conclure, mi-figue, mi-raisin :

> Des assemblées aussi nombreuses, aussi brillantes, sont aux yeux des étrangers le véritable thermomètre de

1. J.-J. Juge : *Op. cit.*

> nos progrès. Ceux de ces étrangers qui nous connaissent le mieux, s'accordent tous à dire : *que nous étions reculés de plus d'un siècle mais qu'en peu de temps nous avons fait bien du chemin.*
>
> En effet, il n'était pas à présumer que le faste s'introduisît aussi promptement dans une ville où toutes les fortunes étaient médiocres et fondées sur l'économie.

Il est vrai que la Révolution était passée par là, précédée d'un incendie ! L'ancien professeur d'histoire naturelle soulignait ces deux « *causes accidentelles de changements* ». « Deux événements qu'on ne pouvait prévoir, écrivait-il, ont principalement contribué à déranger notre manière d'être, je veux dire l'*incendie* du 6 septembre 1790, qui consuma le tiers de la ville, et *la Révolution* qui renversa toutes les idées reçues, tous les rangs, toutes les fortunes [1]. »

L'incendie valut à Limoges un grand nombre de maisons neuves ; quant aux « effets de la Révolution », notre auteur nous confie : « Je ne m'en souviens que comme d'un fleuve longtemps débordé, qui serait enfin rentré dans son lit [1]. »

Il ne faudrait tout de même pas croire que les bourgeois de Limoges ne pensaient, sous l'Empire puis sous la Restauration, qu'aux bals, aux repas et aux concerts. Si l'on économisait moins l'argent qu'autrefois, il fallait d'autant plus susciter des sources de revenus : celles du commerce d'abord : « Il y a aujourd'hui (en 1808) à Limoges, 13 commissionnaires patentés, 25 drapiers, 76 épiciers, 97 merciers, 41 fabricants, 140 orfèvres, 18 quincailliers, 5 bureaux de voitures publiques, 23 cafés et 85 cabarets », celles ensuite de l'industrie : les filatures mécaniques se développaient : « Autrefois nos intendants distribuaient à de pauvres femmes des rouets propres à filer laine, chanvre ou coton, elles gagnaient peu mais ne se déplaçaient pas ; au lieu qu'il faut aller aux mécaniques, qui sont toutes éloignées de la ville, et y cou-

1. J.-J. JUGE : *Op. cit.*

cher, afin d'être à l'ouvrage le matin de bonne heure. C'est le seul inconvénient que présentent au peuple ces machines ingénieuses. » La porcelaine allait bientôt prendre le pas sur l'industrie du tissage et de la filature. En 1816, les frères Alluaud font élever sur le bord de la Vienne un « bel édifice » destiné à la fabrication de la porcelaine, qui est devenue la branche d'industrie la plus importante pour notre pays. « Il existe alors cinq manufactures en activité, elles procurent l'existence à plus de trois cents familles. »

Au siècle précédent, Mme Darnet, la femme de l'apothicaire de Saint-Yrieix qui, croyant avoir trouvé une terre blanche capable de remplacer le savon pour la lessive, avait tout simplement découvert le kaolin, ne se doutait pas de la richesse nouvelle et du renom nouveau qu'elle allait apporter au Limousin. La Pompadour souhaitait très fort que la France parvînt à produire elle-même ces joyaux translucides et fragiles qu'elle admirait dans la porcelaine de Chine ; aussi M. Darnet, mû par un pressentiment, s'empressa-t-il d'analyser la terre que lui avait remise son épouse, et, ô miracle ! la blanche argile se révéla kaolin.

Voilà une autre « cause accidentelle de changement » que Juge Saint-Martin aurait dû noter dans son panorama. Il est vrai que ce fut une cause durable puisque, au milieu du siècle, Limoges comptait 10 usines à kaolin (l'une des premières étant celle des frères Alluaud, ces industriels d'une exceptionnelle valeur), 29 fabriques de porcelaine, parmi lesquelles celle encore des frères Alluaud, la fabrique Haviland (dont le fondateur David Haviland, venu de son Amérique natale à la recherche de pièces de porcelaine destinées à compléter un service dépareillé qu'un de ses clients l'avait prié de reconstituer, ne trouva qu'à Limoges ce qu'il cherchait, et du coup se fixa en 1842 dans la capitale porcelainière à laquelle son entreprise et celles de ses descendants conférèrent un surcroît de renom, principalement aux U.S.A.), la fabrique Chabrol, la fabrique Tharaud, etc. 9 exportateurs dont plusieurs étaient venus de l'étranger attirés par le prestige du « Limoges », notamment plusieurs Haviland, fils ou neveux, Ahrenfeldt, Kittel, Klingenberg, John Vogt, 25 marchands en gros, 9 marchands en détail, enfin 30 entreprises de peintres-doreurs.

N'était-ce pas à cette suprématie de la porcelaine, au prestige dont jouissaient dans la ville les peintres sur porcelaine, qu'un enfant de Limoges, Auguste Renoir, dut l'idée plus tard de faire l'apprentissage de peintre sur porcelaine ? Le confia-t-il ou non à son amie Berthe Morizot, qui, elle aussi, passa son enfance à Limoges ? Elle était la fille du préfet ! et peut-être le petit Renoir, dans les années 1840 et quelques, avait-il vu passer cette fillette transportée par la calèche préfectorale... Il n'est pas défendu de rêver, n'est-ce pas, et quel beau sujet d'allégorie pour peinture d'époque sur vase de Sèvres ou de Limoges : « Le garçon de l'humble tailleur regarde passer dans sa riche voiture la fillette du préfet, ils se sourient, ils ne savent pas qu'ils se retrouveront plus tard, l'un et l'autre artistes célèbres, à Paris. »

Quoi qu'il en soit, les « changements survenus dans les mœurs des habitants de Limoges », cinquante ans après ceux décrits par Juge Saint-Martin, sont minimes, du moins chez les notables. Simplement, les enfants et petits-enfants du chaudronnier Sauviat, du banquier Praslin ou de leurs semblables sont devenus plus raffinés, moins « nouveaux riches », et sans doute ont-ils retrouvé les principes et les plaisirs de l'économie chers aux fondateurs de leur fortune.

Que faisaient ces bons bourgeois limougeauds du Second Empire, une fois baissé le rideau de leur boutique, fermé le bureau de leur fabrique ou celui de leur étude ? Ils allaient à leur cercle. Pour cela, ils avaient l'embarras du choix, enfin, pas tellement, car chaque cercle correspondait à un groupe social. Le plus huppé, celui de MM. les Fabricants de Porcelaine notamment, devait être celui de *L'Union* qui siégeait place Royale (on l'appelle encore ainsi sous Napoléon III), et que présidait M. Vandermarcq ; venait un peu après, *Le Cercle du Commerce* (entendez-le au sens noble du terme), sis également place Royale et présidé par maître Ninard, avocat ; toujours sur la même place : *Le Cercle littéraire* attirait les beaux esprits au café Vallon ; M. Guineau le présidait. Enfin — la jeunesse déjà était à la mode — *Le Cercle des Jeunes Gens* ne craignait pas le voisinage de ses aînés sur la susdite place, un jeune (?), M. Gustave Nassans, en était président... J'oubliais : un cinquième cercle, le seul qui dédaignât la place Royale, avait pris pour nom celui de l'Intendant Tourny, et siégeait... porte Tourny.

Il était aisé à ces messieurs, lorsqu'il quittaient le Cercle, de se rendre au théâtre bâti également sur la place précitée, au n° 5 ; le directeur en était M. Santerre, il veillait à la réussite des représentations qui étaient données le mardi, le jeudi et le dimanche, et où alternaient harmonieusement : opéras, drames, comédies et vaudevilles.

Le Théâtre ! De quoi faire tourner la tête des demoiselles. Cependant que leur père compte et recompte les bénéfices de sa manufacture de porcelaine, de sa filature ou de sa tannerie, que leur mère commente les toilettes admirées au bal de la préfète, ne rêvent-elles pas, les demoiselles, à quelque héros de la scène, à moins que ce ne soit à quelque gentilhomme chasseur de loups qui leur fit faire un tour de valse, précisément à ce bal dans les salons de la préfecture ? Un gentilhomme pauvre, certes, mais, à leurs yeux, plus beau que le notaire, le fabricant ou le commerçant que leurs parents entendent leur donner pour époux. Et puis, tout de même, quand on est née Sauviat ou Praslin, que nul ne saurait dire ce que ces Sauviat, ces Praslin pouvaient bien faire avant la Révolution, ce serait fascinant de devenir Mme la baronne de..., dont le mari ne craint pas de poursuivre les loups... car le Limousin aux rudes hivers redoutait encore ces fauves. Heureusement les lieutenants de louveterie veillaient. Ils portaient souvent de beaux noms de hobereaux. Qu'on en juge : en 1867, dans l'arrondissement de Bellac, on trouvait M. Marc de la Guéronnière en son manoir de Thouron ; pour l'arrondissement de Limoges le lieutenant était

M. Gédéon de la Guéronnière, demeurant en son château de Peyrillac ; pour celui de Saint-Yrieix, M. Aymar de Montbron à Coussac-Bonneval ; enfin dans l'arrondissement de Rochechouart, on avait affaire à M. Louis Codet, de Saint-Junien, dont j'imagine qu'il fut l'ancêtre du charmant romancier mi-limousin, mi-roussillonnais, qui porta même nom et même prénom et auquel nous devons, entre autres : *César Capéran,* ce petit chef-d'œuvre, et *La Fortune de Bécot,* livres où les loups, s'ils croquent les Chaperons Rouges, ce n'est plus du tout à la façon d'antan.

Pour en revenir à nos notables, remarquons qu'ils n'étaient ni très importants ni très nombreux en ce Limousin, province en vérité pauvre en riches et riche en miséreux.

## *CHAPITRE XIII*

# A TRAVERS LES RUES DE TULLE

### Au temps de Louis-Philippe

Dans le quartier de la Fontaine-Saint-Martin, le faubourg d'Alverge était alors constitué par une multitude de maisons pimpantes, très bien tenues, qu'habitaient les anciennes familles de la ville. De ce lieu émanait une prospérité à la fois honnête et modeste, faite de travail et d'économie. Les familles, pour la plupart nombreuses, s'y connaissaient toutes, souvent rapprochées par leurs enfants dont les jeux bruyants animaient les rues. Emile Fage [1] a rapporté le souvenir qu'il avait d'un chef de bataillon de la garde nationale de Tulle, le commandant Pastrie, qui, lorsqu'il descendait de son haut quartier pour passer en revue ses troupes civiques, mettait en émoi la ribambelle des gamins du voisinage et arrivait sur la promenade, escorté du plus joli état-major d'enfants qu'un chef de troupes débonnaire puisse rêver. Un réel bien-être baignait ce quartier, où l'aisance d'une petite bourgeoisie artisanale et commerçante se manifestait un peu partout. Des commerces de détail d'une relative importance s'y tenaient à l'étalage ou dans de petites boutiques où les chalands ne pouvaient tous tenir tant elles étaient exiguës, rappelant les

1. E. Fage : *Souvenirs d'enfance et de jeunesse*, Paris, 1901, p. 16.

petites échoppes du Moyen Age avec leurs minuscules portes, leurs ouvertures en cintre, leurs étalages en saillie.

La plupart des rues, mais surtout le faubourg d'Alverge, étaient animées par des industries aux activités diverses, telles que des ateliers de menuiserie, de teinturerie, de serrurerie, de coutellerie, des blanchisseries et des métiers de tisserand, par le bruit des limes et des marteaux des ouvriers de la manufacture d'armes qui demeuraient nombreux dans le quartier, et par l'important établissement du chef d'atelier Ferrière qui dominait le four de la Fontaine-Saint-Martin. Ce four était une attraction permanente pour les enfants du voisinage.

Ainsi, anonyme parmi les groupes de gamins ébahis, le jeune Fage ne trouvait pas de spectacle plus fascinant que celui des flambées aveuglantes qui emplissaient de leurs sourds ronflements et de leurs langues écarlates la coupole en feu. Il faisait parfois, dans l'avant-four, une chaleur infernale. Les rouges réverbérations qui embrasaient la figure du fournier, chaque fois qu'il ouvrait la porte du four, lui donnaient un visage démoniaque ; et, lorsqu'il y jetait des fagots de bois, les jeunes garçons croyaient voir en personne le maître Diable de la Tentation de saint Antoine.

Les enfants assistaient ainsi gratuitement à une représentation passionnante. Lorsqu'ils quittaient subrepticement leurs maisons, c'était le plus souvent au four de la Fontaine-Saint-Martin qu'on retrouvait les gamins fugitifs. Le père du jeune Fage, qui venait de quitter les bureaux de la manufacture d'armes et avait obtenu un emploi à la préfecture, ne disposait pas d'un revenu très important, comme tant d'autres employés à cette époque, c'est pourquoi les économies de la famille furent consacrées à l'ouverture d'un petit commerce qui serait tenu par la mère. Il était composé d'objets variés, de liqueurs, d'épices, de cuirs, de peignes destinés au tissage des étoffes de campagne, et de ces grandes capes qu'on appelait les « limousines ». Le magasin recevait les cuirs tout préparés de Donzenac. Il s'agissait surtout de courroies pour lier au joug les bœufs et de tabliers protecteurs pour les ouvriers de Tulle ou des campagnes environnantes. L'étoffe des limousines provenait de Saint-Geniez ou de Saint-Gaudens, dans les Pyrénées : la plus prisée par les chalands était celle tissée avec du poil de chèvre. C'était la mère du jeune Fage qui confectionnait à la commande, et à partir de ces étoffes, les grandes capes que les paysans affectionnaient surtout les jours de foire.

> Dès que les pièces étaient arrivées de fabrique, elle se mettait à l'œuvre, les déroulait et les mesurait, y taillait autant de manteaux, de dimensions différentes, qu'elles pouvaient en contenir ; quelques-uns de ces manteaux, les mieux soignés, étaient pourvus d'une pèlerine et bordés de velours noir. Elle y employait ses soirées et, dans la journée, ses moments disponibles [1].

Les limousines les plus courantes se vendaient, à cette époque, entre douze et dix-huit francs. Elles étaient couramment utilisées par les rouliers, les charretiers et autres marchands ambulants qui sillonnaient sans cesse la Corrèze ; les paysans et les hommes de peine en portaient également, surtout pendant la mauvaise saison.

Le père du jeune Fage, au sortir du bureau, s'occupait lui aussi du commerce dont il tenait les comptes et mettait en ordre la correspondance. C'est lui également qui chaque jour ouvrait et fermait la boutique, faisait et défaisait l'étalage.

## A la Saint-Sylvestre

A l'époque des fêtes de fin d'année, on transformait la boutique en un riche magasin de bonbons et de jouets. C'était pour le jeune Fage une véritable attraction d'assister au

1. E. Fage : *Op. cit.*, p. 69.

déballage des nouvelles fournitures, d'extraire de leur enveloppe les jouets, de les examiner à loisir et surtout de les essayer à volonté. Le jeune garçon aidait également à déverser les bonbons dans les bonbonnes ou corbeilles, où ils seraient présentés aux chalands. Pendant cette opération, il arrivait toujours que quelques friandises roulent aux pieds de l'enfant qui s'empressait de les ramasser pour les enfouir aussitôt dans ses poches. Cette officieuse rétribution en nature lui valait ensuite, auprès de ses camarades de jeu, toutes sortes d'offres d'échanges plus ou moins avantageux, ainsi que des services variés qui pour être zélés n'en étaient pas moins intéressés. Bien avant Noël, les parents du garçon veillaient tard dans la nuit pour préparer leur magasin et son magnifique étalage, et il leur était bien difficile de faire coucher leur fils avant minuit tant ces préparatifs aiguisaient sa convoitise et sa curiosité. La veille du premier janvier, la nuit de la Saint-Sylvestre était nuit blanche pour tout le monde. Jamais, en effet, les enfants n'auraient raté une aussi belle occasion de courir les rues la nuit tombée : ils attendaient la sortie des tambours. Bientôt, vers minuit, leur attente était récompensée : les aubades commençaient — « c'étaient tour à tour les tambours de la garde nationale, le tambour de ville, les tambours de la compagnie des sapeurs-pompiers, qui venaient souhaiter, de porte en porte, la bonne année aux notables habitants de la cité ». Ceux qui étaient attendus avec la plus grande impatience étaient les tambours de la garde nationale.

> Ils étaient une vingtaine environ. A leur tête marchait et se dandinait le fameux monument-major Pastrie : belle tête, superbe prestance, allure triomphante, uniforme sans pareil ; et avec cela, bon diable, doux comme un agneau, laissant les enfants s'approcher de son auguste personne et toucher son sabre, ses glands, ses galons. Son merveilleux costume, où dominaient le

> blanc et le rouge, reluisait dans la nuit. Les aiguillettes, les passementeries, l'or des broderies et des cordons s'allumaient, sous les réverbères, de reflets et d'étincelles. Le haut bonnet à poil, surmonté de son panache aux trois couleurs, donnait à la taille du commandant des tambours des proportions fantastiques [1].

Les enfants, dont le jeune Emile Fage, s'attachaient aux pas de la garde rutilante qui défilait, la suivant à travers toutes les rues de Tulle, ne se lassant jamais d'admirer les uniformes resplendissants et les étonnantes évolutions de la longue canne du major.

C'était vraiment du bon temps pour les enfants que cette nuit de la Saint-Sylvestre. Mais il n'y avait pas que cette fête ou celle de Carnaval pour amuser le jeune Fage ; outre la tenue du magasin de ses parents et les fugues au four de la Fontaine-Saint-Martin, le passage des animaux, les visites à l'atelier de Veyssière le coutelier, ou les foires de la Saint-Clair, étaient également de véritables divertissements. Le passage des animaux était très fréquent. Ce spectacle plaisait aux enfants à cause de l'étrangeté des acteurs : il s'agissait le plus souvent d'ours bruns des Pyrénées et de singes, mais il y avait aussi de temps à autres des chevaux, des dromadaires ou des girafes. Ces animaux parcouraient dès le matin les rues de la ville, accompagnés de leurs montreurs qui s'annonçaient par de frénétiques roulements de tambours, tandis que des ribambelles d'enfants hilares escortaient bruyamment la caravane de maison en maison.

> Les ours dûment muselés, parfois en liberté, le plus souvent tenus en laisse, se livraient, au son de cette musique infernale, sur un signe de leur maître, à des ballets d'une gaucherie comique, remarquables surtout par la mimique ennuyée et la mauvaise grâce des exé-

1. E. Fage : *Op. cit.*, p. 125-126.

cutants, dont l'œil triste ne quittait pas le bâton du chef d'orchestre. De loin en loin, se montrait aussi la grande girafe, au pas lent et à la physionomie mélancolique, dont la tête s'élevait à la hauteur de nos premiers étages, et qui happait au passage les gâteaux que, des fenêtres, lui présentaient les enfants... Les bêtes les plus en vogue étaient les singes qui, si lestement, grimpaient après les maisons, le long des volets et des cheneaux, en s'arrêtant de temps à autre pour saluer la foule [1].

## Récréations

Pour dix centimes, les badauds pouvaient également assister, lors du passage des montreurs d'animaux, à des combats d'ours, d'ânes et de chiens, comme il s'en voyait à la même époque aux barrières de Paris. Ces combats se déroulaient la plupart du temps dans l'église du collège, ou aux cloîtres, ou encore à l'auberge du Grand-Cerf dont les enfants fréquentaient assidûment les écuries lors des tournées théâtrales de cette espèce. On avait là, parmi les hurlements des spectateurs déchaînés, le spectacle horrible de vraies scènes de carnage. La curiosité y poussait quelquefois le jeune Fage qui en sortait avec le plus profond dégoût, préférant de bien loin, une fois ces jours de parades passés, la sage contemplation du coutelier Veyssière au travail dans son atelier de l'impasse Municipale, près de la Grand-Place.

C'était surtout les jours de repassage que le jeune Emile se rendait à l'atelier Veyssière, car la roue qui mettait en mouvement la meule à repasser avait pour lui une attraction particulière. Son moteur habituel était un pauvre diable aveugle avec qui le jeune garçon s'entendait fort bien. L'aveugle était ravi de lui céder sa place et Emile n'était pas moins heureux de le remplacer pour faire montre à tout l'atelier de

1. *Ibid.*, p. 130.

sa vigueur et pour jouir du mouvement vertigineux qu'il était fier d'imprimer à la meule, ainsi que des étincelles qui jaillissaient de l'acier mis en contact avec la pierre. Telle était l'une des meilleures et des plus saines distractions du jeune garçon, mais la plus exaltante, car c'était aussi la plus longue récréation que pouvaient alors connaître les enfants de Tulle, était sans conteste la grande foire de la Saint-Clair. A cette époque, en effet, les foires de la Saint-Clair battaient encore leur plein, couvrant les places, le moment venu, de tentes colorées de saltimbanques, de baraques foraines, de boutiques de jeux, de comptoirs culinaires où l'on consommait des beignets, et les quais de la Corrèze des multiples étalages de magasins improvisés mais solidement installés et protégés par des toits en planches. A l'occasion de ces foires, il s'écoulait plus d'un mois entre l'arrivage, l'enregistrement, la mise en place des marchandises et les emballages et nettoyages précédant les départs des marchands ambulants. Les gros négociants de Lyon, de Tours et de Limoges ne manquaient pas de participer à ces foires, lors desquelles ils remplissaient de leurs soieries et de leurs étoffes les magasins de la ville loués pour l'occasion. Les enfants s'attroupaient sur la place municipale à l'arrivée des énormes ballots qui bientôt allaient leur servir de tremplin. Ainsi le jeune Fage ne cessait-il de faire des cabrioles sur les colis du père Boileau, un brave négociant au visage avenant, qui au lieu de le fâcher et de le rebuter lui donnait de temps à autre un coup de main secourable pour grimper dessus. Les marchands du pays qui attendaient les foires pour faire leurs achats, s'approvisionnaient à la Saint-Clair pour une grande partie de l'année. Ils venaient d'ailleurs de tous les points de la Corrèze et même de certaines communes des départements voisins. Les auberges les accueillaient en surnombre. Le Lion-d'Or, l'Aigle-d'Argent, le Cheval-Blanc, le Chêne-Vert, la Grenade, la Clef-d'Or, le Chapeau-Rouge, l'hôtel du Périgord, la vaste hostellerie de Mme Laborde, hôtesse fameuse, qui était connue, à cette époque, dans toutes les auberges de France et de Navarre, sous le nom de *Mère des voyageurs.*

> Tulle était alors un petit Beaucaire, extrêmement curieux, très animé et agité, encombré de tentes, de voitures, de marchandises, de colis, d'étalages, de marchands, d'acheteurs, de bateleurs, de visiteurs, et qui, vu des terrasses du Chemin Neuf, donnait l'impression, dans son cercle de verdoyantes collines, au pied des superbes ormeaux du quai Baluze, d'une fourmilière humaine, en un coin affairé et grouillant d'une grande ville de commerce [1].

**Un beau Carnaval**

Vers 1835 on célébrait à Tulle, à grand orchestre, le Mardi-Gras. La fête était annoncée dès la veille dans tous les quartiers de la ville, avec le plus grand entrain. Dans chaque maison, de la cave au grenier, on assistait à un véritable branle-bas de combat, chacun s'affairait aux divers préparatifs requis par la fête. Aux cuisines, les femmes fourbissaient casseroles et marmites, avant de partir au marché pour faire leurs emplettes. Pendant le même temps, les hommes complétaient leurs approvisionnements en vins et liqueurs. De retour à la maison, les femmes regagnaient au plus tôt la cuisine pour faire cuire les pommes destinées aux tourtières et hacher la viande pour les pâtés. Le jour de la fête, dès l'aube, ces ménagères zélées pétrissaient la pâte afin de pouvoir se rendre à temps aux fours publics où elles emportaient à cuire aussi bien fricassées que pâtisseries diverses. On assistait ainsi dans la ville, tôt dans la matinée, à une incessante procession de ménagères allant et venant des fours à leurs offices. La sortie des fours était également un véritable

1. *Ibid.*, p. 128-129.

divertissement pour les badauds ou une aubaine pour certains mendigots, comme le raconte si bien Emile Fage dans ses *Portraits du vieux temps* à propos du parasite Montmeur. Les badauds se mettaient aux fenêtres ou sur le pas des portes pour ne rien perdre du spectacle de mets succulents qui ne cessaient de défiler, tandis que les faux affamés n'hésitaient pas à s'approcher des porteurs pour se faire inviter à goûter les mets tant convoités à l'aide de quelque compliment bien tourné. Les plus hardis ou les plus habiles savaient s'approcher du four au bon moment, et jouer les connaisseurs si les ménagères avaient encore quelque hésitation sur la cuisson de leurs plats, certains obtenaient alors plus que le simple droit de goûter, ils étaient invités en bonne et due forme à venir un peu plus tard au repas.

L'heure de celui-ci enfin arrivée, à table tous sans exception, jeunes ou vieux, femmes ou enfants rivalisaient d'appétit et de franche gaieté. Au dessert, l'animation atteignait son paroxysme. Les uns et les autres, après s'être dressés et avoir bu d'un trait leur verre de vin, racontaient en « patois » quelques *gnorles,* histoires drôles qu'agrémentaient des plaisanteries locales, puis entonnaient des chansons du cru, des couplets de Béranger et de Désaugiers. Tous les fêtards attablés répétaient joyeusement à l'unisson la rengaine des refrains. Les clarinettes et les violons se mêlaient aux repas du soir, l'accordéon allait aussi bon train dans les nombreux bals de quartiers qui souvent prolongeaient la soirée jusqu'aux premières heures du lendemain.

Mais c'est dès le début de l'après-midi du Mardi-Gras que commençaient en ville les folles cavalcades pour voir les masques de chacun et chacune ; peu après, on entendait partir des fenêtres des coups de fusil destinés à tuer Carnaval. Les détonations des coups tirés à blanc se répondaient d'un bout à l'autre de la ville. Du faubourg Saint-Jacques à la rue de la Barrière, à Sainte-Claire, au Fouret, au Trech, à la Barussie, à la rue d'Alverge, ce n'étaient que décharges de mousqueterie, cris de joie, chants d'allégresse scandés par les hous ! hous ! stridents des fêtards masqués. Emile Fage [1] raconte ainsi qu'à cette époque où il était encore enfant, son père, pour lui être agréable, sortait son fusil de garde national, le chargeait à poudre et lançait sa pétarade comme les autres, afin de montrer au jeune Tulliste que chez les Fage de la rue Fontaine-Saint-Martin on savait aussi tuer Carnaval !

En ce temps-là, il existait encore de véritables masques, grands et richement costumés, qui parcouraient la ville en groupe, dans tous les sens, pendant des heures entières, en dansant ou en chantant. Les plus jeunes enfants les suivaient de loin, fascinés par leurs cavalcades et leurs chansons, mais peu enclins à se laisser « bizuter », car en s'approchant trop près ils risquaient de faire connaissance avec la batte d'Arlequin et la bouillie de Pierrot.

Une des récréations favorites du jeune Fage, comme de tant d'autres de ses jeunes compagnons, était de partir en promenade à travers la ville, dans la matinée du mercredi, à la recherche des Carnavals arquebusés durant la nuit, tristes pantins qui pendaient alors tristement, çà et là, accrochés aux enseignes des commerçants, ou gisaient pitoyables en travers des rues ; pauvres rois d'un jour, victimes innocentes des joies belliqueuses des enfants.

> Ces Carnavals étaient des mannequins de grandeur naturelle, habillés, coiffés et couronnés pour la circonstance, barbouillés de lie de vin et pourvus de trognes écarlates, portant une bouteille sous chaque bras. C'était fort drôle de les voir en l'air, suspendus par une corde au milieu de la rue, avec leurs jambes écarquillées, leurs mines ahuries et avinées, de les voir se balloter comiquement au vent qui passait ou sous les coups de perche des gamins [2].

---

1. Cf. Emile Fage : *Op. cit.*, p. 9.
2. *Ibid.*, p. 10.

De ces Carnavals, il y en avait un peu partout dans les vieux quartiers de Tulle, rue de l'Alverge, rue Redole-Peyre, rue des Portes-Chanac et dans les faubourgs. Celui de chez Ranzy, rue de la Barrière, avait les préférences du jeune Fage qui, arrivé à l'âge d'écrire ses mémoires, s'en souviendra comme d'un Carnaval « très propre, même cossu, peinturluré à ravir », et dont la réputation s'étendait au loin puisqu'on venait le voir des extrémités de la ville. C'était en quelque sorte le prince des Carnavals de cette époque. D'ailleurs tous les enfants du quartier sans exception et même ceux d'autres quartiers de la ville avaient coutume de se rencontrer sous ce Carnaval princier, dont ils formaient la garde d'honneur, escorte bruyante et animée, dont les membres ne cessaient de s'agiter en des rondes frénétiques autour du pantin chamarré. En fait, il n'y avait pas que les enfants pour rendre de pareils hommages aux Carnavals des divers quartiers de la ville, tous les habitants jeunes ou vieux y participaient avec enthousiasme.

Vers la fin du siècle, cette façon de célébrer le Mardi-Gras à Tulle ne sera pas tout à fait perdue, mais elle n'aura plus le même éclat ni la même importance.

Le lendemain, le Mercredi des cendres, au milieu de la matinée, le spectacle prenait une tournure plus sombre : les fervents adorateurs des Carnavals décrochaient leurs divinités et les couchaient sur des échelles qu'ils soulevaient en se plaçant dessous et emportaient avec cérémonie à travers la ville. Le simulacre de l'enterrement était à ce point parfait que la foule suivait les dépouilles de ces rois éphémères, en parodiant la douleur avec force cris et larmes feintes ou en psalmodiant, sans toujours pouvoir contenir des rires, le célèbre *De profundis* :

« *Adi, paubre Carnaval,*
*Tu t'en vai, et io demore.* »

L'interminable procession s'achevait enfin par l'accomplissement du dernier rite sans lequel la fête aurait perdu son sens et n'aurait été que l'ombre d'elle-même : la noyade des défunts Carnavals qui étaient précipités dans la Corrèze depuis les berges ou du haut d'un pont, ou bien la crémation sur des bûchers dressés sur la place des exécutions capitales, au pré de l'Hôpital ; parfois on assistait à une subtile combinaison de ces deux procédés : certains Carnavals étaient alors précipités en flammes dans les eaux vives de la Corrèze comme si cette double mise à mort pouvait ouvrir à ces rois déchus le chemin d'une mystérieuse résurrection.

**Vive l'Empereur !**

A Tulle, comme dans toutes les cités limousines, on ne sait jamais où commence la ville, où finit la campagne. En fait, celle-ci se glisse insidieusement par les faubourgs jusqu'au cœur de la cité. C'est ainsi qu'à l'aurore, les Tullistes sont réveillés par un fameux concert de chants de coqs, auquel se joignent bientôt les caquètements des poules, le coin-coin des canards, le cri des oies ou les grognements des cochons. C'est qu'en effet, basses-cours et... étables étaient chose courante dans maintes cours d'immeubles, voire à l'intérieur de certaines maisons. Il faudra un arrêté de la municipalité (en 1857) pour interdire l'élevage de « pigeons, lapins, cochons d'Inde, poules, oies, canards et autres volailles à l'intérieur des habitations ». Si l'on en croit le journal de l'époque, on rencontre « des poules et des cochons dans le derrière des maisons rue de la Barrière et il s'y répand des odeurs ».

Une fois éveillé par les cocoricos et autres bruits dignes d'une cour de ferme, le Tulliste reconnaissait qu'il était cependant non pas à la campagne mais bien dans la capitale de la Corrèze grâce aux horloges de la ville qui se mettaient à sonner l'heure matinale avec de grands décalages. Le journal *Le Corrézien* déplorait cet état de choses en ces termes : « Croirait-on qu'à Tulle, chef-lieu du département, il est complètement impossible de trouver deux cadrans indiquant la même heure ? » L'horloge de l'hôtel de ville était particulièrement accusée : n'était-ce pas à elle de faire connaître à la ville une heure officielle et... exacte ! Point du tout : pendant des années (huit, assure-t-on), dans le campanile de la mairie d'abord, puis lors de son transfert à la gendarmerie, à la cathédrale enfin, cette horloge municipale s'obstina à toujours sonner des heures de fantaisie.

Bah ! cela donnera un peu plus de latitude aux Tullistes pour mener à bien les travaux de la journée et pour prendre, çà et là, quelques loisirs. Commerçants, artisans, ménagères vaquent à leurs occupations, cependant que les mille à mille cinq cents ouvriers connaissent un dur labeur à la manufacture d'armes : des républicains, ces ouvriers, du moins certains d'entre eux qui fréquentent le débit de Martial Brugeille, cafetier, lequel verra son café fermé par les autorités lors de l'avènement du Second Empire et sera ainsi désormais privé de ressources. Ils quittent au petit matin les différents quartiers de la ville où ils sont pauvrement logés, et vont rejoindre les ateliers de la manufacture. Leur allure est toute de respect envers les bourgeois qu'ils croisent comme tout à l'heure à l'égard de leurs chefs et des contremaîtres ; cependant, un préfet écrira d'eux, en novembre 1852, qu'ils sont « pénétrés du vieux levain démocratique et socialiste qui avait fait parmi eux tant de ravages ». Qu'ont-ils donc à demeurer ainsi attachés aux « erreurs de 1848 » ? N'ont-ils pas du travail ? La guerre de Crimée, la guerre d'Italie font tourner à plein rendement la manufacture d'armes. N'ont-ils pas de quoi se nourrir avec la châtaigne dont le Limousin abonde, du pain et quelques pommes de terre ? S'ils prétendent être miséreux, une telle « misère » ne peut être le fruit que « de leur imprévoyance ». D'accord, il y a des années moins... favorables. Ainsi à l'automne 1857, on parle d'une crise alimentaire. Le maire, M. Favart, distingue trois catégories de Tullistes affamés : les ouvriers sans travail, les indigents invalides, enfin des familles pauvres qui, par dignité, se refusent à avouer leur détresse. Le conseil municipal prévoit des distributions gratuites de soupe, de châtaignes et de pain, une souscription publique en faveur des malheureux, et enfin un certain nombre de chantiers pour employer les sans-travail : aux abattoirs, à la Barrière, à l'Alverge ; ainsi on aménage les chemins vicinaux, la Promenade, la rue du Trech.

Des fêtes et des bals de charité sont organisés. Une soirée au théâtre avec le concours du régiment, le 4e de ligne, et la représentation de... *Les petites misères de la vie humaine* rapportera 538,75 francs pour les déshérités. A la préfecture, le bal costumé bat son plein.

Les sœurs de Nevers sont chargées du Fourneau économique qui honorera : 356 jetons de haricots (à 0,05 F), 221 jetons de soupe (à 0,20 F), et 169 de viande (à 0,10 F) ! Bref, un gazetier écrira, sans rire : (de cette façon) « le problème de la vie à bon marché pour les classes ouvrières sera résolu ».

Pendant ce temps, les bons bourgeois de Tulle poursuivent leur existence paisible, laborieuse et bien réglée. Ils se sont accommodés avec la même tranquillité du Premier Empire, de la Restauration, du Roi-Citoyen, du Second Empire et de la IIIe République (pas tous, bien sûr, il faut toujours qu'il y ait, à Tulle comme ailleurs, quelques fortes ou mauvaises têtes : ainsi cet avocat royaliste, maître Léonard Gorce, qui attaqua violemment dans son journal « le coup d'État républicain »... de Badinguet, ou, sur l'autre bord, M. Thomas Four, négociant, qui fut incarcéré en 1851 et 1852). Donc, voici nos braves bourgeois fidèles avant tout à « l'ordre », plus proches sans doute de leurs racines paysannes (Tulle est, comme toutes les villes limousines, essentiellement tournée *vers* la campagne) que de l'aristocratie peu nombreuse et peu fortunée, qui les côtoie mais ne les fréquente guère. Cette bourgeoisie a ses salons, ses cercles où MM. les avocats, les magistrats, les notaires, les médecins parlent affaires et littérature, puis jouent au billard, au bézigue ou au jacquet ; cependant que les commerçants se soucient avant tout de la préparation des foires et des marchés où leurs plus nombreux chalands sont les fermiers et les métayers venus des environs. Toutes ces bonnes gens lisent *L'Union corrézienne* puis, à partir de 1850, *Le Corrézien* qui paraît le lundi, le mardi et le vendredi ; les dames y goûtent le feuilleton ainsi que la chronique locale de M. Crauffon dont tout le monde apprécie l'information et le ton. Veut-on « faire une sortie », rendre quelque politesse à un collègue, il arrive alors qu'au lieu de manger chez soi, on aille dans l'un des nombreux restaurants à juste titre renommés ; l'un des meilleurs est sans doute la maison Fournaud. Les menus y sont plus que copieux, qu'on en juge : « potage, langue de bœuf, truites, champignons, rôti, haricots verts, poulet rôti, fromages, crème fouettée, tarte, fruit, café ».

Pour faciliter la digestion, on se promène ensuite volontiers sur les quais ; on flânera place de la Cathédrale ou dans le quartier du Trech. Bien entendu, les jours de semaine, pour se rendre à ses occupations, on ne lambinera pas ainsi sur les « promenades » ; l'animation régnera alors plutôt dans les ruelles, pas très souvent balayées ; le soir, dans certaines de ces rues étroites et difficiles, comme la rue Riche ou la rue de la Barrière, on évitera de marcher sur les côtés pour ne pas risquer de recevoir sur la tête le contenu nauséabond de quelque récipient vidé du haut d'une fenêtre. Il faut dire que la nuit Tulle n'est guère éclairée : on a bien installé, en 1843, quatre-vingts réverbères à huile mais leur flamme est bien pauvre ; dix ou quinze ans plus tard, ces lumignons seront au nombre de cent vingt ; pourtant le Tulliste continuera à se plaindre de leur éclairage parcimonieux.

Tout va changer, espère-t-on, lorsqu'on commence à parler avec crainte et admiration d'une nouvelle invention des savants : Sa Majesté le Gaz ! Les timorés invoquent les dangers d'explosion, d'asphyxie, et aussi... les dépenses excessives. Mais M. d'Arcambal, conseiller municipal, se fait l'avocat du progrès, son argument financier fait taire les hésitants : « 120 becs à huile coûtant 7 650 francs par an et les mêmes alimentés au gaz 8 600 francs, c'est 1 000 francs de plus ! » On ne va tout de même pas tourner le dos à l'avenir pour une si modeste différence ! Et en 1864, la construction de l'usine à gaz sera décidée ; un cahier des charges précise que « la flamme (des becs de gaz) en sera blanche et pure ». M. Henri Delmotte, auteur d'une très intéressante *Chronique du Second Empire à Tulle,* remarque malicieusement à propos de cette flamme « blanche et pure » : « C'était là le désir des habitants et de leurs conseillers... Était-ce celui des amoureux ? »

Que font nos braves Tullistes le dimanche ? Ma foi, le matin dames et demoiselles vont à la messe de dix heures, pas toujours accompagnées du maître de maison qui peut pendant ce temps flâner sur la place de la Cathédrale ou sur les quais ; avec un peu de chance il pourra voir défiler les soldats du 2e de ligne ; ou encore il s'amusera à écouter les flonflons des « Enfants de Tulle ».

Il y aura aussi, pour se distraire, les fêtes, celle de la Saint-Clair par exemple. Toutes sortes de baraques se dressent ce jour-là et les jours suivants sur la Promenade. On regarde, on vend, on achète un peu de tout et guère de rien. Les « gens du voyage » ont installé leur chapiteau : le cirque Soullier étonne les foules ; on applaudit la cavalerie des frères Bacco, les tours de passe-passe du prestidigitateur Gervais. Les auberges sont pleines tant les paysans sont venus des alentours. Ils sont plus joyeux ce jour-là qu'ils ne le furent pour la foire de la Saint-Antoine au début de l'année 1865. La municipalité, à court de finances, prétendait percevoir une taxe sur les bestiaux amenés à la foire. Mais des paysans s'insurgèrent, refusant de payer la somme demandée par les employés de l'Octroi. On fit donner la troupe et la gendarmerie ; les paysans, avec leurs bâtons et leurs poings, prétendirent rosser pioupious et pandores ; ils envahirent le bureau d'octroi que gardaient trois gendarmes et deux soldats : l'un de ceux-ci, le sergent Clément, tira un coup de fusil sur l'un des manifestants qui fut tué. Un officier, appelé à témoigner devant le tribunal qui jugea une vingtaine de prévenus, déclara tout bonnement en guise de conclusion : « Il est heureux que le coup de fusil tiré par le sergent Clément ait donné la mort à un émeutier, sans cela de plus grands malheurs auraient été à déplorer. »

Mais cette sanglante foire de la Saint-Antoine nous a écarté de notre propos sur les distractions et les divertissements des habitants de Tulle ; reprenons donc le cours des dimanches.

Ce jour-là, dans l'après-midi, les armuriers de la manufacture jouent sur la place à la *roujas*. Les joueurs essayaient de lancer un boulet de fonte dans l'un des trous creusés préalablement dans le sol, encore fallait-il qu'avant de tomber dans le trou, le boulet ait traversé un anneau fiché verticalement en terre devant la cavité. Certains disaient que la *roujas* était un jeu venu jadis des Flandres espagnoles ; il est vrai que plusieurs familles d'ouvriers de la manufacture d'armes étaient originaires d'Espagne.

Ce sont là jeux pour les « vieux », les jeunes avaient d'autres plaisirs. Ainsi, quand le temps se montrait clément, tous les vauriens des faubourgs, petits et grands, adoraient la baignade. Ils n'étaient pas peu fiers de leurs exploits à la nage, à tel point qu'un dicton affirmait : « *Chei de Tullo — Chabe noda.* (Puisque je suis de Tulle, je sais nager.) » Ces chenapans de Tulle s'adonnaient aussi à des sports plus violents ; souvent même ils se livraient à des batailles rangées. On était d'un quartier, donc les gamins d'un autre quartier étaient fatalement des ennemis qu'il fallait mater. Les bagarres ne cessaient guère qui mettaient aux prises les gosses du quartier de l'Alverge *(lou saute-randaux)* avec ceux du quartier du Trech *(lou escunlous)* ou ceux du quartier de la Barrière *(lou pilous).*

### Feuilles et gazettes

A Tulle, on aimait certes baguenauder à travers les rues, mais rentré chez soi, on réfléchissait et on lisait. Le Corrézien, homme de traditions et souvent de traditions orales, n'en était pas moins attaché aux inventions des temps modernes, et parmi celles-ci, en particulier, à la presse, le Corrézien bourgeois s'entend. Pensez qu'en 1888 paraissaient à Tulle : *Le Corrézien,* devenu quotidien en 1855 ; un hebdomadaire du dimanche : *Le Journal du département de la Corrèze* qui était dans sa sixième année, comme son confrère : *Le Messager,* lequel paraissait le jeudi et le dimanche ; cependant que *Le Progrès républicain* de la Corrèze était publié le mercredi et le samedi. Ajoutez à ces gazettes : *Le Feu follet,* revue littéraire, et le *Bulletin* (trimestriel) *de la Société des Lettres, Sciences et Arts de la Corrèze.*

Quant à Brive, dont la population commençait alors à égaler celle du chef-lieu, plusieurs publications y étaient aussi rédigées et imprimées, notamment *La République,* journal du mercredi, du vendredi et du dimanche ; l'hebdomadaire du samedi au titre apaisant : *Le Conciliateur de la Corrèze ;* et chaque trimestre : le *Bulletin de la Société scientifique, historique et archéologique de la Corrèze.*

Les « messieurs » de Brive pouvaient lire ces « feuilles » aussi bien au « Cercle national » qu'au « Cercle de l'Union », et s'ils aimaient la musique, ils pouvaient grossir les rangs des groupes musicaux : « La Sainte-Cécile », l'orphéon « Les Enfants de Brive » ou « La Société chorale de Brive ».

Les lecteurs d'Ussel, s'ils ne faisaient pas appel aux journaux de Tulle ni à ceux de Brive, devaient se contenter de leurs propres hebdomadaires : *Le Facteur* qui paraissait le samedi, *Le Petit Ussellois* vendu le jeudi. Lisait-on ? Ecrivait-on des vers à Ussel en souvenir des quatre troubadours, Gui, Pierre, Ebles et Elie d'Ussel ? En tout cas, bien que *Le*

*Facteur* ou *le Petit Ussellois* fussent rédigés en français, on continuait à y parler le limousin et c'était là, bien qu'inconscient, le meilleur hommage que le peuple pût rendre à ses lointains troubadours.

Lorsque les félibres voulurent honorer les quatre poètes de jadis et qu'ils firent apposer (le dimanche 22 août 1897) une plaque commémorative à l'Hôtel de Ville, le ciel refusa d'être de la partie : ce jour-là une pluie diluvienne s'abattit sur Ussel. En vain, pour égayer la fête mouillée, les félibres de Brive avaient organisé une *cour d'amour ;* on y récitait les pièces couronnées par le Jury, mais l'ardente et chantante langue limousine eût mérité un beau soleil au lieu de cette averse sans fin.

## *CHAPITRE XIV*

# IMPERIALE ET GAILLARDE BRIVE

Gaillarde comme une belle fille brune et dorée qui entrouvre pour les voyageurs « le riant portail du Midi », Brive apporte au Limousin le sourire et le soleil. Bien que les collines qui la dominent, comme la rivière qui la longe, la rapide Corrèze, descendent tout droit du Haut-Limousin, ici la froidure, le vent, la pluie et la neige n'ont plus cours, le printemps fleurit tôt avec ses primeurs, fruits et légumes, c'est sinon la richesse, du moins l'aisance.

Certes, au siècle dernier, Brive n'a pas encore atteint l'importance de sa rivale, Tulle, mais peu à peu sa population s'accroît, son commerce se développe, la bourgeoisie fait construire au long des boulevards circulaires d'aimables demeures. Il faudrait bien peu pour que la ville prenne allure de préfecture, mais voilà, le préfet siège à Tulle, Brive doit se contenter d'un sous-préfet. Dans le *Bulletin de la Société scientifique, historique et archéologique de la Corrèze,* M. J. Nouaillac a évoqué les rapports des sous-préfets de Brive sous le Premier Empire. Il semble que ces administrateurs étaient ravis de la courtoisie, de la bonne humeur et de... la tranquillité de leurs administrés. L'ambition des sous-préfets de Napoléon était d'assurer à Brive « une grande immobilité politique et un grand mouvement domestique », entendez par là : le progrès de l'agriculture, du commerce et de l'industrie. Pour le pays de Tulle, le bocage, pour celui d'Ussel, la montagne, quant à Brive son arrondissement correspond au « pays vignoble ». Les paysans « brivistes » sont donc souvent vignerons, mais ils récoltent aussi les châtaignes, les noix, et même les amandes ; d'autres cultivent du seigle, du froment, de l'orge, du sarrasin, ou bien ils font l'élevage des chevaux et des cochons. M. le sous-préfet aux champs se réjouit de l'aspect du pays :

> La multiplicité des villages sur un terrain où la population excède quelquefois quinze à dix-huit cents individus par lieue carrée, l'hilarité des habitants qui accompagnent presque tous leurs travaux champêtres de chansons bruyantes, donnent à cette portion du territoire, qu'on prendrait dans de certains endroits pour un grand verger, une physionomie de plaisir et de bonheur qui contraste beaucoup avec les autres parties du département.

De même, notre administrateur observe que vers le nord du département, on trouve « moins de gaieté (qu'à Brive), des dispositions moins communicatives, un caractère plus âpre et plus disposé à la résistance ». Il se réjouit du rythme « vif et pressé » des chants des vignerons aux alentours de Brive.

A la suite de la Révolution, les ouvriers et les artisans ont vu s'élever le prix de leur travail et, de ce fait, ils vivent mieux qu'aux temps anciens. Il est vrai que les propriétaires se plaignent du prix de la main-d'œuvre (1,50 franc à 2 francs la journée d'un ouvrier agricole, plus la nourriture, cela pendant la saison des grands travaux, le reste de l'année le journalier est un peu moins payé). M. le sous-préfet s'inquiète de l'apparition d'un « luxe corrupteur » dans la bourgeoisie : « L'avidité de s'enrichir promptement ou l'ambition de parvenir sont les passions dominantes » ; en outre « chacun fait en sorte de se priver le moins possible des douceurs dont la fortune lui permet de jouir ». Du moins ce peuple de Brive « est toujours occupé et, s'il quitte quelquefois son travail pour s'adonner aux plaisirs, il préfère les plaisirs doux aux excès qui sont la suite de l'intempérance ». Autrement dit, nos Brivistes n'étaient ni méchants, ni ivrognes.

Brive et ses environs seraient-ils bénis des dieux ? ou bien aurait-on là, le pays, le jardin de Candide ? Oui, si l'on en croit nos sous-préfets napoléoniens qui se réjouissent de voir leur territoire « plus peuplé de cultivateurs sans instruction, que de personnes actives ou intrigantes ». Candides ou pas, en la personne du sous-préfet nos Corréziens respectaient l'Empereur que le peuple aimait naïvement, malgré les cruautés de la conscription et le poids des impôts. Le 9 juin 1810, à l'occasion de la fête du baptême du roi de Rome, Brive fit un brillant couronnement de rosières (pour cette cérémonie, le conseil municipal n'avait pas hésité à voter un crédit de 1 800 francs — ironie du sort, à Tulle, le chef-lieu, la cité rivale, on ne put faire de couronnement, faute de... rosières !).

### Des ombres au tableau

Tout n'était pas cependant pour le mieux dans le meilleur des mondes. On avait à déplorer des accidents mortels : un enfant de la commune d'Orgnac mangé par les loups dans l'hiver 1807, trois noyés d'un coup à Beaulieu, le bac traversant la Dordogne ayant coulé, des chevaux qu'il transportait s'étant soudain déplacés. Quoi encore ? Des rixes, des chutes mortelles d'ouvriers ardoisiers, et puis la grêle, l'ouragan, les crues, la sécheresse, toutes calamités qui ruinaient les agriculteurs. Plus étrange était le grand nombre des incendies, notamment en 1807, à Allassac, à Beynat, à Vigeois, à Chauffour, à Brive où la prison même (ancienne maison des ci-devant Jacobins) brûla ; en 1808, seize autres incendies, et pendant l'hiver de 1811-1812, une terrible série, en particulier le 29 janvier, près de Brive, le village de La Pigeonnie fut entièrement détruit par les flammes, cependant que le même jour à la même heure, près de Saint-Féréole, dix maisons et granges, avec leur bétail, étaient également la proie du feu. Quelles étaient les causes de tels incendies ? Évidemment l'abondance des toitures de chaume les facilitait. Mais fallait-il accuser la négligence de paysans qui pénétraient dans leur grange une chandelle à la main ? Ou bien, selon un historien local, V. de Seilhac, n'étaient-ce pas les nombreux déserteurs traqués par les sbires de Napoléon qui allumaient ces incendies ? Quoi qu'il en soit, les malheureux dont les fermes, les granges et le bétail avaient disparu dans les brasiers, étaient réduits à la mendicité, ils se faisaient « chercheurs de pain ». Les gendarmes ne sévissaient pas contre eux, gardant leur rigueur pour les véritables vagabonds.

Les épidémies demeuraient redoutables : en 1805, la dysenterie ravageait les campagnes, et comme si ce fléau ne suffisait pas, elle avait été suivie de la variole, « exaspérée par les fortes chaleurs de l'été ». Malgré la constitution à Tulle d'un Comité central pour la vaccine, et la désignation de vaccinateurs dans chaque canton, la variole (on l'appelait encore : petite vérole) fut particulièrement cruelle : sur 1 039 Corréziens atteints, 350 moururent, 77 restèrent infirmes ou défigurés.

## Progrès en agriculture et en industrie assez lents

Toujours selon les rapports des sous-préfets de l'Empire à Brive, les progrès de l'agriculture — chère à Napoléon — demeuraient fort lents : les paysans ignorants persévéraient dans leur routine, d'autant plus, reconnaissait le sous-préfet, que « le défaut d'aisance empêche les essais » ; quant aux quelques riches propriétaires, ils « manquent de lumière ou de goût », ou encore restent « distraits par leurs affaires ou par leurs passions ». Il faut tout de même noter quelques initiatives : ainsi l'introduction des moutons mérinos grâce aux acquisitions de certains propriétaires aisés ; à partir de 1811 l'apparition d'arbres jusqu'alors étrangers à la Corrèze et qui viennent orner le paysage : platanes, acacias, mélèzes, épicéas, peupliers des Carolines ; on remarque à la même époque, à Brive et dans le bassin de Brive, des tentatives de culture du pastel et de la betterave (cela étant la conséquence du blocus qui privait la France de l'anil des Indes et de sucre).

Quant à l'industrie, elle n'était guère développée à Brive : une seule manufacture de quelque importance, la filature des Le Clère. Ceux-ci rentrés au pays en 1802, après avoir tâté de l'émigration, avaient remis en route leurs ateliers, mais en préférant s'adonner à présent à la filature du coton au lieu du tissage de la soie qu'ils effectuaient sous l'Ancien Régime ; leur fabrique connaissait ainsi de nouveau la prospérité, elle employait une soixantaine d'ouvriers et M. le sous-préfet se réjouissait que cette manufacture accoutumât « au travail des gens qui y trouvent du pain et de l'occupation *dès l'âge de huit à neuf ans* » (c'est moi qui souligne : petits enfants de Brive, vous étiez logés à la même enseigne que tous les enfants pauvres de France). Le reste de l'industrie était peu de chose : fabrication de chandelle, blanchissage de la cire, poterie, confection de chapeaux communs...

De même le commerce était modeste : exportation des bestiaux (bœuf, chevaux, cochons gras) et des vins, importation de draperie en provenance de Limoges, Montauban, Carcassonne, de mercerie de Lyon et de Rouen, d'épicerie achetée à Bordeaux.

Pour aider au développement du commerce, l'administration veut imposer définitivement l'unité des poids et mesures, mais, en dehors de Brive, nombreux sont les récalcitrants, le peuple « semble répugner, non pas tant au changement ou à la différence de ces mesures, qu'à la nécessité de faire entrer de nouvelles idées ou de nouveaux mots qu'il ne peut ni comprendre ni retenir dans les têtes qui sont incapables de les recevoir et dans les bouches hors d'état de les prononcer ».

En achevant ce croquis de la Brive... impériale, nous ne manquerons pas, comme le faisait M. J. Nouaillac dans son étude, de rendre hommage à la mémoire des deux sous-préfets qui représentèrent successivement l'Empereur à Brive, à savoir : M. Rebière, « fonctionnaire estimable » qui mourut en l'an XV, et son remplaçant, M. Joseph Gautier, âgé alors de cinquante ans et fort pourvu de titres puisqu'il était ancien docteur en médecine, subdélégué de l'Intendant, agent national, agent des contributions, membre du Conseil des anciens et du Corps législatif, il était aussi marié, père de quatre enfants et possesseur d'une fortune personnelle qui lui assurait 5 000 francs de revenus. Il dut bien les apprécier, ces revenus, lorsqu'il fut disgracié en 1815 et, malgré ses réclamations, privé de toute pension de retraite. Sans doute n'avait-il pas su ou pas voulu passer trop vite de « Vive l'Empereur » à « Vive le Roi ». Quoi qu'il en soit, gageons que ces deux sous-préfets durent bénir les dieux (et Napoléon ou ses ministres) de les avoir envoyés dans ce charmant et beau pays de Brive-la-Gaillarde.

## *CHAPITRE XV*

## LES MAÇONS DE LA CREUSE

> Du sommet de cette montagne (le puy Maria), la vue s'étend sur un espace immense ; on découvre, à l'est, les monts d'Auvergne ; au nord et à l'ouest, les forêts de Guéret, et au sud-ouest, jusqu'aux confins de la Haute-Vienne [...]. Au lever du soleil, alors que ses rayons brillent sur cette immensité, le spectacle est ravissant et féerique ; nos champs de blé au moment des moissons ressemblent à une nappe d'or. On est près de croire alors à l'existence d'un être suprême, mais on comprend mieux surtout ce cri arraché du cœur de J.-J. Rousseau : « Que la nature est belle et imposante ! »

Et notre disciple de Jean-Jacques continue à faire l'éloge de son pays creusois : du Taurion, la jolie rivière qui longe le château féodal de Pontarion, des ruines de Crozant, de la tour Zizim à Bourganeuf où le frère de Bajazet II fut enfermé, de toute la « vieille Marche », sa terre natale qui lui est si chère.

Qui croyez-vous qu'il est cet écrivain aux accents romantiques ? Un maçon. Oui, un maçon de la Creuse, un de ceux qui de leurs mains habiles et vaillantes ont bâti au siècle dernier tant d'immeubles à Paris. A vrai dire, le plus célèbre des maçons limousins : Martin Nadaud. Ses *Mémoires de*

*Léonard* sont d'une captivante lecture. Qui eût dit que ce petit paysan élevé comme tous ses camarades dans la pauvreté, les superstitions angoissantes, se hisserait à force d'intelligence et d'énergie jusqu'à devenir le porte-parole de son peuple asservi : il luttera pour la République, une République sociale, fraternelle aux humbles, Napoléon-le-Petit le contraindra à l'exil car il s'était dressé contre le coup d'État du 2-Décembre ; la III$^{e}$ République le verra député de la Creuse. Ses mémoires évoquent avec beaucoup de saveur la vie des maçons creusois. Quelle fête lorsque ces émigrants, jeunes et vieux, rentraient enfin au logis après une bien longue et dure saison, près de neuf mois de travail sur les chantiers parisiens ! Une fête dont la gaieté pouvait frapper les enfants collés aux vitres des cabarets pour voir les maçons accompagnés de leurs épouses célébrer leur retour en buvant chopine. Plus d'un gamin se disait déjà, en découvrant la joie de ces... retours d'Ulysse auprès de Pénélope, que lui aussi, lorsqu'il serait grand, se ferait maçon comme son père, son grand-père, ses frères et ses oncles, qu'il découvrirait à son tour le mystérieux Paris, puis de retour au village éblouirait les filles en leur racontant ses exploits dans la capitale. Il commençait à déchanter lorsque son père, entre deux voyages, entreprenait quelque travail de maçonnerie à la ferme et demandait aux garçons de donner un coup de main. Il fallait suivre toute la journée le père sur le chantier, lui préparer et lui passer le mortier ; les petites mains étaient vite crevassées, mais rien à faire pour s'éclipser et rejoindre les autres galopins du hameau. Bah, ces brûlures des crevasses, cette lassitude des longues journées, c'était le métier qui entrait — pour plus tard. Oui, pour plus tard, car, en attendant d'avoir l'âge du premier départ vers Paris, le futur maçon se contentait de garder les brebis ou les vaches, et, à la veillée, d'écouter les anciens parler des maisons, des monuments, des immeubles dont ils avaient construit les murs dans la capitale, ou bien évoquer les campagnes napoléoniennes auxquelles certains d'entre eux avaient pris part. Les braves paysans, ex-grognards de l'Empire, entonnaient en chœur les refrains à la gloire du Petit Caporal : « Il s'est assis là, grand-mère ; grand-mère, il s'est assis là. » Ou bien : « Si j'étais hirondelle, que je puisse voler, à l'île Sainte-Hélène j'irais me reposer » ; ou encore cette chanson où il était question des belles Viennoises, venues implorer Napoléon après une défaite infligée aux Autrichiens : « De votre argent, mes dames, je ne sais quoi en faire ; mes canonniers brûleront vos maisons, mes soldats les pilleront. » Et vive l'Empereur ! Vive la France ! Mais, Dieu merci, ou mille regrets, l'épopée impériale n'était plus que légende, nos petits pâtres creusois n'iraient pas mourir sur les champs de bataille de l'Empire ; ils se contenteraient de manier la truelle, l'équerre et le fil à plomb.

**En route !**

Enfin, le grand jour si longtemps attendu, était là, avec le printemps. Le garçon marchait sur ses treize ou quatorze ans, il allait donc marcher aussi — et quelle marche — avec son père, ses oncles ou ses frères aînés, sur la longue, longue route qui menait vers Paris ou vers Lyon.

Il est fier et ému le garçon, si ému qu'il a eu de la peine à dormir et s'est levé avant le jour pour revêtir l'habit tout neuf que sa mère lui a fait faire : veste, gilet, pantalon de droguet (le drap tissé avec la laine de brebis), l'étoffe est raide comme du carton. Les pieds aussi portent de gros souliers cloutés tout neufs et plus raides encore que l'habit. Pour surmonter le tout, un chapeau haut de forme. Ah ! le futur apprenti se gonfle d'orgueil, le roi n'est pas son cousin. Mais quand vient le moment des adieux, sous son armure de droguet, le cœur de l'enfant est prêt à se fendre lorsque mère, grand-mère et sœurs l'embrassent en pleurant et en criant. « Allons, dit le père, les autres vont nous attendre. N'ayez crainte, on va en faire un fier maçon de notre Léonard, vous verrez comme il aura forci quand nous reviendrons. »

On s'arrache aux gémissements, aux étreintes des femmes, et, en route. Sur la place du village, on rejoint d'autres émigrants, jeunes et vieux, certains vont faire le voyage également vers Paris, mais d'autres, ce sont les chantiers de Lyon qui les attendent. On avance d'un bon pas, dans la fraîcheur du petit matin. La première halte aura lieu à Pontarion, à l'auberge où l'on commencera à vider des chopines de vin blanc (« Goûte, petit, ça te donnera des jambes ! ») pour saluer les retrouvailles avec des maçons d'autres hameaux qui vont se joindre au cortège. De village en village (Marivet, Sardant, Saint-Christophe...), on va accueillir ainsi de nouveaux groupes de travailleurs. On prend par les traverses, on emprunte des chemins boueux et ravinés, on peine pour franchir la forêt de Guéret ; en 1830 les routes n'abondent pas dans la Creuse, il faut bien souvent se contenter de sentiers que l'hiver a rendus quasi impraticables.

Qu'ils sont lourds et durs ces souliers tout neufs ! Que ce costume de droguet est pesant ! Mais quoi, à treize ans, on est un homme, non ! On ne va pas se mettre à geindre et à renâcler ! Que penseraient, que diraient les « pays » ? D'ailleurs, tous ces toits qu'on aperçoit là-bas, ne seraient-ce pas ceux de Guéret ? Mais oui, les vieux disent que c'est Guéret, et qu'on va pouvoir enfin manger et boire, et que ce n'est pas trop tôt, car au soleil, il ne doit pas être loin de midi.

Bien, on déjeunera chez le père Gerbeaud ; tous les compagnons le connaissent, deux fois par an, au départ, puis au retour, ils ne manquent pas de se restaurer dans son auberge, la maison est bonne et honnête, on y mange tout son saoul et à bon marché, et en plus le père Gerbeaud « n'est pas chien » pour payer la goutte à ses fidèles clients, et la mère Gerbeaud ne manque pas de fourrer des friandises dans les poches des adolescents dont c'est le premier départ.

Avant de quitter l'auberge guéretoise, le groupe des compagnons se choisit un maçon sérieux, déluré et bon marcheur. Chacun va lui confier un pécule d'une dizaine de francs, à charge au « trésorier » de ménager ces écus jusqu'à l'arrivée à Paris. Il lui faudra aller en éclaireur afin de faire préparer les repas aux diverses étapes ; il arrêtera le menu, comptera les bouteilles, marchandera les prix. Il devra se montrer un solide et rapide marcheur, car chaque groupe a son trésorier, et celui-ci s'efforcera d'arriver le premier à l'étape du soir afin de retenir les lits à l'auberge.

Allez, le trésorier a repris le trimard, il est temps de quitter les Gerbeaud. En route pour Genouillat. Bah, on s'arrêtera encore bien des fois boire un coup dans les auberges. On ne peut pas dire que ces haltes et ces verres vidés accélèrent la marche. Vers la fin de l'après-midi, il faut que les anciens entonnent des chansons limousines ou racontent des blagues pour redonner un peu d'entrain aux jeunes qui traînent la patte.

Le boulanger de Genouillat était en même temps aubergiste, il servait le dîner. Enfin, on allait pouvoir se délasser et songer bientôt au sommeil réparateur. Pas de chance ! Voilà qu'arrivait en force toute une armée d'autres émigrants venus d'autres coins de la Creuse.

Le trésorier éclaireur de notre groupe fut consulté : il conseilla vivement d'avaler en vitesse le dîner et de reprendre la route, on coucherait à deux lieues de là, dans l'auberge d'un autre village. De cette façon, le lendemain matin, en repartant à l'aube, on distancerait définitivement la masse des émigrants, d'où la possibilité ensuite de mieux choisir gîte et couvert. D'accord. A peine la dernière bouchée avalée et le boulanger payé, nos lascars déferlent au grand ébahissement des autres Creusois. Et de marcher, clopin-clopant au clair de lune, les grands, apitoyés, s'emparant du balluchon des novices qui n'avançaient guère. Enfin, dans la nuit, voici le village, l'auberge des muletiers et des routiers. Justement, voilà qu'arrivait aussi, dans un vacarme de coups de fouets, d'aboiements de chiens, de cliquetis de grelots, un cortège de mulets chargés d'outres de vins et conduits par des muletiers à mines patibulaires. Quelle assemblée et quel remue-ménage dans l'auberge ! Les petits Creusois, tout raides dans leurs sacrés habits neufs, écarquillaient leurs yeux que piquait l'envie de sommeil ; avec leurs aînés ils buvaient quelques rasades de vin chaud pour se réconforter : quelques lieues dans cette première journée, ça compte pour les jambes mais aussi pour le cœur : comme on se sent loin déjà du village, de la mère qui doit pleurer là-bas. Mais vite il faut dormir. On monte à l'étage, des grabats faits de balles de son et de paille hachée sont étendus sur le sol, les draps sont noirs de saleté, puces et punaises y foisonnent, ils n'ont pas été changés depuis novembre dernier, lors du précédent passage des émigrants rentrant alors dans leurs foyers. Les petits, pourtant habitués à la dure dans leur ferme natale, regardent avec dégoût ces paillasses où leurs aînés leur enjoigent en riant de s'étendre : « Enfants, vous en verrez bien d'autres, faites comme nous, couchez-vous tout habillés, et mettez un mouchoir sous votre tête pour qu'elle ne touche pas le traversin. Tout de même, enlevez vos souliers et vos bas ! » Facile à dire, mais on eût dit que la marche avait définitivement collé aux pieds et aux chevilles les chaussures neuves. Il fallait aider les gosses à se déchausser, leurs pauvres pieds étaient en sang, on y passait un peu de graisse, on les entortillait dans quelque linge, et... au lit.

Puces, punaises et saleté n'empêchaient pas de dormir tant la fatigue était accablante. Le lendemain matin, ce n'était que rires, chansons et plaisanteries dans le dortoir. Pour se débarbouiller, on prenait un pan de sa chemise, on l'humectait de salive et on se le passait sur le visage, on trouverait bien une fontaine sur le bord de la route pour mieux se laver.

En bas, on casse la croûte en vitesse, on l'arrose de vin blanc, et l'on repart. Bientôt c'est la plaine du Berry, mais les chemins sont bien mauvais. On traverse un tout petit village ; une grosse maison bourgeoise — les gens l'appellent le château — se dresse dans un parc. On raconte qu'une drôle de femme y habite, une femme qui écrit des livres et qui fait parler d'elle : Mme George Sand. Il paraît qu'elle aime bien la Creuse. Mais la Creuse, comme elle s'éloigne d'heure en heure ! Et quand la reverra-t-on ?

Pour le moment, il faut continuer le voyage en pays étranger. Dans les hameaux, dans les villages, dans les villes traversées, les gens ne dissimulent pas leur hostilité à l'égard de cette bande de maçons braillards qui, à l'aube, vous réveillent sans vergogne en poussant leur : « Hif ! Hif ! Hif ! fou fou ! » sauvage. Parfois des ouvriers, des paysans rencontrés se moquent ouvertement : « Aux dindons ! A l'oie ! » osent-ils crier pour se moquer de l'allure des Creusois. Va-t-on se laisser insulter par ces Berrichons ? Des forts à bras se détachent de l'escouade des émigants, mettent leur sac à terre, tombent la veste et marchent hardiment vers les étrangers. Nos Berrichons ravalent leurs injures et s'enfuient, en faisant mille grimaces quand ils se trouvent à bonne distance.

Et comme cela, pendant quatre longues journées, d'auberge en auberge, d'algarade en algarade, nos Creusois poursuivaient leur route ; ils finissaient bien par arriver éreintés et heureux à Orléans d'où les pataches (les « coucous ») les conduisaient jusqu'à Paris.

## Bâtir Paris

Leur vie dans la capitale était toute de dur labeur. Du moins en général tous s'entraidaient fraternellement, bien qu'il y eût des rivalités entre les *Brulas,* les maçons qui venaient de la région de La Souterraine, de Dun et du Grand-Bourg, et les *Bigaros,* originaires de Saint-Sulpice-les-Champs, Pontarion, Saint-Georges ou de Vallière. Les jeunes commençaient l'apprentissage comme « garçon maçon » d'un compagnon auquel ils faisaient passer le mortier et les moellons ; ces derniers étaient bien lourds pour les bras des enfants de treize ans ; tant bien que mal ils les roulaient sur leur estomac pour les hisser jusqu'aux mains de l'ouvrier qui sur l'échafaudage se penchait le plus possible afin d'attraper le fardeau. Combien de fois, à la fin de la dure journée, l'apprenti soupirait de nostalgie : quand donc sonnerait l'heure du retour en Creuse ? Au mieux ce serait aux frimas de novembre, mais bien des maçons, soucieux d'arrondir leur pécule, ne rentraient au logis qu'au bout de deux, voire de trois ans d'exil (et combien, victimes d'accidents du travail, ne reviendraient jamais !).

On conçoit de quelle fête s'accompagnait le retour au bercail. Oh ! on essuyait bien aussi des quolibets. Sous prétexte que nos maçons avant de quitter Paris avaient fait toilette (diable, il fallait bien faire honneur aux épouses lorsqu'on traversait le village !), les bourgeois du coin ne se privaient pas de se gausser des ouvriers endimanchés ; l'envie pointait d'ailleurs sous l'ironie : « Voilà nos députés d'hiver qui reviennent de Paris avec de plus beaux habits que les nôtres ! » Les maçons faisaient la sourde oreille. « *Lou moussur ero lou moussur !* (Les messieurs étaient les messieurs.) » Et puis, quelle revanche un peu plus loin, lorsque famille et voisins réunis se précipitaient sur la route à la rencontre des émigrés de retour. On n'en finit plus de s'embrasser, on pleure, on rit, tous parlent à la fois, c'est plus que de la joie, c'est du délire. Aïeux, parents, épouses, enfants, tous admirent les fiers maçons : ils ont vu, ils ont enduré, ils ont fait tant et tant de choses. Et puis, c'est grâce à eux, aux économies qu'ils ont, sou par sou, constituées à Paris, à Bordeaux ou à Lyon, et qu'ils rapportent à présent, qu'on va enfin pouvoir régler des dettes, arrondir de quelques ares la petite propriété, envoyer peut-être le cadet à l'école...

Tant que dure l'hiver, dure la joie des retrouvailles. Oh ! certes, la journée, le travail ne manque pas : battre au fléau le restant de blé qu'on a laissé dans la grange, récurer les rigoles dans les prés, couper le bois ; on n'a pas le temps de devenir fainéant. Du moins la veillée, la longue veillée permet de se délasser et de se distraire. Le maçon y est roi, on se plaît à l'écouter parler de Paris ; ensuite vient l'heure des chansons, puis celle de la danse. Chaque village tour à tour donne son bal. Dans la nuit, les jeunes maçons se dirigent vers la fête, une torche de paille enflammée à la main.

On s'entasse dans la grange où se donne le bal. Celui-ci s'ouvre par une bourrée. Fidèles à la coutume, les jeunes maçons font cette première danse avec les mères, voire avec les grands-mères présentes. Les danseuses retrouvent alors la légèreté de leurs vingt ans, leurs filles les regardent de leurs grands yeux noirs, impatientes d'entrer dans la danse à leur tour. Voilà, place aux jeunes. Que de fiançailles puis de mariages naîtront de ces bourrées, de ces quadrilles. C'est qu'il faut se hâter, les jeunes gens ne sont là que pour trois ou quatre mois, ensuite c'est de nouveau le grand départ. C'est pourquoi on se marie en janvier ou en février, sinon il faudra remettre la noce à l'année suivante.

Pour éblouir les « promises », entre deux danses, on racontait les bagarres à Paris, comment on savait châtier de belle manière les Parisiens qui s'avisaient de se gausser de ces « mangeurs de châtaignes, de Limoges ou de la Creuse ». Plus rares étaient les jeunes maçons qui évoquaient pour leur auditoire les premières luttes pour la République, pour la libération et la dignité des ouvriers. Tout de même, peu à peu, de 1830 à 1848, les émigrants creusois vinrent grossir les rangs du parti républicain ; ils ne furent pas qu'un peu fiers, lorsque l'un d'eux, ce Martin Nadaud dont les mémoires peignent si fièrement la vie de l'émigrant, fut nommé à l'Assemblée législative.

Les maçons qui partaient pour Lyon jalousaient leurs camarades qui partaient pour Paris. « Oh ! disaient-ils, les maçons de Paris gagnent de l'argent, mais ils le dépensent comme ils le gagnent. Ils ne se gênent pas non plus pour abandonner leurs femmes et vivre avec des coquines. »

Frère de ces maçons qui acceptaient de quitter le pays, d'y laisser femmes et enfants, parfois ainsi séparés d'eux pendant plusieurs années, cela parce que la Creuse était trop pauvre pour nourrir décemment une pauvre famille, Martin Nadaud parlait de leur sort avec une parfaite justesse.

On ne sait pas assez que certains républicains pensèrent à lui en 1850 pour la présidence de la République. Émile de Girardin écrivait :

> Il nous faut un président de la République dont l'élection donne à la France une liberté et une prospérité comme celles dont jouissent les États-Unis qui ont toujours été bien gouvernés chaque fois qu'ils ont élu à la présidence de simples ouvriers [...]. Si j'avais à choisir à moralité égale pour la présidence de la République entre le premier de nos prétendus grands hommes d'État et le dernier de nos artisans, je prendrais l'ouvrier.

Et *Le Corsaire*, du 12 septembre 1850, publiait ces vers humoristiques :

FUTUR PRÉSIDENT DE LA RÉPUBLIQUE

*Six cent mille francs ! mon compère,*
*Je crois bien que M. Nadaud*
*Que vous allez nommer les vaut ;*
*Mais à vous parler sans mystère,*
*Pour un compagnon, le cadeau*
*Me fait l'effet d'être trop beau.*
*— C'est le juste prix, ma commère,*
*Sueur du maçon est si chère !*

On connaît la suite, avant que sonnât l'heure des élections, « un vulgaire assassin, comme l'écrit Martin Nadaud, lui-même, un voleur de nuit allait prendre la France à la gorge, pendant son sommeil ».

Comme tant d'autres courageux républicains, notre maçon fut emprisonné, puis proscrit, Napoléon-le-Petit avait... rétabli l'ordre. Quel dommage que l'un de ces maçons creusois, qui construisaient Paris, n'ait pas été appelé à construire la France.

### Chansons et maçons

Mais, sans doute, Martin Nadaud préférait-il à la capitale son petit village, il devait y chanter la chanson des maçons de la Creuse qui résume bien le labeur et la vie des vaillants émigrants :

*On chante des chansons*
*De toutes les manières,*
*Des filles, des garçons,*
*Des bergers, des bergères.*
*Je ne sais point conter*
*Ces histoires charmeuses,*
*Mais je vais vous chanter*
*Les maçons de la Creuse.*

*Arrivé le printemps*
*Ils quittent leur chaumière,*
*Laissant leurs grands-parents,*
*Leurs enfants et leur mère.*
*Cachant leur désespoir,*
*Les filles amoureuses*
*S'en vont dire " au revoir "*
*Aux maçons de la Creuse.*

*Les voilà tous partis*
*Pour faire leur campagne.*
*On les voit à Paris,*
*En Bourgogne, en Champagne*
*Ils vont porter ailleurs*
*Leur vie aventureuse.*
*Ce sont des travailleurs,*
*Les maçons de la Creuse.*

*Tous les chemins de fer*
*Qui traversent la France*
*Et tous les ports de mer*
*Ont connu leurs souffrances.*
*Les canaux et les ponts*
*De la Seine à la Meuse*
*Pourraient citer les noms*
*Des maçons de la Creuse.*

*Voyez le Panthéon,*
*Voyez les Tuileries,*
*Le Louvre et l'Odéon,*
*L' Palais de l'Industrie.*
*De tous ces monuments*
*La France est orgueilleuse.*

*Soyez reconnaissants*
*Aux maçons de la Creuse.*

*Au retour de l'hiver*
*Ils sont près de leurs belles,*
*Les souffrances d'hier*
*S'oublient vite près d'elles,*
*Et toute une saison*
*Les filles sont heureuses*
*D'avoir à la maison*
*Un maçon de la Creuse.*

*L'auteur de la chanson*
*Ce n'est pas un poète*
*Mais un simple maçon*
*Aimant la chopinette.*
*Sans envier autrui*
*Sa vie s'écoule heureuse.*
*Ils sont tous comme lui*
*Les maçons de la Creuse.*

Juste fierté du métier, mais compensait-elle pour l'émigrant son exil loin des siens et sa rude vie (douze heures de travail par jour dimanche compris — on attendait le dimanche qui suivait la paye pour se reposer) ? Vers 1880, lassées de cette existence de séparation, les femmes commençaient à suivre nombreuses leurs maris dans les villes. On en comptait alors cinq mille à se fixer à Paris ou à Lyon, se plaçant comme « bonnes à tout faire » ou comme servantes dans les commerces, cependant que leurs époux maçonnaient. C'est l'apparition des chemins de fer qui permit aux Creusoises de suivre dans les villes « les hirondelles blanches » (ainsi appelait-on les maçons) ; coût du voyage : 18 francs. A Vierzon, il fallait souvent mettre deux locomotives pour arriver à tirer les trains tant ils étaient chargés de Creusois accompagnés de leur malle (« l'armoire à glace », disaient-ils, ou « le cercueil » selon la forme de celle-ci).

Pourquoi cette « ruée », sinon vers l'or du moins vers les chantiers lointains ? Parce que le pays était trop pauvre pour nourrir son peuple, et aussi parce que les salaires des maçons étaient supérieurs à ceux des autres travailleurs : alors qu'en 1830, un enfant âgé de huit à douze ans touchait 9 sous par jour, et un enfant de treize à quinze ans : 15 sous, un « goujat » (l'apprenti maçon) gagnait 36 sous ; de même, alors que le salaire moyen d'un travailleur était de 2 francs (1 franc pour les femmes), celui d'un compagnon atteignait

3,50 francs, puis 4 francs vers 1840, enfin 6,50 francs à 8 francs vers 1900. Lorsqu'un maçon gagnait en un mois 120 francs, un domestique agricole resté dans la Creuse gagnait cette somme en un an ; quant aux servantes, à la campagne, elles « se faisaient » de 15 à 25 francs par an, plus deux robes et des sabots.

Ce n'était quand même pas le Pérou pour nos Creusois, d'autant plus qu'il y avait bien des périodes de chômage (souvent en juillet). C'est à ce moment sans doute, nous dit Jean Brayaud, qu'on faisait la « soupe à la sucette » La sucette, c'était un bâton entouré d'un chiffon, dans lequel était un peu de graisse. On faisait chauffer l'eau, quand elle bouillait, on y trempait la sucette quelques instants et on la retirait vite.

*La soupe à la sucette*
*Quand l'eau bout, elle est faite !*

Ça n'empêchait pas les maçons creusois de se vanter, tout en chantant, de leur condition, à les en croire plus enviable que celle des paysans demeurés au pays :

*Les maçons portan bottes*
*Et les broyauds lous gros sabiots*
*Les maçons beuvan vin*
*Et les broyauds beuvan di lu rio*
*Les maçons mijan miche*
*Et les broyauds les gros tourtious*
*Les maçons montan en fiacre*
*Et les broyauds di lou tombarioux.*

Et voilà pourquoi les maçons limousins partaient si nombreux au siècle dernier : 13 000 en 1808, 25 000 en 1850,

40 000 en 1880, ainsi à peu près jusqu'à la guerre de 1914-1918. Les filles n'avaient plus qu'à fredonner :

*Tu t'en vas à la ville*
*T'apprendre à travailler*
*Et moi, petite sotte,*
*Reste dans mes foyers.*

## *CHAPITRE XVI*

# KALEIDOSCOPE LIMOUGEAUD

### Un asile

Une ville, une grande ville, ce n'est pas seulement des églises, des fabriques, des couvents, des Cercles, un théâtre, c'est aussi des prisons, des asiles d'aliénés. Celui de Limoges était installé à Naugeat (l'hôpital psychiatrique — on dit comme cela maintenant — y est toujours). L'almanach limousin de l'année 1867 nous renseigne à son sujet : « L'asile des aliénés de la Haute-Vienne est consacré aux malades des deux sexes. Les départements de l'Indre et de la Creuse ont un traité en vertu duquel chacun d'eux peut y envoyer soixante-cinq malades au prix de 1,10 franc par jour. »

Cet asile contient des places distinctes pour les malades soumis au régime commun et pour ceux dont l'état exige des soins spéciaux. Les places des régimes spéciaux, au nombre de cinquante, sont réservées aux aliénés pour lesquels les administrations publiques et les familles payent le prix de pension fixé par arrêté du préfet. Les pensionnaires sont divisés en quatre classes : 1re classe, 4,15 F par jour, plus un trousseau indiqué par le règlement ; 2e, 2,75 F ; 3e, 1,50 F ; 4e, 1,10 F.

Le service des malades comprend deux divisions de six sections chacune. La 1re division (hommes), a un surveillant chef, un sous-surveillant et douze surveillants-infirmiers. La 2e division (femmes) est placée sous la surveillance des dames de Nevers, au nombre de six, assistées de douze surveillantes-infirmières. Cinq préposés sont employés soit à la ferme, soit aux divers ateliers. A-t-on songé à ce qu'était la vie quotidienne d'un aliéné (limousin ou non) au siècle dernier ? Hélas ! elle ne différait guère de celle des « pensionnaires » des prisons.

### Charité et fraternité

Une Société de Charité maternelle avait été fondée à Limoges en 1849. Elle avait pour objet d'assister les pauvres femmes en couches, de les encourager à nourrir elles-mêmes leurs enfants, de prévenir les « expositions », et de préserver ainsi les enfants nouveau-nés des suites de l'abandon et du dénuement.

L'esprit d'entraide sociale était vif dans la ville de la porcelaine et de la chaussure. Sous le Second Empire, on comptait à Limoges vingt-trois Sociétés de Secours mutuel : onze sociétés de porcelainiers (on notera au passage ce particularisme qui arrive à diviser là même où les gens d'un même métier cherchent à se grouper), une de typographes, une de cordonniers, une de tisserands, deux de sabotiers, trois d'ouvriers divers, une de tanneurs et corroyeurs, une de tailleurs de pierres et maçons, une de médecins, une de menuisiers, une de tailleurs d'habits, une de charpentiers.

### L'invitation au voyage

Quand un Limougeaud (au temps de Napoléon III) rêvait de *monter à Paris,* la Compagnie du Chemin de fer d'Orléans pouvait l'y transporter par l'omnibus direct de 2 heures 45 du matin, ou par l'omnibus de 6 heures, ou par celui de

11 heures 25, ou enfin par le dernier train de 4 heures 55 du soir. Oui, quatre trains quotidiens Limoges-Paris, autant dans l'autre sens. Il y a de cela plus d'un siècle ! Qui s'en serait douté ? Si vous vous contentiez d'aller dans les environs immédiats, par exemple à Nexon qui est à vingt kilomètres, il vous en coûtait 3,40 francs en première classe, 2,50 francs en seconde et 1,70 franc en troisième.

Cependant le chemin de fer n'avait pas encore tué les voitures publiques ; on comptait encore vingt-deux relais de la poste aux chevaux sur les diverses routes qui traversent la Haute-Vienne, et les diligences transportaient voyageurs, colis et correspondance à Eymoutiers, Bellac, Saint-Junien, Rochechouart, Saint-Léonard, Saint-Germain, Pierrebuffière et même au-delà des frontières du département à Bourganeuf, Angoulême ou Poitiers. Parfois, le chemin de fer amenait un visiteur de marque.

**Un Président limousin**

En effet, le 27 avril 1888, Marie-François Sadi-Carnot, devenu président de la République, commence ses voyages en France par une visite officielle à sa ville natale. Le nouveau Président se rend à l'hôtel de ville, il s'avance seul, sans escorte, au milieu des milliers de mains qui se tendent vers lui. Nulle appréhension en lui parmi ces Limousins fiers de leur compatriote ; comment eût-il pu se douter que, six ans plus tard, il mourrait assassiné à Lyon ? Comblé par l'accueil triomphal de ses compatriotes, il s'écrie : « J'avais à cœur de commencer les voyages que j'ai l'intention d'entreprendre par une visite à ma ville natale. Je tenais à lui consacrer la première visite du président de la République comme j'avais tenu à lui consacrer la première visite du ministre des Travaux publics, lorsque j'étais venu il y a quelques années inaugurer les belles lignes de chemin de fer que vous devez à la République. »

## Vivre avec son temps

Nous proposerons comme dernières « images » de ce kaléidoscope limougeaud, trois publicités — on devait dire alors annonces — qu'on pouvait voir, la première dans l'Almanach limousin de 1867, les deux autres dans celui de 1888.

***

## *CHAPITRE XVII*

## « VILLAUDS » ET « BICANARDS »

Dans la deuxième moitié du siècle, de plus en plus nombreux furent les jeunes paysans limousins à quitter la terre pour tenter l'aventure de la ville. Les voici arrivant dans quelque faubourg de Limoges où un frère aîné, un oncle, un cousin ou un camarade de village les a invités à le rejoindre : « Vous verrez, c'est autre chose que chez nous. On embauche dans la porcelaine. La ville, y a de quoi s'y payer du bon temps. » Souvent s'ils s'installent, ils s'entassent dans quelque vieille baraque à la lisière même de la ville et des champs, là même où la route de leur « pays » pénètre dans la cité de saint Martial. Faubourg de Paris, faubourg du Canadier, faubourg d'Angoulême, faubourg des Casseaux, quartiers des ponts, surtout du Pont-Saint-Martial (celui du Pont-Saint-Étienne étant presque exclusivement tenu par les Ponticauds d'origine), les ruraux s'y logent à bas prix, vite effarouchés par la désinvolture de leurs voisins tout fiers de se distinguer de ces « bicanards » qui « débarquent », alors qu'eux-mêmes n'ont dû quitter la « brousse » que bien peu d'années auparavant. A chaque Toussaint, arrive ainsi à Limoges une nouvelle vague d'émigrants quittant la terre au moment des fins de métayage ou de fermage.

Le frère, l'oncle, le cousin ou le camarade a pu faire engager les nouveaux dans la fabrique de porcelaine où il travaille : les femmes feront leur apprentissage de garnisseuses — on leur apprendra à coller aux tasses, avant l'émail et la cuisson, les anses fragiles —, les hommes, s'ils n'ont jamais encore mis les pieds dans un atelier de céramique, deviendront magasiniers, hommes de four ou gazettiers. Les premières semaines paraîtront bien dures aux novices, croyant étouffer dans l'usine, et ne parvenant pas à se délasser lorsqu'au soir, ils regagnent leur faubourg, attristés de voir à la rue de malheureux petits vauriens dépenaillés que les parents à demi ou entièrement ivres traînent de cabaret en cabaret. Si la saison le permet, les commères sont à leur fenêtre ou sur le seuil de leur porte, et d'un bout à l'autre de la rue, elles s'interpellent, cancanent, vilipendant quelque absente ou commentant le feuilleton que l'une d'elles, plus savante et plus avisée, a pu lire dans le journal et qu'elle raconte aux autres à sa manière.

Les plus jeunes et les plus adroits des nouveaux venus pourront peut-être devenir calibreurs, ils s'efforceront de fournir le plus grand nombre de pièces dans la journée puisqu'ils sont payés « aux pièces ». Ils auront beau faire, maigre restera leur salaire. Ils se feront en outre rabrouer par les « anciens » : « Vous autres, vous vous contentez de peu, vous arrivez de votre cambrousse et pour être engagés vous acceptez d'être payés au rabais. Résultat, vous nous portez tort, à nous les vrais porcelainiers ; si jamais nous perdons notre place, nous avons du mal à nous recaser, parce que les patrons préfèrent encore embaucher à bas prix quelque cul-terreux ! »

Quoi qu'il en soit et malgré le peu de gain, on s'organise ; dans une famille les travailleurs mettent leur paye en commun, la ménagère tient le budget, elle met de côté l'argent du loyer ; celui aussi qui servira à acquérir à la Coopé (« l'Union coopérative ») les denrées indispensables pour la quinzaine : pommes de terre, pain, sucre et charbon. C'est qu'il ne faut pas se laisser aller à céder aux tentations de la ville : tous ces magasins qui vous montrent des meubles, des étoffes, des robes, des colifichets, ou même ces marchands ambulants qui défilent dans le faubourg — on a toute la peine du monde à faire comprendre aux petiots qu'on n'a pas assez de sous pour en donner aux Espagnols vendeurs d'oublies, portant devant eux leur tourniquet, ni pour acheter sa boisson au marchand de coco qui passe à la chaude saison, sa bonbonne sur le dos en criant : « Frais, il est frais le coco ! ». Une autre fois, c'était le chevrier des Pyrénées, la peau de mouton sur l'épaule, la flûte aux lèvres, suivi de son troupeau, et la mère de famille dont quelque enfant demeurait chétif tendait son pichet que l'homme remplissait de lait mousseux en trayant sur place l'une de ses chèvres. L'hiver, passait la marchande de châtaignes blanchies, toutes prêtes à être mangées : « *Chauda la chataigna !* (Chaudes les châtaignes.) » Il y avait encore une bonne femme qui vendait des bols de riz au lait, celle qui portait dans son panier d'osier de la *flaugnarde* [1] ; on l'appelait « la Marie Périgueux » — sans doute venait-elle de la capitale du Périgord ? Elle chantonnait : « *Un sou, quella tan brava flaugnarda ! — Qu'o né mai dô buré, dô iau, ma pitale !* (Un sou, ces belles flaugnardes ! — Ce n'est que beurre et œufs, mes petites !) »

Non moins pittoresques que les marchands ambulants, mais moins dangereux pour le porte-monnaie, s'avançaient les « originaux », les pauvres hères célèbres dans toute la ville pour leur folie ou leur innocence : tout contrefait. tout tordu : *Minjo-Lingo* (Mange-langue), celle de sa femme qu'il aurait, disait-on en frissonnant d'horreur, tranchée d'un coup de dent pour la peine de l'avoir fait cocu, et, ajoutait-on « la langue, il l'avait mangée ! » Les gosses le poursuivaient en grognant : « *Minjo-Lingo !* », jusqu'à ce que, excédé, l'homme leur fît face en criant : « *Et té, Minjo-Merdo !* »

La Marie Périgueux, aussi, quand elle avait vendu ses *flaugnardes,* entrait dans la danse : on la savait dévote et

1. Sorte de flan.

désireuse, malgré son âge et son allure,... de se marier. Pour cela, elle allait implorer une statuette ancienne de la Vierge dans le faubourg du Canadier, la *Sinto Vierjo dau Canadié* qui passait pour trouver des maris aux filles délaissées. Les chenapans guettaient le moment où, s'agenouillant, elle allait faire sa prière à Notre Dame, et tous de crier : « *La marida pas ! la marida pas !* (Ne la marie pas ! Ne la marie pas !) », à la grande fureur de la pauvre femme.

Les gamins se plaisaient aussi beaucoup à suivre les « lanciers du préfet » dans leur randonnée à travers la ville. Ils appelaient ainsi les allumeurs de becs de gaz, qui, portant une sorte de perche au bout de laquelle brûlait une petite flamme, allaient de réverbère en réverbère pour y faire jaillir la lumière.

Ah ! oui, la ville, c'était autre chose que la campagne : toutes ces rues ! tous ces gens ! N'empêche que la campagne demeurait alors bien proche, non seulement dans la mémoire des « bicanards » fraîchement devenus ouvriers, mais réellement à deux pas du faubourg, de l'autre côté de la rivière. Avant même que les réveillent les sirènes ou les cloches des manufactures, les anciens campagnards, dans leur faubourg, étaient tirés du sommeil par le chant des coqs. Les « vrais ouvriers » avaient bien tort de croire leurs nouveaux camarades dénués de toute ironie, de tout humour : les « paysans » d'hier savaient se moquer gentiment des cocoricos qui tiraient du lit tout le quartier : « As-tu entendu, disaient-ils en clignant de l'œil, celui-là, c'est le coq d'un gros richard ! » et ils imitaient le volatile vaniteux, affirmant qu'il avait lancé : « Y'a-de-l'argent-chez-nou-ous ! », cependant que, plus timide, le coq d'un pauvre ménage reprenait : « Chez-nous-y-en-a-pas-beau-cou-oup ! », et qu'enfin le vieux coq déplumé de quelque miséreux gémissait plus qu'il ne chantait : « Vous-z-êtes-z-heu-reu-eux ! »

A vrai dire, les jours de semaine, on n'avait guère le temps de comparer et de commenter les cocoricos des basses-cours. Bien vite avalés le jus ou la soupe, il fallait dégringoler en hâte les escaliers étroits et rejoindre, dans la rue, la foule déjà dense des ouvriers, des ouvrières, des apprentis en route pour le travail, le panier au bras ou la besace en bandoulière pour emporter le casse-croûte. Il allait être la demie de six heures, une demi-heure encore et les sirènes ou les cloches appelleraient impérieusement les travailleurs de la porcelaine ou de la chaussure. Pour le moment, ils se hâtaient, mal réveillés, grognons, vers les fours, les ateliers, les machines. Certains, au passage, s'arrêtaient au bistrot ; pour se donner courage, ils buvaient d'une rasade une chopine de blanc, ou un *calau,* le tord-boyau qui, prétendaient-ils, leur « lavait » la gueule et l'estomac. La plupart portaient, à la manière des Ponticauds, casquette, foulard et espadrilles, mais ils croisaient parfois, gouailleurs, un *Bordecau,* un *Créso,* un *parapluie,* bref, l'un de ces employés de bureau à faux-col, raide comme un parapluie et dont ils disaient : « Ce qu'il se croit » ; un de ces prolétaires guère mieux payés qu'eux, les manuels, mais qui s'imaginait, à cause de ses chiffres, de ses écritures, de sa vêture et de ses mains blanches, presque appartenir à la race des patrons et non pas à celle de ces ouvriers mal embouchés. Pour les humilier, les Ponticauds, au passage, les huaient, les traitaient de « Ventre de Gardêche », de « Têtard-goujon ! » ou de « Petit salé ! ». Il y avait aussi les *Melou* (les melons) qui se remarquaient certes dans le flot des travailleurs en blouse blanche et à casquette ; c'étaient les « peintres sur porcelaine », les « modelistes », les « tourneurs », bref, l'aristocratie des porcelainiers, en somme... des artistes.

A l'usine, les *Melou* quittaient certes leur couvre-chef et enfilaient la blouse blanche, ils n'en restaient pas moins des « messieurs ». Ne disait-on pas que certains d'entre eux se faisaient conduire en fiacre jusque dans la cour de l'usine ? C'est que ne manie pas qui veut le pinceau créateur de fleurettes, voire de nymphes à peine voilées, pour orner assiettes et vases, et ne tire pas non plus qui veut entre ses mains des formes élégantes du bloc de pâte à porcelaine tournoyant sur le plateau du tour. Donc, ces « messieurs les peintres » — qui, à la fin du siècle « se faisaient » de 8 à 10 francs par jour — n'hésitaient pas, par exemple, à payer un apprenti doué de quelques dons de comédie pour se faire lire à haute voix, pendant qu'ils peignaient, leurs « chefs-d'œuvre » préférés, les romans d'Eugène Sue, de Victor Hugo ou de Zola. Il fallait aussi les entendre discuter des mérites respectifs du baryton, du ténor et de la soprano de la troupe lyrique engagée pour la saison au théâtre municipal. Plus d'un n'hésitait pas à illustrer ses propos en entonnant, non sans bonheur, le grand air de la *Traviata,* du *Trouvère* ou des *Huguenots.* C'est qu'on aimait le *bel canto* à Limoges et ceux du « poulailler » n'étaient pas les derniers à se montrer connaisseurs et exigeants.

On était moins « distingué » dans les autres ateliers que dans ceux des peintres et des tourneurs. Les garnisseuses, par exemple, n'avaient pas leur langue dans la poche. Assises à leur banquette où elles s'appliquaient à fixer aux théières, aux pots, aux tasses les anses nécessaires, puis, avec non moins d'adresse, d'un coup preste de leur outil, à enlever à l'anse la « coulure » laissée par le moule, elles auraient pu en remontrer même aux lavandières des ponts pour leurs cancans et leurs commérages. La plupart étaient affublées de sobriquets : la Clara Soleil qui faisait le compte et le conte de tous les « exploits » amoureux de l'usine, la Nardissou qui arrondissait son maigre salaire en se prêtant volontiers aux fantaisies de certains contremaîtres, cachée des regards importuns derrière les hauts tas de charbon entreposés dans la cour de la fabrique, la Maturine qui défiait les enfourneurs à la chopine de blanc, la Beaux-Seins, la Guêpe dont la taille justifiait bien cette appellation. Braves femmes pour la plupart, mais si leurs apprenties étaient à bonne école pour apprendre la vie en même temps que le coup de main, les mères de famille tremblaient à l'idée du « mauvais exemple » donné quotidiennement à leurs oiselles.

Sans aucun doute, le plus dur métier dans la porcelaine

était celui des hommes de four : des costauds en général, mais qui risquaient de ne pas faire de vieux os, tant leurs bronches, leurs poumons souffraient de l'air brûlant qu'il leur fallait respirer pour « défourner », c'est-à-dire pénétrer dans les fours après la cuisson et sortir les piles de cassettes protégeant les pièces qu'on venait de cuire. Et même le contrôle de la cuisson, la sortie des « témoins » chauffés à blanc, se faisaient dans une lourde chaleur qui expliquait la propension des « hommes de four » à boire chopine sur chopine. Un autre danger pour les porcelainiers venait de l'absorption constante par les voies respiratoires de la très fine poussière blanche volant dans l'air des ateliers. Nombreux étaient ceux et celles qui, un jour, « s'en allaient de la poitrine ». On ne savait pas encore dénoncer cette maladie professionnelle : la silicose.

Malgré tout, malgré ces risques, malgré les bas salaires, on était fier d'être « dans la porcelaine ». Ça n'empêchait pas les ouvriers de la chaussure, l'autre industrie importante de Limoges, d'avoir l'orgueil de leur métier : couper des tiges, piquer des semelles, valait bien, à leurs yeux, calibrer ou cuire des assiettes. Tanneries, usines de pâte à papier sur la Vienne, venaient compléter l'industrie limougeaude et sa population ouvrière.

Mais « la porcelaine », c'était « la porcelaine » ! Les beaux messieurs, les belles dames de Paris, de Bordeaux, de Lyon, de Londres, de New York, de Boston (grâce à la venue à Limoges de l'Américain David Haviland et des fabriques que lui-même puis sa famille avaient installées dans la capitale de la porcelaine, nous avons vu que « le Limoges » avait connu un important débouché aux Etats-Unis), donc les aristocrates et les bourgeois qui, aux quatre coins du monde, faisaient leurs festins dans du « Limoges », lorsqu'ils admiraient la finesse, la blancheur, la transparence, la forme, le décor de leur « service » ne pensaient pas un instant que ces trésors fragiles, des mains tantôt d'une extrême habileté (mains des tourneurs, mains des peintres), tantôt lourdes, crevassées, mais elles aussi agiles et précises (mains des enfourneurs, des calibreurs, des garnisseuses) les avaient préparés, façonnés, parachevés. Qui aurait pu songer, devant ces frêles et purs objets, au peuple souvent grossier, toujours mal payé, mal nourri, mal vêtu (mis à part, messieurs les artistes) qui les avait créés ?

## La conscience ouvrière

Grâce au développement de l'industrie porcelainière, Limoges devint, pendant la seconde moitié du XIXᵉ siècle, un haut lieu de la prise de conscience ouvrière. Pourtant, le prolétariat, tout juste alors issu de la paysannerie, n'avait guère à l'origine la fibre révolutionnaire. J'ai décrit dans les pages précédentes l'arrivée en ville, à la Toussaint, de l'exode rural qui va fournir de nouveaux ouvriers à la porcelaine, à la chaussure, à la papeterie. Un vieil anarchiste, ami jadis de mon oncle (Le Francet du *Pain noir*), avait lui-même évoqué pour moi ses souvenirs de jeunesse ouvrière, souvenirs qui m'ont aidé lorsque j'écrivais *Les Drapeaux de la Ville,* ce même M. Desmoulins, rendant compte du film télévisuel tiré du *Pain Noir,* se remémore dans un hebdomadaire syndicaliste actuel son quartier natal du Pont-Saint-Martial, où il était de tradition pour les paysans venus du sud et de l'ouest de la Haute-Vienne de s'installer, lorsque, ayant quitté leurs champs, ils tentaient de s'intégrer à la population ouvrière de Limoges. M. Desmoulins écrit dans *Espoir* :

> Mon quartier, le Pont-Saint-Martial, fut pendant longtemps un agglomérat de deux races bien distinctes : l'une, ouvrière avec ses défauts, sa mauvaise réputation, son ouvriérisme révolutionnaire, son humanisme libertaire, ses revendications économiques et sociales ; l'autre, paysanne, vivant comme au Moyen Age, avec des qualités d'économie, de travail, de lenteur à comprendre,

sa haine des partageux, des communards, sa croyance religieuse, ses résignations devant les nantis, les curés, les patrons, la police, la peur du lendemain.

Et M. Desmoulins poursuit :

> Chaque année, à la Toussaint, les « Ponticauds » du quartier Saint-Martial [...] voyaient descendre par la rue de la Roche une caravane de charrettes tirées par des vaches, elles faisaient halte devant le n° 5 où je suis né, à trente mètres du vieux pont romain ; dans ces charrettes, peu de meubles, une commode datant de Louis XIII, héritage que des générations de paysans se repassaient, un lit, des paillasses, quelques chaises, des fagots de bois et sans doute, une provision de porc salé.

On s'entasse à huit ou dix (car on a emmené aussi « les vieux » et les enfants) dans deux malheureuses chambres ; bien entendu, ni eau, ni gaz, ni W.-C. à l'étage : l'eau, on va la chercher à la fontaine publique ; *los retretes* (les... cabinets) : une cabane au fond du jardin. Bah ! on n'est pas regardant ! On ne l'est pas non plus pour l'embauche, ainsi on finira bien par trouver du travail dans la porcelaine ou dans le bâtiment. Femmes et filles « devenaient des épousseteuses dans la porcelaine. Elles urinaient de toutes les couleurs, empoisonnées par une poudre répandue sur les assiettes. Généralement, elles mouraient entre trente et quarante ans, les poumons brûlés. » D'autres femmes, en assez grand nombre, trouvaient aussi un emploi dans les papeteries et les filatures au bord de la Vienne ; leur salaire : 2,30 à 3 francs par jour pour douze heures de travail. Leurs hommes, dans la porcelaine, travaillent aux fours, « ils se brûlent les mains, les moustaches, car les gazettes sont encore rouges ; on les passe à des jeunes garçons de treize à quinze ans qui les emportent à des vieux qui sortent les assiettes des gazettes [1] ».

Il y avait moins de « paysans » parmi les ouvriers de la chaussure où le travail à la main était particulièrement important. De même que dans la porcelaine, on saluait avec respect « messieurs les peintres », dans la chaussure, on admirait « messieurs les coupeurs » qui constituaient eux aussi une aristocratie ouvrière consciente de ses devoirs et de ses droits. A la fin du siècle, ils sont plus d'un millier à être syndiqués, tous socialistes ou anarchistes, souvent animateurs de mutuelles, de caisses de secours. Ils rêvent de remplacer la société capitaliste par une société socialiste grâce aux coopératives de production et de consommation.

Comme je l'ai dit, la coopérative ouvrière de l'Union de Limoges facilitait beaucoup la vie quotidienne des familles ouvrières. Chaque jour, dans chaque quartier, passait une voiture apportant le pain que l'on payait avec des bons (enfant, j'ai pu encore utiliser de tels bons que ma grand-mère me remettait lorsqu'elle me chargeait d'aller chercher le pain) ; et, au siècle dernier, « si le sociétaire, note M. Desmoulins, était malade ou en chômage, (l'Union) lui faisait 30 à 40 francs d'avance en marchandises ». J'ai raconté dans *Le Pain noir,* comment l'héroïne, Cathie, prenait soin, au début de chaque quinzaine, dès la « paye » touchée, de faire entrer dans le ménage : le charbon, les pommes de terre, le sucre indispensables pour le mois. M. Desmoulins, quant à lui, rapporte comment un de ses amis d'école, « fin dessinateur » qui créait des modèles et les vendait aux fabricants de porcelaine, lorsqu'il avait de l'argent devant lui, « faisait » rentrer chez ses parents un an d'alimentation et de vin, « ensuite, il se promenait, allait au théâtre, fréquentait les filles. C'est qu'à cette époque, le crédit était rare, bien que les épiciers des faubourgs fissent *crops,* c'est-à-dire : crédit

1. Mon arrière-grand-père, arrivé vieux de sa campagne à la ville, se brûlait ainsi et s'écorchait les mains en manipulant les rudes gazettes ou cassettes au sortir des fours.

à la semaine, seulement ensuite, évidemment, ils majoraient un peu la note ».

Au début, ils étaient donc bien peu nombreux, les ouvriers, à se soucier de politique, de syndicat. Quelques socialistes, une poignée d'anarchistes qui parlaient dans le désert de la misère du peuple, de la misère des travailleurs, pas seulement de leur manque d'argent, de leur manque de pain, mais aussi de la misère du cœur et de l'esprit. Ils essayaient de faire honte à leurs camarades, d'éveiller leurs consciences ; ils leur montraient leurs voisins accablés de gosses faits les soirs de paye et d'ivresse. « Croissez et multipliez ! Voilà tout ce que vous savez faire, comme des lapins et des lapines ; et vous faites croître la misère en multipliant le nombre des pauvres et des ignorants ! »

Oui, une poignée, alors que les usines comptent des milliers et des milliers de travailleurs, certaines d'entre elles, comme la fabrique de porcelaine Haviland, en emploient chacune de trois à quatre mille. Lorsque fut célébré pour la première fois, le 1er Mai, combien étaient-ils à défiler derrière leurs drapeaux noirs et leurs drapeaux rouges ? Mille peut-être, mais parmi les casquettes et les blouses, à l'avant-garde : des melons et des redingotes, et à toutes les boutonnières, l'églantine de la Révolution. Une fête qui demandait bien du courage à ses participants, car la gendarmerie montée chargeait les manifestants.

Plus que les arguments socialistes ou anarchistes sur l'exploitation du prolétariat par le capitalisme, ou sur la volonté de celui-ci de maintenir le peuple dans la misère, l'alcoolisme et l'ignorance, ce qui touchait d'abord les porcelainiers limousins, c'était l'insuffisance des salaires en regard de la dureté du travail et de la cherté de la vie. On se met en grève, on tient une semaine, deux semaines grâce aux avances des mutuelles et de l'Union, et, pour finir, on obtient une augmentation de un sou de l'heure.

Les « anars » ne se décourageaient pas pour autant ; le groupe libertaire néo-malthusien, antitabagiste, anti-alcoolique publiait chaque mois sa feuille, *Génération consciente,* où il prêchait le contrôle des naissances ; ses adeptes faisaient de la propagande au sortir des usines, ou essayaient de convaincre ouvriers et ouvrières de l'utilité des préservatifs : « A 1,25 les cinq, d'accord, ça fait 25 centimes la pièce, ce n'est pas donné, mais il faut apprendre à les faire resservir plusieurs fois, il suffit après usage de laver le caoutchouc, de le sécher, de le talquer. » Les jeunes propagandistes s'attiraient les quolibets orduriers de la foule, ils persistaient cependant dans leur prêche de l'amour libre et conscient et, le soir, donnaient des leçons, apprenaient à lire et à écrire à quelques ouvriers soucieux de savoir.

Les socialistes se moquaient de ces utopistes, ils pensaient que la prise du pouvoir exigeait plus de rigueur et moins d'états d'âme, d'autres songeaient à gagner le Parlement. En tout cas, révoltés et révolutionnaires de tous genres se retrouvaient d'accord pour huer « la calotte » et « bouffer du curé ». Divisés quant à leur avenir terrestre, les « Sans-Dieu » fraternisaient pour bafouer le ciel, cela n'empêchait pas certains jeunes catholiques limousins, laïcs et clercs, d'appeler de leurs vœux et de préparer un christianisme qui reviendrait à ses sources populaires : à l'amour, au respect et à la glorification des pauvres.

Peu à peu, le sens de la fraternité ouvrière, de la solidarité de classe se développait. On voyait la porcelaine se mettre en grève pour soutenir une grève de la chaussure. Certes, les femmes se lamentaient : tous les hommes étaient fous, avec leurs grèves, on finirait par mourir de froid et de faim, à moins qu'auparavant la police et l'armée ne massacrent les grévistes. Mais ceux-ci *tenaient* ; enfants du vieux sol granitique, ils avaient la rudesse, la fermeté des roches de leur province ; par eux, Limoges, ville grise elle aussi comme le granit, se faisait une « mauvaise réputation » de « ville rouge » qu'elle gardera longtemps et qui culminera lors des événements tragiques de 1905, lorsque à « la grève générale » des ouvriers révoltés parce qu'un contremaître avait fait renvoyer de l'usine une jeune porcelainière qui osait résister à sa lubricité, succéda le « lock-out » décrété par les patrons, et que d'émeute en émeute, de barricade en barricade, on aboutit à l'assaut donné à la prison par les manifestants pour délivrer leurs camarades arrêtés, et pour finir, à la fusillade ouverte par l'armée sur la foule : un jeune ouvrier, Camille Vardelle, fut tué ; la ville ouvrière fit à ce martyr des funérailles impressionnantes par leur ampleur et leur douleur silencieuse.

Les ouvriers de Limoges, dépassant leurs racines paysannes, auront par leur intelligence, leur volonté, leur fierté et leur courage, contribué puissamment à l'élan social, non dénué de naïveté généreuse et romantique, qui marqua de son espoir le XIXe siècle.

C'est à Limoges, le 23 septembre 1895, que se tint, au cours d'un « VIIe Congrès national corporatif », le congrès constitutif de la C.G.T. Voir page suivante l'affiche qui annonçait cette réunion devenue depuis historique [1].

## Les Ponticauds

Sur les deux rives de la Vienne (mais surtout sur la rive droite) du vieux pont Saint-Etienne avec ses arches romanes, ses proues de granit tournées vers l'amont, jusqu'au pont Saint-Martial où arrivaient les « bicanards » futurs porcelainiers en passant par le Pont-Neuf, s'étend le domaine des Ponticauds, race braillarde, colorée, forte en gueule, querelleuse, chapardeuse à l'occasion, délurée, vive et paresseuse, nonchalante et soupe au lait, bref pittoresque à souhait. Là-haut, la sombre et belle cathédrale domine de sa masse

1. Un journal local baptisa cette rencontre : « Congrès des poils dans la main ; *Le Petit Centre* déclara : « ... un four noir. En vérité, elles sont piteuses les grandes assises du travail... » ; *La Gazette du Centre* : « Les congrès ouvriers ont vécu : ils se sont suicidés à Limoges. » On connaît la suite.

Fédération des Syndicats Ouvriers de Limoges et du Centre

# VII CONGRÈS NATIONAL
# CORPORATIF

Des Chambres Syndicales, Groupes Corporatifs, Fédérations des Métiers
Unions et Bourses du Travail

## SALLE DES CONFERENCES

Samedi, 21 Septembre — Ouverture du Congrès des Métallurgistes

## SALLE DU CAFE DE PARIS

Dimanche, 22 Septembre, à 9 heures du soir Punch d'adieu aux délégués Métallurgistes sous la présidence du citoyen LABUSSIERE Député et Maire de Limoges

Réception des délégués au grand congrès national

Prix du Punch : 50 Centimes

Lundi, 23 Septembre — Ouverture du Congrès

Samedi, 28 Septembre — Banquet et Fête de Nuit donnée en l'honneur des délégués

DES AFFICHES ANNONCERONT LE LIEU OU SE DONNERA LA FETE

Pendant la durée du Congrès des réunions publiques seront organisées

DES CARTES D'ENTREE AU CONGRES SERONT MISES A LA DISPOSITION DES SECRETAIRES DE SYNDICAT

Les membres de la presse seront admis au congrès sur la présentation de leur carte

ON TROUVE DES CARTES DE PUNCH CHEZ TOUS LES SECRETAIRES DE SYNDICAT
ET RUE DE LA FONDERIE, 4, AU SIEGE DE LA FEDERATION

granitique le quartier des ponts, elle est flanquée du noble palais de l'évêque dont les jardins en terrasse surplombent la rivière. De ce massif religieux dégringolent en pente raide, tantôt zigzaguant, tantôt tout droit, un réseau d'étroites ruelles pavées, telle la rue du Rajah, flanquées de hautes maisons grises en torchis ; à leurs fenêtres où pendent en oriflammes les lessives toujours à sécher, les ménagères s'interpellent, échangent leurs confidences : exploits ou fiascos conjugaux du mari, « Et le mien est rentré soûl comme une bourrique ! », « Le mien, je ne l'ai pas vu de la nuit, il l'a passée à pêcher à l'araignée avec le Louis Marangaud », « Le mien m'a battue ! », « Le mien ah là là, si vous saviez, hi ! hi ! toute la nuit, oui, comme aux premiers temps de notre mariage. » Elles en profitent, les dames, tant que leur seigneur et maître traîne la savate du côté du Port-du-Naveix où il donnera un coup de main pour ramasser le bois de flottage, ou bien avec les camarades braconne sur le rivage en amont de la ville. D'ailleurs, elles auront tout le temps de continuer leurs conversations privées ou publiques un peu plus tard, lorsqu'elles exerceront leur métier de lavandières. On les verra, en une longue file, accroupies au-dessus de l'eau, sur la rive gauche, battre le linge, le leur et celui de leur clientèle de la ville haute. Fichus colorés, rythme des battoirs sonores, rires et voix dont la nappe d'eau porte l'écho au loin : grâce aux lavandières, la vallée de la Vienne, aux pieds de la Cité, connaît une joyeuse et charmante animation. Plus d'un badaud descendu de Saint-Michel, de Saint-Pierre ou du centre de la ville, vient flâner sur la rive pour jouir du spectacle, peut-être avec le secret espoir de lier conversation avec une jeune lavandière, mais qu'il se méfie, s'il ose quelque galanterie, la belle aura tôt fait de lui river son clou, et pour peu que ses voisines s'en mêlent, cela créera un beau tapage qui fera rappliquer MM. les Ponticauds ! Et alors, gare à l'imprudent, il risque fort d'être empoigné par des bras vigoureux et « *A l'aïguo !* » Voilà notre téméraire jeté dans la Vienne, cependant que Ponticauds et Ponticaudes, de la rive, le regardent en riant faire plouf ! puis barboter comme il peut. Si le « villaud » ne sait pas nager (pauvres « villauds », ce n'est pas comme les riverains qui, dès leur enfance, nagent comme des poissons), on ira le chercher avec la barque à fond plat qu'on gouverne en appuyant la perche sur le lit de la rivière.

Pendant qu'ainsi leurs femmes, leurs filles, leurs sœurs font vivement aller le battoir et la langue, un certain nombre de Ponticauds s'efforcent de gagner quelques sous, les uns en remontant le cours de la rivière pour pêcher (ou braconner) goujons, ablettes, truites, qu'ils vendront ensuite dans les restaurants de la ville, ou à meilleur prix à quelques clients fidèles : notables, commerçants, manufacturiers huppés et gourmets ; les autres en travaillant au Port-du-Naveix, juste en amont du pont Saint-Etienne.

Au Naveix, arrivent en effet les flottages de bois qui, des forêts du haut pays de la Creuse et de la Haute-Vienne, descendent vers Limoges par la Vienne et ses affluents, dont le principal, le Taurion, rejoint la rivière en un majestueux confluent à quelques lieues en amont, à Saint-Priest. Il en va ainsi depuis des temps immémoriaux, puisque déjà le 5 décembre 1188, l'évêque de Limoges, Sebrand Chabot, devait rendre un arbitrage entre une jumelle Arnaudin et le Chapitre de la cathédrale, tous deux propriétaires de terrains sur la rive, et la sentence d'arbitrage édictait des mesures concernant le flottage des bois.

Donc, au Port-du-Naveix, nos Ponticauds trouvent à s'employer pour empiler le bois retiré de la rivière. Leur travail leur sera payé selon le nombre d'*abau* de bois entassé (l'*abal*, qui correspondait à une certaine mesure de bois empilé, représentait une pile de 7 pieds et demi de hauteur, soit 2 mètres 50, et 11 pieds de largeur soit 3 mètres 63). Jadis arrivait au Naveix du bois à brûler, des frets de bois de scie, des frets de mairain, mais au milieu du XIX^e siècle, le Port-du-Naveix ne reçoit plus que les flottages de bois à brûler. Les affluents de la Vienne ne permettant guère le flottage par train, c'est-à-dire par des sortes de radeaux constitués de bûches liées entre elles, on a fini par ne plus utiliser que le flottage par bûche perdue, c'est-à-dire qu'on jette les bûches à l'eau, isolément, le courant parviendra bien à les conduire jusqu'à Limoges. Comme la Vienne est coupée de nombreuses digues dont les retenues d'eau permettaient d'actionner des moulins, un goulet était réservé dans ces écluses au passage des bûches que le flot entraînait ; cette brèche, on l'appelait encore au siècle dernier, le pas-le-roy, les édits royaux ayant naguère codifié le flottage des bois en Limousin. Bien souvent des différends s'élevaient entre les riverains, les propriétaires des moulins et des digues d'une part et les organisateurs du flottage. C'est pourquoi, par exemple, un arrêté du préfet de Limoges, en date du 15 juin 1818, chargeait l'ingénieur en chef des Ponts-et-Chaussées de faire vérifier, tout le long de la Vienne en amont de Limoges, et de ses affluents, l'état des digues, des vannes, des pas-le-roy. Vingt ans plus tard, François Alluaud, qui veillait à l'essor de l'industrie porcelainière, préconisait des travaux d'art et la construction d'une gare au Port-du-Naveix, cela pour favoriser le flottage car les manufactures de porcelaine consommaient dans leurs fours des quantités considérables de bois, et l'arrivage de celui-ci par la Vienne était d'une grande commodité. Un arrêté préfectoral du 8 mars 1841 portait règlement sur le flottage des bois, il était pris par le préfet de la Haute-Vienne après s'être concerté avec son collègue, M. le préfet de la Creuse (ce département fournissait en effet une grande quantité du bois qui flottait vers Limoges grâce au gros affluent de la Vienne, le Taurion, et grâce aux petits affluents directs ou indirects de celui-ci : la Béraude, la Vige, l'Eyrenne, le ruisseau de Marque, le ruisseau de Gonnet, le ruisseau de Vidaillat, le ruisseau de la Chaise, le ruisseau de la Masure, sans compter les rivières creusoises qui se jettent directement dans la Vienne : la Maude, le ruisseau de la Feuillade...). Cet arrêté préfectoral stipulait notamment : « Aucun flotteur ne pourra, sous aucun prétexte que ce soit, faire flotter à la fois, mesurés à Limoges, plus de 4 500 stères de bois, ni moins de 1 500 », ou encore :

ARTICLE VIII

Dans les saisons ou époques convenables, et lorsque les eaux sont à la hauteur flottable, les distances à observer d'un flottage à un autre sont et demeureront fixées ainsi qu'il suit, savoir : *Sur le Taurion,* depuis Saint-Priest jusqu'à l'embouchure de la Vige ; depuis l'embouchure de la Vige jusqu'à Bourganeuf, Murat et Peyrusse ; *sur la Vienne :* depuis Saint-Priest jusqu'à l'Artige ; depuis l'Artige jusqu'à Eymoutiers et au-dessus ; *sur la Maude,* depuis l'Artige jusqu'au ruisseau de Cheissou ; *sur la Combade,* depuis l'Artige jusqu'à Châteauneuf.

ARTICLE IX

Lorsqu'un flottage séjournera, pour cause de force majeure, ou pour attendre son rang de départ, dans un barrage inférieur, et notamment dans ceux de Saint-Priest-Taurion, les flottages supérieurs devront s'arrêter aux distances et barrages désignés dans l'article VIII ci-dessus, et les conducteurs ou flotteurs seront tenus de les y faire séjourner jusqu'au moment où le flottage inférieur aura franchi l'écluse ou barrage sur lequel il avait été obligé de stationner.

ARTICLE XII

Si deux flottages arrivent en même temps, l'un par la Vienne et l'autre par le Taurion, sur les ramiers ou barrages de Saint-Priest, celui qui y sera rendu le premier en totalité, sauf les bois canards, passera aussi le premier.

L'arrivée de la queue du flottage sera affirmée par

trois témoins devant le maire de Saint-Priest, qui sera tenu d'en donner acte.

Lorsque les queues des deux flottages arriveront en même temps, et que ce fait aura été constaté contradictoirement par témoins en présence du maire, le flottage le premier enregistré à la mairie de Limoges aura le droit de passer le premier.

En cas de concurrence entre deux flottages, les travaux de nuit sur l'une ou l'autre écluse ne seront permis que sur le consentement écrit des parties intéressées.

ARTICLE XIII

Il est défendu de faire passer les bois qui seront arrêtés sur l'un des ramiers ou barrages de Saint-Priest, pour les faire arriver sur le ramier de la ville de Limoges, avant que ce dernier ramier ne soit entièrement libre et dégagé des bois du flottage précédent.

ARTICLE XIV

Celui qui, par son rang, aura le droit de faire passer un flottage du ramier de Saint-Priest au-dessous, sera tenu d'opérer ce passage avec activité. S'il est reconnu qu'il met de la lenteur ou de la négligence dans cette opération, le propriétaire du flottage supérieur pourra le contraindre, s'il y a lieu, à augmenter le nombre des ouvriers, et à vider l'écluse dans le délai qui sera fixé. Il en sera de même pour le prompt enlèvement du bois parvenu au ramier de Limoges.

La police locale pourra aussi y pourvoir dans l'intérêt public.

ARTICLE XV

Aucun conducteur de bois en train ou à bûches disséminées n'ouvrira les pertuis de l'une ou de l'autre écluse de Saint-Priest sans en avoir obtenu la permission de celui des flotteurs qui occupera l'écluse.

ARTICLE XVIII

Le niveau des eaux de la Vienne au-dessus duquel la sûreté du ramier de Limoges pourrait être compromise sera tracé sur l'une des piles du pont Saint-Etienne par les soins de l'Ingénieur en chef des Ponts-et-Chaussées du département.

Lorsque les eaux, s'élevant à ce niveau, tendront à la dépasser, tous les flotteurs seront tenus de séjourner dans les écluses respectives qu'ils occuperaient, et aux distances fixées par l'article VIII ci-dessus.

Pour le moment, voici le flottage venu de la lointaine Creuse ou des hauteurs d'Eymoutiers, voici ses centaines de stères de bûches perdues arrivées à bon port à Limoges, c'est-à-dire au Port-du-Naveix, où les dents du Ramier les retiennent cependant que l'eau qui les a amenées continue à filer vers le pont Saint-Martial et de là... à la Loire puis à la mer. Et voici nos Ponticauds qui, sous les ordres du flotteur, s'empressent de tirer vers la rive ces milliers et ces milliers de bûches amoncelées contre le barrage. C'est qu'il convient d'aller vite pour ne pas encombrer le ramier comme le demande expressément M. le préfet ; d'ailleurs un autre flottage est annoncé qui attend au ramier de Saint-Priest. Allons, on ne chômera pas tant que le niveau de la Vienne et de ses affluents assure un bon flottage, entre les périodes de crues et celles de bonnes eaux.

Tout de même, à ce travail de ramasseurs de bois, les Ponticauds dans la force de l'âge préfèrent celui, plus noble à leurs yeux, de batelier, voire de *demi-nourris* dans une équipe de flottage. Là-bas dans les collines forestières, le marchand avait dû préparer soigneusement son flottage. Il n'avait acheté que des bois abattus depuis plus d'un an, sinon les bûches vertes — les *canards,* comme les appellent les Limousins — s'enfonceraient dans l'eau. Le marchand fait marquer chaque bûche de son marteau, puis on les empile en *abaux* de 16 stères, au bord de la rivière où elles devront partir au fil de l'eau. Maintenant que sont réunis au moins les 1 500 stères constituant un flottage minimum, et que les hautes eaux du printemps ou de l'automne sont là, prêtes à emporter la cargaison, le marchand doit songer à se rendre à Limoges pour constituer l'équipe qui conduira le flottage.

Il se rend donc au Naveix, le voici attablé au cabaret du Poisson-Soleil au bord de la Vienne, il offre à boire aux Naveteaux (les habitants du quartier du Naveix) et discute avec eux du travail à fournir, des conditions d'embauche, du matériel à prévoir. Dieu sait si les Ponticauds, sous le masque de la gouaille, ont l'orgueil de leur quartier, et, parmi ces glorieux, les Naveteaux sont les rois. Ils ont formé naguère une sorte de corporation, et à présent, au milieu du XIXe siècle, leur cinquantaine de familles constituent encore un fameux bastion. Les bateliers pour le flottage se recrutent exclusivement parmi eux. Ils fournissent au marchand de bois leur robuste barque à fond plat — il faut voir avec quelle dextérité ils manient la perche qui guide le voyage du bateau. Chaque batelier amènera avec lui deux ou trois aides, des Ponticauds de moindre lignage, gens du Pont-Saint-Etienne, de l'Abbesaille, ou même... du Pont-Saint-Martial ; ces aides, ce seront les *demi-nourris* (car leur salaire sera la moitié environ de celui du batelier : 1,50 F à 2 F au lieu de 3 F par jour, de même pour la ration de boisson et de nourriture qui leur est due). Le plus réputé des bateliers choisis pour constituer l'équipe, sera décrété chef de flottage et régnera sur cette petite armada.

Donc, Naveteaux et marchands se sont mis d'accord au Poisson-Soleil autour de quelques chopines de blanc ; demain, à l'aube, on chargera les barques, les bateliers et les *demi-nourris* sur les charrettes, et en route vers la lointaine rive où attend le chargement de bois. Il faisait bon traverser les cités, les villages, les hameaux ! Tous les habitants se pressaient sur leur seuil pour regarder passer le cortège de Naveteaux et de Ponticauds qui s'annonçaient à coups de trompes. « On va flotter », criaient les bateliers et leurs aides.

Lorsqu'enfin on arrivait au point choisi pour la mise à l'eau, une grande assemblée de paysans et de paysannes était là, que le marchand avait convoqués. Pour eux, c'était la fête : on mangeait sur l'herbe, on buvait sec, un peu effarouché par les plaisanteries et les attitudes de ces sacrés Naveteaux et Ponticauds. Au signal donné par le chef de flottage, paysans et paysannes lançaient les bûches à l'eau ; ils devaient aussi les surveiller afin que, si le courant en ramenait certaines à la rive, de la main, du pied, en s'aidant du *lancy,* une perche munie d'un croc, ils pussent les remettre dans le fil de l'eau. Pour ce faire, les campagnards recevaient un salaire de 1,25 F, mais ils devaient assurer eux-mêmes leur subsistance.

Bientôt cependant, on voyait s'éloigner les campagnards ; ils jetaient sur les bateliers qui poursuivaient le voyage un regard nostalgique, puis regagnaient à travers bois leur ferme lointaine. Les Naveteaux et autres Ponticauds suivent donc sur l'eau la masse du flottage. Il leur faut guider, regrouper, diriger ces milliers de bûches à travers les rochers, les flots des rapides, ou leur faire franchir le pas-le-roy ménagé dans les écluses. Bien souvent, le flottage s'amoncelle contre quelque rocher ou quelque barrage ; dans ce cas, les bateliers donnent l'ordre aux *demi-nourris* de se jeter à l'eau afin de remettre les choses en place. Deux ou trois fois par jour, on fait halte sur la berge pour casser la croûte. Le marchand et ses employés qui, eux aussi, ont pris place dans les barques, se réunissent sur l'herbe avec les bateliers ; respectueusement, les *demi-nourris* s'asseyent ensemble un peu plus loin pour prendre leur repas. Quand la nuit était là, on était bien forcé de revenir à terre et de chercher quelque auberge ou quelque étable pour y dormir. Pendant ce temps-là, le flottage continuait à s'éloigner au fil de l'eau, et le matin on maniait prestement les perches pour accélérer la vitesse des barques plates et rattraper le flottage qu'heureusement les obstacles naturels de la rivière ou les écluses avaient plus d'une fois retenu.

Le voyage des bateliers et de leurs aides durait aisément trois ou quatre semaines pour parcourir cent vingt à cent cinquante kilomètres. Ce n'était pas une mince affaire, car le parcours était souvent particulièrement difficile et les hommes se trouvaient soumis aux intempéries. Lorsque, enfin, ils atteignaient Saint-Priest-Taurion, un premier ramier établi au confluent de la Vienne et du Taurion arrêtait le flottage. On se hâtait de bien regrouper les milliers de bûches et, dès que venait de Limoges l'indication que le passage était libre, on repartait sur la Vienne pour la dernière étape. Enfin, la vieille cité apparaissait à l'horizon avec ses clochers, on riait, on criait, on gesticulait lorsqu'on apercevait les maisons du Port-de-Naveix. Là, devant le pont Saint-Etienne, le grand ramier arrêtait définitivement le flottage. Ce ramier comportait quatre parties : trois « avant-becs » et un grand barrage. Les avant-becs s'avançaient seulement jusqu'au milieu de la Vienne, un était situé en amont du grand barrage, les deux autres en aval partaient l'un de la rive gauche, l'autre de la rive droite, cependant que le grand barrage parcourait toute la largeur de la rivière, à l'exception d'un passage étroit laissé pour les barques. Ces quatre éléments du ramier étaient constitués par des troncs d'arbres inclinés vers l'aval, et fichés dans le lit de la Vienne, on les appelait des *chèvres*. Toute une charpente de pieux de soutènement, de piquets verticaux, de longuerines horizontales se raccordait aux *chèvres* et ce n'était pas une petite affaire, l'hiver venu, de démonter le ramier, puis de le remonter et de le remettre en place au printemps, sans compter les fois où de violentes crues de la Vienne le détruisaient.

Mais revenons à notre flottage, à ses bateliers et aux *demi-nourris*. Le ramier du Naveix ayant fait son office, il faut récupérer les milliers de bûches arrêtées par les éléments du barrage. Aidés des *demi-nourris* et d'un renfort de Ponticauds, les bateliers doivent placer les bûches dans les barques et les conduire au rivage où d'autres Naveteaux et Ponticauds les entassent (ici les *abaux* de l'arrivée représentent seulement 12 stères, alors que ceux du départ sont de 16 stères), chaque travailleur sur les barques touche un salaire journalier de 2 francs et dispose en outre d'un *droit de bûches,* survivance sans doute de coutumes médiévales : soit 13 bûches par jour, 14 le lendemain, puis de nouveau 13 bûches, le lendemain 14, et ainsi de suite. Les Ponticauds qui s'affairent sur le rivage n'ont droit qu'à un salaire de 1,25 F et peuvent prendre 3 bûches par jour.

Lorsque toute la masse du flottage avait été empilée sur la rive, le batelier, chef de ce flottage, qui avait été nourri par le marchand du premier au dernier jour, recevait, en plus de son *droit de bûches,* un stère de bois. Tous avaient bien mérité de se retrouver le verre en main autour des tables du Poisson-Soleil, cependant que les gamins, encouragés par leurs mères, tentaient de récupérer sur la rivière les bûches vertes — les *canards* — à demi immergées, abandonnées par les bateliers comme des épaves.

Il est intéressant de noter qu'avant 1850, en plus du flottage à bûches perdues, on faisait aussi sur le Taurion et sur la Vienne du « flottage en train ». On formait une sorte de radeau, la *biole,* avec une quinzaine de brassées de bûches solidement attachées les unes aux autres par des *réortes* entrelacées. Deux bateliers se juchaient sur la *biole* pour la conduire. Parfois on attachait plusieurs *bioles* ensemble, on avait ainsi un grand radeau, qu'on appelait *fret* ou *train* ; il fallait bien alors trois ou quatre hommes pour le conduire au fil de l'eau.

Grâce au flottage, le Port-du-Naveix connaissait au printemps et à l'automne une belle activité ; tout le bois de chauffage des Limougeauds leur arrivait ainsi, et lorsque se créèrent les manufactures de porcelaine, avec leurs fours qui dévoraient les provisions de bûches avant d'être adaptés à la houille, les forêts de la Creuse et de la Haute-Vienne descendaient, si j'ose dire, par la Vienne jusqu'au Port-du-

Naveix (vers 1830, on comptait un flottage annuel de 45 000 stères de bois).

Mais le 1er janvier 1881, on inaugura la ligne de chemin de fer de Limoges à Eymoutiers. Cette voie ferrée longeait la vallée de la Vienne sur laquelle, alors, s'éteignit rapidement le flottage du bois. Peu à peu, le ramier du pont Saint-Etienne, qu'on ne démontait ni ne remontait plus puisqu'on n'avait plus besoin de lui, fut usé, disloqué par l'eau. Il finit par disparaître. Le chemin de fer avait ruiné le Port-du-Naveix.

Mais la pittoresque race des Ponticauds nourrit longtemps encore sa nostalgie des temps héroïques, en se racontant, et en les amplifiant, les exploits des bateliers qui conduisaient, à travers les rochers, les tourbillons et les rapides de la Vienne, du Taurion et de leurs affluents, des milliers et des milliers de bûches depuis les hauteurs lointaines et sauvages de la Creuse jusqu'au paisible rivage du Naveix.

## Une corporation solide

Qui chantera les exploits des anciens Ponticauds ? Et quel poète épique chantera les bouchers de Limoges, leurs traditions, leur solidarité, des origines de la cité à nos jours ? Qui décrira leur rue : la rue de la Boucherie qui conserve, même de nos jours, son aspect médiéval, leur chapelle Saint-Aurélien et le dévouement des bouchères et des bouchers à ce saint limousin dont ils constituent jalousement la confrérie. Faute de cette épopée (bien que mon ami le poète André Frénaud ait composé un grand et beau poème que lui a inspiré précisément cette rue de la Boucherie, ses bouchers, ses boutiques, ses bœufs écorchés, ses têtes de veaux ou de moutons exposés sur les étals, et la dévotion des bouchers à Jésus et à sa mère), faute donc de ce chant, nous rappellerons simplement combien la « famille » limousine des bouchers était encore puissante au siècle dernier, combien « sa rue » formait, sinon un Etat dans l'Etat, du moins une cité dans la cité ; combien leur religion était fervente... et particulière : dans la chapelle Saint-Aurélien, la statue de la Vierge et de l'Enfant Jésus offre ce détail... savoureux : dans ses menottes l'Enfant-Dieu tient, charmant hochet, un cœur de mouton (à croire que saint Joseph n'aurait pas été charpentier mais boucher !). Quand je parle de la grande famille des bouchers, ce n'est pas là un « cliché », car il s'agissait d'une sorte de caste où l'on se mariait sans fin entre cousins, de telle sorte que chaque nom patronymique devait être accompagné d'un sobriquet, faute de quoi on n'aurait jamais su de quel boucher on parlait : si l'on disait, par exemple : « J'achète ma viande chez Cibot », on vous demandait : « Chez lequel ? Chez Cibot dit Goudindaud ? ou chez Cibot dit Maisonneuve ? ou chez Cibot dit Toumy ? ou chez Cibot... » etc. D'ailleurs, jugez-en vous-même en lisant cette liste des bouchers de Limoges, voici plus de cent ans.

Cibot dit Parpaillaud, rue de la Boucherie, 32.
Cibot (Barthélemy), dit gendre à Rosette, r. de la Boucher., 40.
Cibot dit Boiteux père, id., 53.
Cibot dit Toumy, id., 57.
Cibot (Barthélemy), id., 28.
Cibot (ve), dit Boiteux fils, rue Bas-Lansecot, 19.
Cibot-Minet, dit gendre à Simon, rue de la Boucherie, 42.
Cibot dit Chantre père, id., 34.
Cibot dit Parpaillaud, id., 25.
Cibot dit Maisonneuve, id., 30.
Cibot dit Chantre fils, id., 24.
Cibot dit Frère fils, id., 16.
Cibot dit Goudindaud, faubourg Manigne, 19.
Cibot (Léonard) dit le Petit-Maître, rue de Paris, 23.
Cibot-Audoin jeune, rue de la Boucherie, 21.
Cibot (Louis), id., 47.
Cibot (Barthélemy) dit Goudindaud, id., 49.
Cibot (Simon), id., 46.
Cibot dit le Chantre, id., 42.
Cibot dit Savaroux, id., 15.
Cibot (Marie), ve Malinvaud, rue de la Boucherie, 21.
Cibot jeune dit le Frère, id., 12.

Cibot dit Laniau, pl. de la Motte.

Glangeaud (Léonard), rue de la Boucherie, 8.

Glangeaud ($v^e$), id., 1.

Juge, avenue du Pont-Neuf.

Juge ($v^e$), faub. Pont-St-Martial.

Lamontre, rue Haute-Cité, 1.

Latour, faubourg Montmailler, 23.

Malinvaud (Etienne), rue de la Boucherie, 7.

Malinvaud (Joseph) dit Parette, id., 5.

Malinvaud dit Chagrin, id., 9.

Malinvaud (Eloi), id., 19.

Malinvaud dit le Tort, id., 27.

Malinvaud (Jean), id., 29.

Malinvaud dit Mangonn., id., 35.

Malinvaud dit Gadaud, id., 45.

Malinvaud dit Boutou, place du Poids-Public, 10.

Malinvaud ($v^e$) dit Pérout, id., 8.

Malinvaud (François) dit Rébeineix, id., 6.

Malinvaud ($v^e$), id., 2.

Malinvaud dit Jean-Vieux, rue de la Boucherie, 13.

Malinvaud dit Chagrin, id., 17.

Malinvaud (Fçois) dit Arnaud, id., 51.

Montastier ($v^e$), f. Montmailler.

Parot (Martial) dit Pipe, rue de la Boucherie, 33.

Parot ($v^e$) dit Naplat, id., 43.

Parot (Jean) jeune, id., 26.

Parot dit gendre à Pélisson, id., 4.

Parot dit Naplat jeune, id., 10.

Parot (Martial), fils du canonnier, id., 48 *bis*.

Parot dit Chérant, id., 18.

Parot (Etienne), boul. Saint-Maurice, 17.

Plainemaison dit Parette, rue de la Boucherie, 31.

Plainemaison (Guillaume), dit Louis XVIII, id., 36.

Plainemaison ($v^e$), id.

Plainemaison-Lamy, place de la Motte.

Pouret (J.), rue de la Boucherie, 5.

Pouret dit Raya père, id., 3.

Pouret dit Missard, id., 11.

Pouret (Barthélemy) dit l'Abbé fils, id., 55.

Pouret (François) et Audoin frères dit Chérant, id., 48.

Pouret (Jean et François) frères dit l'Abbé père, id., 44.

Pouret dit le Dragon, id., 40.

Pouret (Jean), gendre de Petit-Jean, id., 38.
Pouret (Barth.) dit Passereau, id., 28.
Pouret dit Raya fils, id., 20.
Pouret (A.) dit Savaroux, rue Rafilhoux, 1.
Pouret dit Jambon, id., 8.
Pouret (J.) dit Catachon, place de la Motte.

Ne sont-ils pas pittoresques ces sobriquets ? Et cette façon parfois de faire appel au goût du jour : Guillaume Plainemaison dit Louis XVIII ! c'est qu'on était volontiers royaliste dans la boucherie limousine, on n'avait peut-être pas du sang bleu, mais quoi, du sang de boucher c'était quand même quelque chose. D'ailleurs, les rois de France ne s'y trompaient pas : lorsqu'il en était venu dans la bonne ville de Limoges, c'était souvent un boucher qui au nom de sa corporation était chargé de remettre au souverain, symboliquement, les clefs de la ville. Ainsi, je ne sais plus quelle reine de passage avait remercié publiquement, devant la foule amassée, le Cibot, le Malinvaud ou le Plainemaison de l'époque qui lui avait souhaité la bienvenue et elle s'était écriée : « Cibot (mettons que ce fût Cibot), Cibot, votre nom brille et brillera toujours ! » Alors un autre boucher ébahi, se penchant vers l'un de ses collègues, avait murmuré : « *Aui ! Lé parlo de soun nambouni !* (Entends, elle lui parle de son nombril ! »

## Les plaisirs de la ville

A Limoges, les uns vivaient bien, les autres moins bien, d'autres fort mal, mais enfin, riches et pauvres, « villauds et bicanards », ponticauds, porcelainiers ou bouchers se distrayaient au spectacle de la ville.

S'il faisait beau, les dimanches, on partait volontiers à la pêche sur la Vienne, l'Aurence, la Briance, à quelques kilomètres du centre. Limoges comptait des milliers de chevaliers de la gaule (on connaîtra, vers la fin du siècle puis au début du suivant, des concours de pêche monstres !). Gardêches, goujons, poissons blancs n'avaient qu'à bien se tenir. Les pêcheurs de truites étaient beaucoup moins nombreux, leur art était trop difficile. On ne se faisait pas faute non plus de braconner : à l'épervier, à la corde, à l'araignée, à la main, mais tout de même, la braconne, c'était plutôt l'affaire des Ponticauds.

Il y avait aussi la « saison » des courses à Texonnièras. Oh ! on ne jouait guère, laissant cela aux bourgeois et à quelques « Melons » ; mais on essayait de trouver quelque coin d'où l'on pourrait apercevoir chevaux et jockeys sans avoir à acquitter le droit d'entrée, ou bien l'on se contentait de se masser le long de la route du retour pour voir le défilé en voitures, en calèches, en tilbury des « turfistes ». Les langues allaient bon train pour commenter ce cortège à falbalas. Les mieux placés, pour « situer » tout ce « beau monde », c'étaient les couturières et les coiffeuses, en particulier les « coiffeuses en chambre », celles qui se rendaient au domicile de leurs clientes pour officier. Point de secrets — et surtout de « secrets d'alcôve » — pour ces délurées. Les unes habillaient, les autres coiffaient les épouses des industriels et itou les maîtresses des mêmes. Alors, elles pouvaient désigner et détailler les unes et les autres au fur et à mesure du défilé de voitures ramenant bourgeois, bourgeoises et demi-mondaines de l'hippodrome à la ville. Vous comprenez, tout fabricant de porcelaine, tout fabricant de chaussure qui se respecte, se doit d'entretenir une cocotte. Et bien entendu, les cocottes ne se privent pas à leur tour d'avoir des amants de cœur, celles qui aiment l'uniforme font les beaux jours, ou les belles nuits des jeunes lieutenants de la garnison, les autres filent le parfait amour avec les ténors, basses et autres barytons de la troupe lyrique, à moins que ce ne soit avec les chanteurs à couplets du Casino...

Tenez, là, sur les coussins de sa victoria, cette belle brune, c'est Annonciata, la mistonne de X, le gros fabricant de chaussures... Justement, le voilà lui, dans sa voiture, un peu en arrière, avec toute sa famille... L'Annonciata, je vous parie qu'elle va rejoindre son baryton ; si Madame X s'en doutait, ça ferait du joli !...

Ah ! maintenant dans ce coupé, ces blondes en dentelles, ce sont les trois sœurs Fanfan, l'aînée procure des « messieurs » généreux à ses cadettes, elle-même a pour « monsieur payant » un riche fabricant, et avec l'argent du vieux, elle « se paye » le propre neveu de l'industriel, un jeune officier. Vous voyez le tableau !

Hé, bonjour Mousse ! Une bonne cliente, la Mousse, pour la coiffure... Vous avez vu ses yeux de braise... et toujours dans le bain de mousse pour avoir la peau comme du satin... Alors, dame, le satin, ça se paye, vous avez vu sa calèche tirée à deux chevaux... Dans ce fiacre, c'est la Séraphine, et là-bas, voilà la Mistingon, la Parapluie...

Un vrai spectacle, ce retour des courses, un régal pour les ouvrières si elles avaient pour voisines couturières ou coiffeuses : les intrigues, les toilettes, les fortunes du monde et du demi-monde, cela avait de quoi vous faire rêver. Les hommes, eux, bougonnaient : Que pouvaient-elles trouver d'intéressant, les femmes, à reluquer ainsi ces milords, leurs moitiés et leurs mistonnes, qui s'engraissaient sur le dos de leurs ouvriers. Au divertissement ambigu que procurait à leurs épouses ce défilé de rupins, ils préféraient nettement la liesse de la Saint-Loup.

La Saint-Loup, ça, c'était quelque chose : la Foire paysanne, la Fête populaire, la Kermesse pour tous. La ville de saint Martial retrouvait, ce jour-là, l'énorme effervescence d'une foire moyenâgeuse.

Certes, le dernier jeudi de chaque mois, Limoges, capitale paysanne, tenait sa foire aux bestiaux. Le foirail chaque fois s'emplissait d'un troupeau considérable de bœufs, de moutons et de porcs, et les tractations allaient bon train entre les paysans en blouses bleues et les marchands rubiconds qui allaient de l'un à l'autre, faisant des offres, s'en allant, revenant, cependant que dans leurs sacoches sonnaient les louis trébuchants. N'empêche, qu'à la Saint-Loup, le 22 mai, la foire, elle, ne se cantonnait plus au foirail, elle débordait dans toute la ville, dans toutes les rues commerçantes, sur toutes les places. Pas une famille paysanne du département n'aurait manqué « sa Saint-Loup ». Dès la veille, on se mettait en route, les uns en carriole, d'autres en charrette, certains à cheval, beaucoup encore à pied en poussant devant soi les bêtes à vendre. On allait parfois ainsi toute la nuit pour envahir la ville à l'aube. Quel tintamarre dans les faubourgs ! On était réveillé avant le chant du coq par ce bruit interminable de carrioles, ce lent piétinement des bêtes et des gens, les mugissements ou les bêlements des troupeaux, le couinement sauvage des porcs, tout cela ponctué des rocailleuses voix paysannes. Allons, si le soleil se mettait de la partie, on allait avoir une fameuse Saint-Loup.

D'abord, ce jour-là, on recevait la visite annuelle des cousins de la brousse. Rares étaient les familles ouvrières qui n'avaient pas à déjeuner quelques parents venus du côté de Châlus, de Saint-Yrieix, d'Ambazac, de Nexon, de Saint-Léonard ou de Bellac. Les plus jeunes faisaient mine de se moquer de ces tontons, tatas, neveux, nièces ou cousins qui se tenaient gauchement dans un coin de la cuisine, mais en fait, comme leurs pères et mères, ils étaient bien contents de recevoir ces paniers de victuailles (poulets, lapins, pigeons, œufs, beurre et fromage, lard, jambon et tartes, tout cela fleurant bon la campagne) que ne manquaient pas d'apporter les visiteurs.

Quant aux paysans qui n'avaient pas de parents parmi les « villauds », à la fin de la matinée, une fois vendu le bétail, ils allaient se restaurer aux Halles ou dans les bistrots des alentours. Flambant neuf, les Halles ressemblaient ce jour-là aux cuisines et au réfectoire de Gargantua. Assis sur des bancs, les coudes sur la table, des centaines et des centaines de paysans et de paysannes (eux, toujours dans leurs blouses bleues, le chapeau plat vissé sur la tête ; elles, selon l'âge, en noir ou en jupes de couleurs, vertes, jaunes, orange, certaines coiffées du barbichet), donc, des centaines et des centaines à se régaler d'un plat de *giraud* ou de *ventrèche* ou de petit salé, et ensuite, les beignets, les *galetous* ou les tartes, le tout arrosé de piquette ou de cidre. Partout, l'on bâfrait, l'on buvait, cependant que dans les ruelles avoisinantes attendaient les carrioles dételées. Tout à l'heure, on aurait la tête chaude, le regard trouble et les jambes vacillantes pour descendre la rue du Clocher vers l'ancienne place Royale. Bah ! on y arriverait bien quand même, cependant que les fermières et leurs filles léchaient les vitrines, éblouies par les colifichets exposés.

Sur la place, c'était la Fête ! Cirque ambulant, manèges, baraques foraines, loteries, stands de tir : « Avez-vous vu la femme sans tête ? Un corps splendide et pas de tête ! Un cas unique, à voir absolument, interdit aux enfants et aux personnes sensibles. » La foule était si dense qu'on avait peine à avancer. Parfois retentissait un « Au voleur », cependant qu'un badaud ou sa femme portait tristement sa main à sa poche vide ou sous ses jupons, à son gousset, qu'un filou d'un coup de rasoir avait tranché. Ailleurs, de mauvais plaisants avaient attaché l'une à l'autre les blouses de paysans occupés à admirer la parade des forains : quand les deux hommes voulaient s'en aller, pas moyen de s'écarter l'un de l'autre, ils se regardaient avec colère, tiraient encore : crac... leurs blouses se déchiraient de part en part, et les compères et la foule de glousser.

Quand le soleil commençait à descendre, il fallait bien songer au retour, aller chercher le cheval à l'écurie, atteler, empiler dans la carriole la famille au complet et les emplettes. Peu à peu, la ville se vidait de ses milliers de visiteurs, ouvriers et ouvrières flânaient longtemps dans les rues qui garderaient toute la nuit les odeurs de la campagne : odeurs de bouse, de crottin, de bestiaux, d'herbage et de lait.

Pour se distraire, bien sûr, il y avait encore le théâtre avec sa saison lyrique, le casino, le cirque en planches, mais cela coûtait, et l'on était ou trop pauvre ou trop économe pour pouvoir aller souvent dans ces lieux de plaisir (ou de perdition ? à en croire les bigotes et certains bien-pensants de l'époque). Alors, on se distrayait par ses propres moyens : les « farceurs » étaient pour sûr plus nombreux et plus pittoresques que de nos jours. Ainsi, ce petit tailleur, de surcroît vendeur de journaux, qui passait dans les rues en annonçant comme des nouvelles de la gazette, des informations de son cru sur la vie des gens du quartier. Jusqu'à ce que : à farceur, farceur et demi, des lascars excédés par les cancans publics du petit homme, le ridiculisent à son tour, puis s'en aillent par les rues en criant, selon son habitude : « Y'en a des choses dans les journaux ! Un petit tailleur du Canadier a pris pour un renard une vieille peau de lapin ! » Moyennant quoi, l'ex-farceur se tenait dorénavant à carreau et se contentait d'annoncer ce qui réellement était imprimé dans le journal qu'il vendait.

Le roi des farceurs de Limoges, à la fin du siècle dernier, devait être ce voyageur de commerce, digne émule de l'illustre Gaudissard dont mon grand-père se plaisait à me rapporter les exploits.

Ce M. X. vendait donc à travers le département des vêtements de confection pour hommes ; pour ce faire il se déplaçait dans une voiture à cheval transportant la marchandise, mais il songeait plus volontiers à jouer quelque tour au premier quidam rencontré qu'à traiter de bonnes affaires avec les commerçants du coin. Ainsi, un jour d'été, par une chaleur torride, son attelage montait péniblement la longue côte qui menait à un bourg. Au milieu de la côte, il vint à croiser le facteur suant et soufflant. « Eh bien, facteur, montez donc, prenez place près de moi. Je vais vous ramener au bourg. » Le facteur ne se le fait pas dire deux fois. « Vous suez sang et eau dans votre costume de droguet, faites donc comme moi, mettez-vous à l'aise », et, soulevant une toile tendue au-dessus de ses jambes comme pour les protéger du soleil, il montre au facteur, ébahi, qu'il est en... caleçons longs. Le facteur rougit, se gratte la tête. « Ah ! je vois ce qui vous embarrasse, vous n'avez sans doute pas de caleçons sous votre pantalon... Qu'à cela ne tienne, je vous en fais cadeau d'une paire, la voici », et de tendre le sous-vêtement au facteur. Celui-ci hésite encore un peu, mais quoi, l'offre est alléchante, ce bourgeois est bien généreux... Une qui sera épatée, ça sera sa femme, lorsqu'il lui montrera le cadeau de ce brave commerçant. Ma foi, le facteur pose culotte et enfile le caleçon. « N'êtes-vous pas mieux ainsi ? Nous remettrons nos pantalons avant d'arriver au village. » Et voilà, l'on bavarde de tout et de rien, ainsi jusqu'au haut de la côte ; lorsqu'on commence la descente au bout de laquelle on voit le bourg, par « inadvertance » le voyageur, d'un coup de coude, envoie le képi du facteur voler dans le fossé : « Oh ! suis-je maladroit, toutes mes excuses... Ho-là, ho, ho ! » Il arrête la voiture, le facteur descend en caleçons sur la route pour aller récupérer son couvre-chef administratif quelques dizaines de mètres en arrière. A ce moment, fouette cocher, hue dia, le voyageur fait partir son attelage au galop, cependant que court en vain, derrière, le malheureux facteur sans-culotte. Au train du cheval, M. X. arrive au bourg longtemps avant sa victime, et de s'écrier dès que les badauds se sont assemblés autour de sa voiture : « Ah ! quel malheur, j'ai cru voir votre facteur sur la route, le pauvre homme a dû devenir fou, il court sur la route en criant, et il est... oui, il est en caleçons. »

Au cours d'une autre tournée, M. X. croise sur sa route une équipe de cantonniers qui récurent soigneusement les fossés. Il arrête sa voiture, offre des cigarettes. « Ah, mes braves, ça fait plaisir de voir des travailleurs comme vous, j'en tiendrai compte pour vos augmentations. » Yeux écarquillés et oreilles attentives des cantonniers. « Oui, je suis l'ingénieur des Ponts-et-Chaussées en tournée d'inspection. » Tous le saluent bien bas. « Mais, dites donc mes braves, l'agent voyer ne vous a pas fait part de mes instructions ?... Il convient que vous creusiez d'urgence un fossé de vingt centimètres de profondeur sur quarante de largeur, en travers de la route, là, dans cette ligne droite, vous voyez, à peu près à dix mètres en arrière de ma voiture. On doit poser là, dès ce soir, une canalisation. — Bien, monsieur l'inspecteur, on va se mettre à l'ouvrage. » Et nos cantonniers de couper la route cependant que M. X repartait en les complimentant.

Une autre fois encore, il rencontre, à quelques centaines de mètres d'un village, les écoliers qui rentrent de classe. C'est l'heure du goûter, il distribue quelques friandises aux gamins : « Alors, mes enfants, avez-vous bien travaillé aujourd'hui à l'école ? — Voui, monsieur. — C'est très bien, je suis inspecteur d'Académie. Pour vous récompenser, je vous donne congé demain, vous n'aurez pas de classe. Je vais prévenir votre instituteur tout à l'heure. » Le lendemain, tête de l'instituteur devant sa classe à demi vide !

D'autres fois, M. X. accomplissait ses farces à Limoges même. Celle-ci, par exemple : ce matin, le marché bat son plein sur la place des Bancs. Laitières et fermières ont emmené en ville les produits de leurs champs ou de leurs jardins qu'elles espèrent bien vendre aux « villauds ». M. X. avise l'une d'elles qui aligne sur le bord du trottoir un beau lot de citrouilles. Il choisit la plus grosse, la soulève, la palpe, la renifle comme on ferait d'un melon. « Combien votre citrouille ? — Trois sous, monsieur. — Trois sous ? Puis-je la montrer à ma femme pour savoir si elle lui convient ? — Montrez-la-lui, sûr qu'elle la voudra. — Bon, je monte la lui montrer. On habite juste là, dans la maison derrière vous. » Et, s'emparant du potiron, M. X. disparaît dans l'immeuble. Un moment plus tard, tout là-haut, d'une lucarne du grenier, à quatre ou cinq étages au-dessus de la chaussée, il appelle la fermière. Elle se retourne, lève la tête, aperçoit là-haut, penché sur la lucarne, le chef et le buste de « son client ». « *Hé, fenno, tré sous, qu'é trop char, mo fenno n'en baillario qué dué !* » D'en bas, la paysanne proteste : « *Noun, tré sous !* — Deux, pas plus ! » braille sous les combles notre farceur. Après quelques répétitions de ce... dialogue, la vendeuse et l'acheteur restent chacun sur ses positions. Alors, de son perchoir, brandissant à deux mains l'objet du litige, M. X. s'écrie : « Tant pis pour vous, puisque vous ne voulez pas rabattre votre prix d'un sou, ma femme n'en veut pas... Attrapez-la, votre citrouille ! » Quelques secondes plus tard, avec un énorme floc, la citrouille vient s'écraser devant la fermière et les badauds médusés. Bien entendu, après avoir goûté le spectacle, le joyeux drille descendra du grenier et versera à sa victime les trois sous demandés. M. X., en dehors de son travail et des farces dont il était coutumier, aimait bien passer de bons moments avec d'autres lurons de son espèce. Au terme de l'une de ces « soirées prolongées », il avait reconduit à l'aube l'un de ses amis avec qui il avait honoré la dive bouteille ; ledit ami ne tenait plus guère sur ses quilles et M. X. avait dû l'aider à monter jusqu'à sa chambre. Là, sans même se déshabiller, l'ami, comme une masse, s'était laissé tomber sur le lit et s'était immédiatement endormi d'un sommeil de plomb. Une idée malicieuse avait aussitôt traversé l'esprit de M. X. Il avait allumé des bougies dans la chambre aux volets clos, posé sur la table de nuit un verre d'eau et plongé dans celui-ci un rameau de buis. Cela fait, il était redescendu dans la rue et avait attendu sur le seuil. Le matin se levait, un beau matin de printemps, les carrioles des laitières menant le lait à domicile ne tarderaient pas à apparaître. En voici justement une qui s'arrête devant la maison. M. X. reconnaît la brave laitière qui chaque jour apporte un litre de lait à son ami. La femme descend de sa voiture, s'empare d'un pot de lait qu'elle emplit. « Eh, où allez-vous donc ? demande M. X. — Porter son lait à M. Lambier. — Pauvre femme, vous ne savez donc pas ? Mon ami Lambier ne boira plus votre lait. — Eh, pourquoi donc ? — Il est mort, cette nuit même. Tel que vous me voyez, je descends de sa chambre où je l'ai veillé. — Malheur de nous, ce M. Lambier ! Mais, hier encore, il riait quand je lui ai monté son pot... Et il est là, là-haut ? Tout seul ? — Tout seul. Moi j'ai une course à faire, je vais revenir le veiller ensuite.

Vous ne monterez pas le voir ? Il vous aimait bien... — Oh ! si, je vais faire une prière pour lui, je monte. » Et l'accorte laitière grimpe les escaliers, cependant que M. X., en cachette, lui emboîte le pas pour jouir du spectacle. Il verra par la porte entrebâillée la femme s'approcher du lit... mortuaire, s'emparer du rameau de buis trempant dans l'eau et asperger d'eau... bénite le... cadavre. Celui-ci, sous l'effet de l'eau froide se réveille en sursautant, en éternuant et se dresse, ébahi, cependant que la pieuse femme s'enfuit avec des cris d'épouvante pour la plus grande joie de ce drôle de M. X.

« Hum, diront certains, tout de même, ces plaisanteries n'étaient pas toujours du meilleur goût. » Sans doute, mais que voulez-vous, il fallait bien se distraire, et la veine gauloise des fabliaux demeurait vive au pays des Limousins. Ensuite, le soir à la veillée, on se racontait les farces et attrapes de M. X. Cela valait bien la télévision, parfois.

On se racontait aussi à la ville comme à la campagne *La gnorla de Lingamiau.* Comment traduire ce titre ? Les « histoires », les « bonnes histoires » de Languedemiel. Là aussi, on peut penser aux fabliaux du Moyen Age, on y appelle un chat, un chat, disons même que le vocabulaire y est volontiers scatologique. Quant à Lingamiau, il n'était autre qu'un honnête commerçant de Limoges : Edouard Cholet ; enfant, il avait dû observer de près le comportement et le langage de ses petits camarades paysans qu'il retrouvait pendant ses vacances ; il avait dû aussi écouter les commérages plaisants dont les bavardes villageoises se montraient prodigues. Il sut plus tard conter en vers limousins bien des fables qui firent la joie de tous les Limousins. Voici l'histoire du petit garnement, gros comme une belette, *un beletou,* qui mangeait, miette par miette, le *galetou* (la galette) qu'en guise de cataplasme, faute de farine de lin et de moutarde, sa mère avait posé tout chaud sur sa poitrine. « *Coumo s'émiettavo — Bouci per bouci lo minjavo* », « Comme il s'émiettait, morceau par morceau, je le mangeais », « *Hé, coquinou de beletou ! tu l'o minja lou galetou !* » Voici encore le récit d'un concours de... pets auquel se livrent un curé et sa servante, la chronique de la rue de la Boucherie à Limoges et de la « résistance » des bouchères fort mal embouchées repoussant par leurs injures et leurs jets d'ordures une commission de l'hygiène. L'une des plus célèbres *gnorles* de Lingamiau est celle qui évoque le menu pantagruélique d'un repas de noce campagnarde : tous les plats sans exception (jusqu'au dessert exclu) sont à base de viande de porc. J'aimais bien aussi : *la gnorla d'au piti moussu,* ce ouistiti déguisé en amiral, auquel un paysan venu à la foire de la Saint-Loup avait cru devoir payer le prix de son entrée dans une baraque foraine, car il avait pris le singe en uniforme pour « un petit monsieur ».

Tels étaient les « jeux » innocents qui suffisaient à divertir nos aïeux, ces « villauds » prompts à se moquer des « bicanards » mais, en fait, hantés par la nostalgie de la campagne qui, bien souvent, les avait vus naître.

## *CHAPITRE XVIII*

# KALEIDOSCOPE : LIMOGES FIN DE SIECLE

### Progrès (on n'arrête pas le)

En cette fin de siècle, la capitale du Limousin se modernise, elle compte 68 abonnés au réseau téléphonique, dont l'Hôtel de Ville, la Banque de France, le Crédit lyonnais, la préfecture, la gare, la manufacture de porcelaine Haviland, etc.

La presse locale se développe : trois quotidiens : *Le Courrier du Centre, La Gazette du Centre,* organe de la défense sociale et des libertés publiques, *Le Petit Centre,* républicain progressiste, ce « journal républicain quotidien grand format » se vend 5 centimes, il « s'imprime la nuit et arrive le matin à la première heure dans toutes les localités de la région. Grâce à son *fil télégraphique spécial,* reliant directement les bureaux de la rédaction parisienne à ceux de sa rédaction de Limoges, il peut donner, douze heures avant les journaux de Paris et plusieurs heures avant les journaux locaux, les dernières nouvelles de Paris et du monde entier ».

En plus de ces quotidiens, une dizaine d'hebdomadaires, trois mensuels (*Le Limousin médical, La Revue scientifique, Le Saint-Hubert*), trois semestriels (notamment *Le Bibliophile limousin*) abreuvent d'informations diverses non seulement la bourgeoisie citadine mais aussi les plus éclairés des ouvriers ; enfin des feuilles hebdomadaires paraissent dans les sous-préfectures : à Bellac, Rochechouart, Saint-Yrieix ainsi qu'à Saint-Junien.

Dans le même temps, le réseau des voies ferrées de la Compagnie des chemins de fer d'Orléans se développe, et s'accroît le nombre quotidien des trains tant au départ qu'à l'arrivée de la gare des Bénédictins et de la gare Montjovis : sept trains par jour pour Paris, les uns express, les autres omnibus, autant qui en viennent ; de nombreux départs ont lieu également sur Guéret, Aubusson, Felletin, Bourganeuf, Moulins, Montluçon, ou bien sur Brive, Toulouse, soit par Uzerche, soit par Saint-Yrieix, ou encore sur Périgueux, Agen, Bordeaux, sur Eymoutiers, Meymac, Ussel, Clermont-Ferrand ; départs également sur Bellac, Le Dorat, Poitiers ; sur Angoulême, Saintes, Royan, La Rochelle et Nantes.

Pour faire les quatre cents kilomètres qui mènent à Paris, il en coûte 44,80 francs en première classe, 30,25 francs en seconde, 19,70 francs en troisième. Mais si l'on veut visiter, en touriste, certains sites montagnards ou balnéaires, on peut profiter des « billets d'aller et retour de famille », par exemple pour les stations thermales et balnéaires des Pyrénées et du golfe de Gascogne, et se rendre ainsi à Arcachon, Biarritz, Luchon, Salies-de-Béarn, ou bien l'on peut choisir La Bourboule et le Mont-Dore, Royat, Rocamadour, Vic-sur-Cère, Evaux-les-Bains, Bourbon-l'Archambault. Il y a aussi, pour les audacieux, les « billets de bains de mer ».

Cette apothéose des chemins de fer n'empêche pas les voitures publiques de rayonner encore à travers le département ; quant aux voitures de place (« un fiacre allait cahotant... »), selon qu'elles sont à deux places d'intérieur et une sur le siège, ou à quatre places d'intérieur et une sur le siège, leur cocher vous demande pour la course (à l'intérieur du rayon de l'octroi) : 1 franc ou 1,50 franc.

Mais, en matière de courses « à l'intérieur du rayon de l'octroi », la palme revient sans aucun doute aux tramways électriques, construits par Alexandre Grammont. Ils comportent cinq lignes : la ligne I va du faubourg du Pont-Neuf au rond-point Garibaldi, la ligne II aboutit à ce même rond-point en partant de l'octroi de l'avenue Baudin, la ligne III mène du rond-point Garibaldi au... cimetière, la ligne IV relie la gare des Bénédictins au faubourg Montjovis, la ligne V enfin va de la gare à l'Ecole normale d'institutrices. Le prix des places est de 10 centimes par ligne et par voyageur, et de 15 centimes sur deux lignes en correspondance. Les deux premières lignes ont été inaugurées le 7 juin 1897, jour de la Pentecôte (et de la clôture des Ostensions septennales). Ce fut une journée mémorable : tous les Limougeauds, semble-t-il, tentaient frénétiquement de goûter les joies de ce nouveau moyen de communication. Voilà comment l'Almanach limousin de l'époque rapporte ces événements dignes de l'épopée des temps modernes :

> Dès le matin, les voitures ont été prises d'assaut par les promeneurs et les curieux, et il en a été ainsi les deux jours de fête. On se battait pour monter dans les voitures, la bousculade était même indigne, et on ne comprend pas comment la Compagnie n'a pas essayé d'y remédier par la délivrance de numéros d'ordre, comme cela se fait dans toutes les grandes villes. Chacune des voitures qui ne devait contenir que cinquante personnes (16 sur chaque plate-forme, 18 à l'intérieur) en contenait de 70 à 80. Quelques accidents sans gravité se sont produits dans ces deux premières journées ; mais on pouvait craindre qu'il en arrivât bien davantage, étant données l'affluence du public et l'inexpérience des nouveaux watmen dont les mouvements étaient paralysés par l'encombrement des plates-formes. Le nombre des voyageurs a été si considérable pendant les quatre premiers jours que les recettes de la Compagnie ont dépassé cinq mille francs, soit près de 1 300 francs par jour pour deux lignes seulement. Si ces recettes se maintiennent, la Compagnie Grammont réalisera de beaux bénéfices à Limoges.

A la suite des accidents de diverses natures qui se sont produits dans la circulation des tramways, M. le préfet a écrit le 10 juin à M. le maire pour sauvegarder la sécurité publique. Il a appelé son attention sur la vitesse exagérée, sur l'excédent des voyageurs et sur les connaissances à exiger des mécaniciens, qui doivent être examinés par M. l'ingénieur en chef. A la suite de cette lettre, la municipalité a pris des mesures vis-à-vis de la Compagnie afin d'éviter le retour des accidents.

Grâce aux tramways, notre ville a tout à fait la physionomie des grands centres ; la vie, le mouvement de ses voies semblent même beaucoup plus grands qu'auparavant.

Un mois après, l'inauguration de la ligne III suscitait le même enthousiasme et la même effervescence. « Le public n'a cessé d'assiéger les voitures dès le début et il n'y a eu de places que pour les donneurs de coups de coude. »

**Sport et patriotisme**

Il fallait être sportif pour prendre ainsi d'assaut les tramways de Limoges. A cela rien d'étonnant, car la ville et le département comptaient alors onze sociétés sportiques (*sic*) et seize sociétés de gymnastique et de tir. Parmi les sociétés sportiques citons : « la Société d'escrime Jean-Louis », à Limoges, « le Club nautique », six sociétés de cyclisme (le Limousin n'avait pas attendu le sympathique et célèbre Poulidor pour s'intéresser à « la petite reine ») : « l'Union vélocipédique de France », l' « Union vélocipédique limousine », « le Vélo-Club arédien », « les Touristes limousins, société vélocipédique », les « Touristes de Saint-Léonard », etc.

Et comment ne pas être frappé par le côté « patriotique » (on n'oubliait pas la défaite de 1870 et on pensait à la revanche) des sociétés dites « de gymnastique et de tir » : « la

Fédération des sociétés de gymnastique et d'instruction militaire du XIIe corps d'armée », « la Patriote limousine », « la Vaillante », « les Sociétés mixtes de tir », de Limoges, d'Ambazac, d'Arnac-la-Poste, de Bellac, de Bessines (Bellac, Bessines où se déroulait l'enfance du petit Limousin, Jean Giraudoux — il ne pensait pas encore à écrire *Siegfried et le Limousin* en écoutant le feu roulant de ses aînés), de Châlus, de Laurière, de Magnac-Laval, de Saint-Junien (la société de tir s'y appelait : « l'Avenir », tout un programme !), de Saint-Mathieu, de Saint-Sulpice-Laurière, de Saint-Yrieix. Comme on le voit, la cité des futurs généraux « limogés » et sa contrée préparaient allègrement la jeunesse limousine à affronter la prochaine « der des der » « fraîche et joyeuse ». Ainsi faisaient, dans le même temps, toute la France et toute l'Allemagne.

Cependant, le bruit des sociétés de tir ne couvrait sans doute pas les flots d'harmonie qui s'échappaient des non moins nombreuses sociétés musicales, parmi lesquelles une vingtaine de fanfares ne devaient pas oublier d'honorer les marches militaires.

Quant aux sociétés colombophiles de la Haute-Vienne, au nombre de cinq, je ne sais trop à quoi il convient d'attribuer leur succès ? Leurs adhérents soignaient-ils la colombe de la paix ? ou bien entraînaient-ils leurs pigeons-voyageurs pour transmettre les messages au-dessus des futures lignes ennemies ? Les titres de ces sociétés nous inclineraient plutôt à apercevoir le rameau d'olivier dans le bec de la douce colombe : « l'Hirondelle limousine » (tiens, plus de colombe, les pigeons de cette société seraient-ils... l'hirondelle qui ne fait pas le printemps ?), « l'Espérance des courriers limousins », « le Messager limousin », « l'Espoir de Saint-Léonard » ; mais dans cette même petite cité, une autre société colombophile nous paraît, elle, jeter le masque de la paix, pour... voler au secours de la victoire, elle s'intitule en effet : « l'Invincible ». « Deux pigeons s'aimaient d'amour tendre », écrivait M. de La Fontaine qui fit, jadis, un voyage en Limousin, et notamment à Bellac où, plus tard, un petit écolier rêva qu'il était peut-être le descendant du fabuliste et d'une jolie ancêtre bellachonne sensible aux charmes du poète ; pris entre les sociétés de tir et celles de colombophiles, notre petit écolier, devenu grand, écrivait, entre deux champs de bataille aux dimensions de l'Europe : *La guerre de Troie n'aura pas lieu.*

**L'alcool tue**

Il faut croire que tous les Limougeauds ne s'adonnaient pas aux joies de la gymnastique, de la vélocipédie, de la colombophilie et du tir, sinon le nombre des cabaretiers et des cafetiers n'eût pas été, à la fin du siècle, si exorbitant ! En 1898 : 256 cabaretiers et 57 cafés, soit au total 313 établissements où l'on peut, hélas ! imaginer aisément des scènes à la Zola (sauf évidemment dans les cafés « chic ») les soirs de sainte-paye ! 300 bistrots pour les 12 000 ouvriers porcelainiers (nombre dont il conviendrait de déduire quelques milliers d'ouvrières) ! On comprend que les syndicalistes, anarchistes et socialistes devaient avoir fort à faire pour arracher le prolétariat limousin à la tentation, au piège de la boisson. Il faut quand même noter que sur les 313 cabarets et cafés, 16 possédaient des billards. On peut donc penser que les clients de ceux-ci y venaient moins pour boire que pour pratiquer le noble jeu des carambolages (vingt ans plus tôt, Limoges comptait 172 cabarets et une cinquantaine de cafés, dont 5 avec billards). On goûtera, je l'espère, cette publicité en faveur du Grand Café de l'Univers qui éblouissait encore les dimanches de mon enfance trente ou quarante ans plus tard.

**Syndicats ouvriers et syndicats patronaux**

Si les cabarets en vingt ans se sont multipliés, ils n'ont pas empêché l'essor de la conscience ouvrière : une cinquantaine de syndicats ouvriers groupent les travailleurs dans leurs corps de métier respectifs. Pour la porcelaine, par exemple : « L'Initiative », syndicat des ouvriers et ouvrières porcelainiers, « la Défensive », syndicat des ouvriers choisisseurs et emballeurs de porcelaine ; et encore le syndicat des ouvriers moufletiers, celui des ouvriers gazetiers, celui des peintres céramistes. En face, si je puis dire, une dizaine de syndicats d'industriels (Fabricants de porcelaine du Limousin, Fabricants de chaussures de Limoges, etc.) et autant de syndicats de commerçants, plus... le syndicat médical de la Haute-Vienne.

A noter une curieuse formule, celle des « syndicats mixtes » qui semblaient prétendre ignorer « la lutte des classes » au bénéfice d'une union féminine placée sous la protection des saints ! « Patronnes et ouvrières en habillement » (sainte Luce), Mme Hauswald, présidente, rue des Taules ; « Patronnes et ouvrières porcelainières » (saint Antoine de Padoue), Mme Guérin-Lièzé, présidente, rue du Petit-Tour (ce devait être, à ma connaissance, l'épouse d'un important fabricant de porcelaine) ; « la Corporation syndicale Sainte-Marthe », regroupait sous la présidence de Mme Vergez qui habitait, oh ! ironie du sort, avenue de la Révolution, le syndicat des patronnes et employées de commerce pour l'habillement, celui des patronnes et employées de commerce pour l'ameublement, et celui des patronnes et employées de commerce pour l'alimentation.

Une trouvaille cette sainte alliance (sainte Luce, sainte Marthe, saint Antoine de Padoue, priez pour nous) des patronnes et des ouvrières. C'était « la Belle Epoque ».

Puisque nous en sommes à une page économique et sociale, nous soulignerons encore le développement, grâce au mouvement ouvrier, des sociétés coopératives de consommation

(« l'Union de Limoges », « l'Espérance », ainsi que les boulangeries coopératives à Saint-Junien, Saint-Léonard, Saint-Sulpice-Laurière, Saint-Yrieix, Sauviat) et de production (« la Solidarité », fabriquant des chaussures, « la Conciliation », des sabots et des galoches, et les sociétés coopératives de production des ouvriers pâtissiers, des ouvriers plâtriers et plafonniers, des ouvriers boulangers, des ouvriers peintres en bâtiments, des ouvriers carrossiers et harnacheurs, des ouvriers menuisiers ébénistes).

Ainsi, vers la fin du siècle dernier, un Limousin, si ses convictions anticapitalistes le guidaient et si... ses capitaux le lui permettaient, pouvait se nourrir, se chausser, se meubler, faire peindre son logis et carrosser sa voiture en faisant exclusivement appel à des entreprises ouvrières. Parmi toutes ces coopératives, « l'Union de Limoges » fut celle qui connut la plus grande réussite, elle contribua efficacement à l'amélioration de la vie matérielle des familles ouvrières.

On ne sera pas étonné d'apprendre que toutes ces recherches d'ordre social et économique dont témoigne la capitale limousine dans les dernières décennies du XIX<sup>e</sup> siècle entraînèrent, en plus de la formation des partis politiques et des syndicats, la création de « cercles » où l'on se réunissait pour réfléchir et discuter. Ainsi, en plus des anciens cercles bourgeois : de « l'Union », « Turgot », « Gay-Lussac », du « Commerce », ou de « MM. les Officiers de la garnison », il y avait à présent, ceux de l' « Union démocratique des travailleurs », de l' « Union des républicains socialistes », de l' « Avant-Garde de Limoges », du « Républicain de la Haute-Vienne ».

Les milieux catholiques étaient loin de demeurer insensibles au mouvement social et suscitaient la création de « Cercles catholiques d'ouvriers », ainsi à Limoges, « le Cercle Saint-Joseph » et « le Cercle Saint-Etienne » ; à Saint-Léonard, « le Cercle des Hommes mariés » et « le Cercle des Jeunes gens » ; à Bellac, « le Cercle ouvrier ».

Pour peu qu'il fût sensible à l'air du temps, le jeune Limousin ne devait pas se contenter de « tourner en rond ».

## Une grève pour cinq sous

En juin 1896, une grève éclate dans la porcelaine, les fabricants refusant d'accorder l'augmentation de 0,25 F [1] par jour réclamée en vain depuis longtemps par les ouvriers et menaçant ceux-ci du *lock-out,* c'est-à-dire de la fermeture de toutes les usines, si les grévistes de la maison Guérin où le conflit s'était déclaré ne reprenaient pas d'urgence le travail. Un procès-verbal de la séance du conseil municipal tenue à ce sujet le 12 juin 1896 nous a semblé rendre compte parfaitement de ces graves événements. Voici la déclaration du maire :

> Le mardi 2 juin dernier, je recevais de M. Borde une dépêche me priant de rentrer à Limoges immédiatement. Ce que je fis aussitôt.
>
> Voici où en étaient les choses : A la date du samedi précédent, le syndicat des journaliers en porcelaine avait adressé aux fabricants une lettre conçue en termes courtois où il rappelait que depuis longtemps la question d'une augmentation lui avait été présentée, mais qu'elle n'avait jamais été réalisée. Le syndicat terminait en priant qu'on voulut bien prendre en considération ses revendications.
>
> Le lendemain lundi, quatre hommes de four de la maison Guérin, non syndiqués, se présentaient eux-

1. Salaire quotidien du journalier en porcelaine : 0,25 F de l'heure, soit 2,50 F pour une journée de travail de dix heures ; si l'on tient compte des dimanches et des jours fériés, on voit que l'ouvrier dispose, pour vivre et faire vivre sa famille, environ de 2 F par jour.

mêmes devant leur patron et demandaient de l'augmentation.

On leur répondit par un refus : ils quittaient alors le travail et une vingtaine d'autres avec eux.

Immédiatement, M. Borde et ses collègues invitaient ces 24 ou 25 ouvriers à se rendre à la mairie, et le mardi soir suivant, après une longue discussion, ils obtenaient d'eux qu'ils rentreraient sans conditions.

De plus, M. Treich, secrétaire général de la Bourse du travail, avait vu M. Martin, fabricant, et au nom du syndicat des journaliers lui avait demandé d'informer M. Guérin que si les ouvriers qui venaient de quitter le travail refusaient de le reprendre, le syndicat s'engageait à les remplacer.

Malheureusement, des affiches avaient été posées dans la fabrique de M. Guérin et dans les autres où l'on annonçait la fermeture générale le 11 juin si les ouvriers ne rentraient pas.

Les ouvriers se retiraient donc non seulement chez M. Guérin, mais dans les autres usines.

Le mercredi 3 juin j'arrivais à Limoges ; considérant qu'il était plus avantageux pour les ouvriers de voir tout d'abord les patrons, deux adjoints et moi, nous allâmes visiter les fabricants, individuellement. Deux d'entre eux étaient absents, un troisième, dont il est inutile de dire le nom, nous répondit qu'il était partisan de la conciliation, qu'il regrettait le conflit qui s'était engagé et dont il prévoyait les tristes conséquences. Un autre nous fit une réponse moins encourageante. Lorsque nous lui eûmes, en effet, exposé ce que nous désirions obtenir, il nous fit savoir qu'il ne voulait pas nous répondre.

Un autre fabricant reconnut franchement que la situation des journaliers était digne d'intérêt, mais il ajouta qu'il était lié par l'esprit de solidarité avec les autres fabricants, et qu'il serait peut-être plus profitable pour les intérêts de tous de convoquer ses collègues.

Ceci se passait mercredi soir. Immédiatement nous envoyâmes des lettres de convocation aux fabricants que nous invitions à se réunir à la mairie, à une date qui fut fixée au jeudi matin à dix heures.

MM. Guérin, Marty, Delinières, Demartial, Plainemaison et Périgault se présentèrent à l'heure indiquée.

M. Guérin nous indiqua comment la grève avait pris naissance.

Nous fîmes remarquer aux fabricants que 12 000 ouvriers ne pouvaient être rendus responsables de la faute d'une vingtaine d'entre eux.

Je leur demandai de rechercher un terrain d'entente, voyant que la situation était basée sur une question d'amour-propre.

Les fabricants se réunirent le lendemain vendredi, et à la suite de cette réunion, nous recevions, dans l'après-midi, la lettre suivante :

« *Limoges, le* 5 *juin* 1896.

« *Monsieur le Maire,*

*Après examen de tous les incidents qui ont amené la grève, et avoir bien établi les responsabilités de la situation, l'union des fabricants de porcelaine, réunie le 5 juin en assemblée générale, a décidé, à l'unanimité, que le conflit sera terminé le jour où les ouvriers auront rejoint leurs ateliers, aux anciennes conditions.*

*Veuillez agréer, monsieur le Maire, l'assurance de notre haute considération.*

*Pour la commission :* Le secrétaire.
*Signé :* G. DEMARTIAL.

A partir de ce moment, nous n'avions plus rien à faire avec les patrons. Le samedi matin, nous nous rendîmes à la Bourse du travail et aux 1 800 ouvriers environ qui se trouvaient réunis, nous conseillâmes de rentrer dans toutes les fabriques, ajoutant qu'il y avait un certain nombre, limité, c'est vrai, de fabricants, tout disposés à accorder l'augmentation de 0,25 F demandée.

Les ouvriers n'acceptèrent pas ces promesses verbales, mais ils consentirent à ce qu'une entrevue ait lieu entre les patrons et des délégués choisis parmi eux à raison de deux par fabrique.

Il fut entendu que cette entrevue aurait lieu le dimanche matin, à dix heures, à la salle des prud'hommes, à l'hôtel de ville.

Nous en fîmes part aux fabricants et, le soir même, nous recevions de ces messieurs des lettres, presque toutes semblables, où l'entrevue était refusée par eux, étant donné que leur décision qu'il nous avait fait connaître était irrévocable.

Nous nous trouvions donc en présence d'un nouveau refus.

Le juge de paix du canton nord, M. Faucher, comme le veut la loi, appela les patrons en conciliation. Il ne fut pas plus heureux que nous.

M. Balleroy, de son côté, fit des démarches personnelles, mais sans plus de résultat.

Mardi dernier, M. Couppel du Lude, nouveau préfet de la Haute-Vienne, fit appeler, en mon absence, M. Borde pour chercher avec lui un terrain d'entente, et il résolut que le mercredi suivant je me rendrais à la Préfecture, à dix heures, ce que je fis. M. le préfet m'annonça qu'il devait avoir dans la soirée une nouvelle entrevue avec MM. les fabricants.

A quatre heures, en effet, vingt et un d'entre eux se présentèrent, mais une fois encore, il ne sortit aucun résultat de cette entrevue.

A cinq heures, M. le préfet me fit connaître l'insuccès de cette dernière démarche.

A neuf heures, j'étais de nouveau mandé à la Préfecture et là, j'appris qu'un fabricant avait proposé une nouvelle entrevue des patrons avec les ouvriers, entrevue dans laquelle on se proposait d'expliquer aux ouvriers les difficultés qu'avaient à surmonter en ce moment les fabriques de porcelaine et qui empêchaient de donner la moindre augmentation.

Une question avait été posée.

Au cas où les ouvriers reprendraient le travail, renverrait-on ceux que l'on a coutume d'appeler les « meneurs » ?

Non, répondit nettement un des membres présents, d'autres déclarèrent que dans quinze jours on serait obligé de congédier au moins 1 500 ouvriers.

Il fut entendu, entre M. le Préfet et moi, que l'on proposerait aux patrons un arbitrage. Il nous fut répondu par un refus.

Donc les fabricants refusent toute concession, bien que plusieurs d'entre eux reconnaissent que l'augmentation demandée est juste et équitable ; ils refusent les offices du juge de paix, ils refusent même une entrevue, enfin ils refusent l'arbitrage.

Nous croyons avoir épuisé toutes les tentatives de conciliation et pourtant peut-être demain recommencerons-nous nos démarches auprès des patrons.

Notre devoir est donc de recommander aux ouvriers le calme absolu et la sagesse la plus grande.

Dans leur intérêt, ils ne doivent ni susciter des troubles, ni se livrer à des violences.

Mais nous en avons un autre devoir, c'est celui de fournir aux chômeurs le travail qui leur permettra de donner du pain à leurs familles, et ce devoir, j'espère, Messieurs, que vous nous aiderez à l'accomplir en votant la proposition que va vous soumettre, au nom de l'administration, M. Paradis.

M. Paradis (honorant son beau nom) proposa donc un programme d' « ateliers de charité » qui ferait appel au concours des milliers de chômeurs de la porcelaine, et il demanda pour ce faire au conseil municipal d'ouvrir un crédit de 75 000 francs. Le conseil, *à l'unanimité* (c'est là un fait important, car s'il y avait alors au conseil municipal une majorité socialiste, l'opposition n'y était pas moins vigilante et vigoureuse) approuva l'ouverture de crédit qui permit, en fournissant des emplois aux porcelainiers sans travail, de secourir leurs familles, soit vingt à trente mille personnes que la grève risquait de plonger dans la misère.

**Pendant ce temps-là...**

Pendant que Limoges connaissait l'effervescence des temps modernes : de l'inauguration des tramways aux revendications sociales, MM. les bouchers continuaient à maintenir la tradition : fidèles à leur patron saint Aurélien, fidèles aux grands Ostensions, fidèles à leur vieille rue médiévale de la Boucherie, fidèles à leur pittoresques sobriquets qui permettait de distinguer les divers Cibot, Plainemaison et autres Malinvaud. En 1898, nous trouvons toujours les mêmes patronymes accompagnés de leurs mêmes surnoms ; toutefois ont fait leur apparition quelques nouveaux, ce sont :

Cibot dit le Boiteux
Cibot dit le Capitaine
Malinvaud dit Chagrin
Malinvaud dit Bouton
Malinvaud dit l'Ange
Malinvaud dit Mantou
Malinvaud dit Tacher
Parot dit Canonnier
Plainemaison dit Selin
Plainemaison dit Tan-Piti (Si Petit)

**Urbanisation et morale**

Dans les années 1890, les Limougeauds se passionnaient pour la démolition, depuis longtemps annoncée et toujours remise à plus tard, du quartier Viraclaud. Mais en 1897 les jours de ce vieux, misérable et sordide quartier sont vraiment comptés. Un historien local de l'époque évoque alors le passé et le présent de cette « immonde verrue enracinée sur la joue de Limoges », ses maisons irrégulières, boiteuses, pressées les unes contre les autres, cette « cour des miracles, hideux réceptacle de misères et de vices au centre de la ville », ce « ghetto interdit aux gens propres [...] qui se montre dans toute son infâmie naïve et sa vétusté ».

Viraclaud, ce nom viendrait de Vieilhas Clau (Les vieilles clés) ; à moins que ce ne fût de *villa clausa.* Cette dernière dénomination eût été plus de mise au XIX^e siècle qu'aux temps gallo-romains ; en effet, en 1824, s'ouvrit au n° 15 de la rue Viraclaud une première... maison close. Il faut croire qu'elle connut vite le succès, car en 1848, on comptait dans le quartier 23 établissements de tolérance autorisés (et l'on peut imaginer qu'ils devaient être accompagnés d'autres non autorisés !) ; 15 se tenaient rue Viraclaud, 3 rue Malmandre, 3 rue Vautry, 2 sur la place Beausuy. Entre 1871 et 1882, la « morale » progressa-t-elle ? Il faut le croire, puisqu'en 1882, le Viraclaud ne comptait plus que 15 maisons aussi accueillantes que closes ; et le progrès moral continua jusqu'à la veille de la démolition prévue, car en 1897 seuls subsistaient 7 établissements licencieux.

## Une belle Saint-Loup

Malgré un violent orage, la foire de la Saint-Loup connut en 1897 une importance considérable. Ce jour-là, à la gare des Bénédictins, il a été embarqué : 666 bœufs ou vaches, 880 veaux, 136 porcs, 118 moutons et 30 chevaux, ce qui a nécessité l'utilisation de 202 wagons. Ce même jour, à la gare Montjovis, on expédiait : 482 bœufs ou vaches, 183 veaux, 120 génisses, 26 chevaux, 42 porcs, formant un total de 65 wagons. Cela représentait, par rapport à la Saint-Loup de l'année précédente une augmentation de 362 têtes de bétail et 43 wagons de plus.

Fort satisfaits de leurs ventes, les paysans envahissaient tous les commerces de Limoges et « les baladins eux-mêmes se sont montrés satisfaits ».

## Une querelle mémorable

Le 3 avril 1895, la municipalité choisissait le carrefour Tourny, situé dans le centre de la ville, pour qu'y fût élevé un monument à la gloire et à la mémoire du président de la République Sadi Carnot, enfant de Limoges, assassiné alors qu'il était en visite officielle à Lyon.

Mais, en 1896, la municipalité ayant changé, la nouvelle majorité du conseil municipal annulait le choix de ses prédécesseurs et décidait d'installer le monument au rond-point Garibaldi, là où commençaient les faubourgs de la ville en direction de Paris... et du cimetière. Cela déclencha de fameuses disputes. Les nouveaux élus prétendaient que le carrefour Tourny était à la fois exigu et trop fréquenté, et que par suite de l'installation prochaine des tramways, des accidents seraient à craindre ; ils ajoutaient que le rond-point Garibaldi devenait, ou deviendrait, le centre des affaires et qu'en conséquence, la statue de Sadi Carnot n'y paraîtrait nullement en exil ! A quoi, les majoritaires d'hier, devenus les minoritaires d'aujourd'hui, rétorquaient qu'ils ne voulaient pas s'associer à la lourde faute qui consistait à placer la statue d'un enfant de Limoges de l'importance du président Carnot à l'extrémité d'un faubourg trop éloigné du centre de la ville, dans un quartier « où les promeneurs les plus nombreux sont ceux qui suivent les enterrements ». Le porte-parole de l'opposition s'écriait :

> Pour quiconque a l'occasion de traverser le carrefour Tourny, il est facile de reconnaître que la circulation

y est peut-être plus intense que sur certaines autres places, mais qu'elle n'est pas active à ce point qu'une fois la statue érigée et les tramways établis il soit impossible à nos concitoyens de passer sur ce carrefour sans courir le risque d'être écrasés.

Le cas qui se présenterait pour le carrefour Tourny existe dans nombre de villes. Je vous rappellerai seulement le boulevard Montmartre à Paris, bien connu de la plupart des Limousins pour avoir eu à le traverser.

Il y a toute la journée, et une partie de la soirée, un enchevêtrement de voitures et d'omnibus se croisant en tous sens entre lesquels il faut évoluer pour atteindre un des étroits refuges placés de distance en distance le long de la chaussée ; la même opération est à recommencer pour arriver à l'autre trottoir.

Je ne sache pas qu'aucun de nos concitoyens ayant visité Paris ait été victime d'un accident à cet endroit dangereux, pas plus qu'ailleurs du reste : les dangers qu'ils ont pu éviter à Paris et ailleurs ils les éviteront également à Limoges, soyez en sûrs, et cela avec d'autant plus de facilité qu'aussi grande que puisse être dans l'avenir la circulation au carrefour Tourny, même en y ajoutant les lignes de raccordement qui figurent sur le plan soumis mais qui ne sont nullement à exécuter, elle n'atteindra jamais celle du boulevard Montmartre et de bien d'autres endroits moins importants.

Et l'orateur concluait :

Déposséder ce quartier, sans motifs bien établis, d'un embellissement qui, en somme, lui est acquis, et sur lequel il est en droit de compter maintenant, serait léser ses intérêts et celui de bon nombre de commerçants. Ces derniers n'ignorent pas que la fête d'inauguration attirera à Limoges une foule d'étrangers, et ils ont certainement escompté d'avance tous les avantages qu'ils pourront en retirer.

Si vous ne maintenez pas cet emplacement, vous laisseriez supposer que ce retrait est une punition infligée à la troisième section, coupable d'avoir mis en échec les candidats socialistes présentés dans cette section aux élections municipales de mai dernier.

Envisageant le point de vue moral de la question, je terminerai en répétant ici ce que vous-même avez pu entendre dire à bien des personnes :

Placer Carnot sur la route du cimetière (rond-point Garibaldi), quelle que soit l'étendue probable et même certaine de Limoges, serait une triste allusion et en même temps un manque de respect à sa mémoire.

A quoi les socialistes répliquaient que la réaction inspirait leurs adversaires, lesquels tentaient sournoisement — selon les socialistes — de pousser à une troisième solution, à savoir le remplacement de la statue du héros et martyr révolutionnaire Denis Dussoubs par celle de Sadi Carnot ! Ils laissaient entendre également que l'opposition voulait nuire aux habitants du quartier Garibaldi sous le prétexte qu'ils n'étaient pas assez républicains pour être dignes d'accueillir la statue du président de la République assassiné.

Allait-on assister à une nouvelle guerre de religions ? ou tout au moins à une guerre de quartiers où l'on verrait les partisans du carrefour Tourny se battre contre ceux du rond-point Garibaldi ?

On n'en arriva pas là ; et un an plus tard, le dimanche 26 juillet 1897, à quatre heures de l'après-midi, avait lieu l'inauguration au rond-point Garibaldi, qui deviendrait place Carnot, du monument dû à la souscription nationale. Une foule énorme enserrait le rond-point. « On s'écrasait littéralement. Toutes les fenêtres étaient occupées et les curieux s'étaient installés jusque sur les toits des maisons voisines. »

Faut-il y voir un effet des disputes du conseil municipal ? Aucun ministre n'était venu présider la fête.

Au son de *La Marseillaise,* on débarrassa le monument de ses voiles et on procéda en même temps à un lâcher de pigeons voyageurs. Discours du docteur Raymondaud, président du Comité Carnot, puis discours du maire : M. Labussière et discours du préfet. Après quoi, défilé devant la statue des sociétés musicales (plus de soixante-dix chorales, harmonies et fanfares étaient alors rassemblées à Limoges à l'occasion d'un concours musical). Selon un témoin de l'époque : « Quelques-unes avaient une attitude débraillée qui faisait peine à voir. » Pauvre Sadi Carnot !

Beaucoup de Limougeauds ne parurent guère apprécier le nouveau monument, tel le rédacteur de l'Almanach Limousin qui écrivait :

> On ne voit qu'un socle, pur de lignes il est vrai, mais beaucoup trop gros pour la statue qu'il supporte. Tout en haut, on aperçoit un petit Carnot, ressemblant c'est sûr, mais voûté, regardant le sol comme s'il avait le vertige, forcé de s'appuyer sur la Constitution pour ne pas tomber. Son gant lui paraît lourd comme un poids de vingt kilos. Toute son attitude trahit une expression de malaise indéfinissable.
>
> Dans le bas, ah ! dans le bas on est commodément assis. La France forme un contraste frappant avec le président Carnot : c'est une femme robuste, à l'air dur et trivial, serrée dans une cuirasse, la main appuyée sur la cuisse à la façon d'une poissarde, enfin une virago. Les journaux qui nous disaient que sa figure donnerait « une saisissante impression de force noble et calme, fière et sereine, sans emphase ni exagération ». Nous en sommes revenus.
>
> On se plaignait de la statue de Denis Dussoubs, elle va paraître belle à côté du monument Carnot.
>
> Et nous qui demandions que ce monument soit en

pleine ville ! nous sommes relativement satisfait qu'il soit dans un faubourg, espérant que les étrangers ne le voyant pas ne pourront nous le reprocher.

En tout cas, le malheureux monument devait du moins permettre au poète Georges Fourest, l'auteur de *La Négresse blonde,* évoquant son futur pittoresque et propre enterrement au moment où le convoi funèbre devrait passer devant la statue présidentielle, d'écrire ces vers bien timbrés :

« *Et que Sadi Carnot, ouvrant sa large bouche,*
*Se dise : " Nom de dieu ! Le bel enterrement ! "* »

**Une ville qui monte**

Limoges et ses habitants pouvaient bien avoir leurs faiblesses ou leurs travers ; quelle ville et quels citoyens n'en ont point ? Cela n'empêcherait pas la ville de saint Martial de connaître un essor dont ses enfants étaient, à juste titre, fiers. Le recensement effectué en 1896 faisait apparaître que Limoges, avec ses 77 703 habitants, devenait la dix-septième ville de France, dépassant les villes de Brest, Angers et Nîmes qui la devançaient autrefois. En cinq ans sa population avait augmenté de 5 000 habitants. Oh ! ce n'était pas une métropole cosmopolite, mais tout de même, 11 Anglais y vivaient à demeure, ainsi que 16 Américains (n'oublions pas que la porcelaine limousine avait séduit les amateurs des U.S.A.), 19 Allemands et 3 Autrichiens, 17 Belges et Luxembourgeois, 18 Italiens, 46 Espagnols, 22 Suisses, 4 Russes, 1 Turc et 1 Africain !

## Le dernier genre

L'ultime tour de notre kaléidoscope fin de siècle nous montrera une publicité qui devait aguicher les belles Limousines de 1898. On y verra que la mode alors se souciait aussi bien de l'élégance de la jeune mariée que de l'intrépide vélocipédiste :

# CORSETS SUR MESURE

## LE DERNIER GENRE 12 FR.

# Mlle Jeanne Bourbonneau

**Ancienne route d'Aixe, 76, LIMOGES**

N'a pas d'associée et n'a pas de succursale

Le corset **(le dernier genre)** par sa coupe anatomique ne comprime pas l'estomac; il développe la poitrine et les hanches, allonge et arrondit la taille : il se fait en vraie baleine et, malgré son prix peu élevé, il est d'une parfaite élégance et d'une grande solidité.

**APPERÇU DES PRIX**

Ces corsets se font en toutes nuances.

| | |
|---|---|
| Satin fil uni . . . . . | 12 fr. |
| Le même garniture Marie-Antoinette. . . . . . | 13 fr |
| Satin fil broché. . . . . | 14 » |
| Satin fil brodé Pompadour | 17 » |
| Satin fil broché soie . . | 18 » |
| Soie. . . . . . . . . . | 20 » |
| Batiste unie (corset d'été) | 20 » |
| Batiste brodée — — | 25 » |
| Satin soie extra doublé. . | 30 » |
| Satin soie extra brodé . . | 40 » |

**AVIS**

Sauf pour Limoges, il est envoyé à toute personne en faisant la demande la carte d'échantillons accompagnée de la notice indiquant la façon de prendre soi-même les mesures.

Vu la modicité des prix, tous les corsets vendus à Limoges et au dehors se paie au comptant.

CORSETS DE NOURRICE MÊMES PRIX QUE LES PRÉCÉDENTS

**CORSETS DE GROSSESSE, 3 fr. en plus**

CORSETS DE FILLETTE, 7, 8 et 9 fr.

SPÉCIALITÉ POUR CORSETS DE MARIAGE

## CORSET CYCLE : 25 FR.

Le corset **(Cycle)**, d'une grande souplesse tout en maintenant bien le corps, le laisse complètement libre dans tous ses mouvements ; la raideur produite par le corset ordinaire n'existant pas, la bicycliste reprend toute sa grâce. Le corset **(Cycle)** ne blesse nulle part; il se fait en jolie soie, tres élégant, il ne coûte que 25 fr. Le tissus du corset (Cycle) est spécialement réservé à ce corset.

**TRAMWAY, Ligne directe de la gare des Bénédictins à l'ancienne route d'Aixe.**

## POST-SCRIPTUM

Des chemins de fer, des tramways, des usines, des écoles, des sociétés sportives et patriotiques, des publicités ! Allons, le Limousin au seuil du XX^e siècle commençait à sortir de son mode de vie archaïque. Il ne serait cependant pas apte de sitôt à entrer dans la fièvre uniformisante des temps modernes. Sa paysannerie si importante demeurerait, pendant bien des années encore, proche dans son travail comme dans son existence des mœurs évoquées en ce livre, alors que les ouvriers, à Limoges principalement, soutiendraient jusqu'en 1914 des luttes politiques et sociales qui les placeraient souvent à l'avant-garde du mouvement socialiste.

La guerre, hélas ! entraînera une hécatombe, particulièrement lourde en cette province, parmi les jeunes des campagnes et des villages. Sur les monuments de granit élevés au centre de chaque bourg, on relèvera plus de noms de soldats tués qu'il ne restera bientôt de vivants dans les maisons et dans les fermes.

Mais enfin, une fois la paix revenue, le Limousin retrouvera, pour ses enfants et pour les quelques visiteurs qui sauront se montrer attentifs à sa beauté méconnue, son charme profond né du pittoresque comme de la douceur de ses paysages, du caractère de ses vieilles cités, et aussi des qualités de cœur et d'esprit de ses habitants plus d'une fois dissimulées sous une apparente rudesse.

A présent même que nous approchons de l'an 2000, et

bien que l'agriculture comme l'industrie s'adaptent de plus en plus à la compétition économique de l'ère nouvelle, la province de Ventadour, de Gay-Lussac, de Renoir, de Giraudoux, demeure peut-être l'une des rares contrées où l'on puisse encore imaginer sans trop de peine quelle fut la vie quotidienne de son peuple au siècle dernier.

# *ANNEXES*

# REPÈRES CHRONOLOGIQUES

## LA VIE POLITIQUE, ÉCONOMIQUE ET SOCIALE EN LIMOUSIN DE 1789 A 1914

**1789 juillet** Le pays est agité par la grande peur.

**1790 janvier** Lors du remaniement général des anciennes provinces du royaume, la Constituante partage le Limousin en trois départements :

1) Haute-Vienne (avec le Haut-Limousin et une moitié de la Basse-Marche). Chef-lieu : Limoges et cinq chefs-lieux de districts : Bellac, Le Dorat, Saint-Léonard, Saint-Junien, Saint-Yrieix.

2) Creuse (avec la Haute-Marche, l'autre moitié de la Basse-Marche, la Combraille et le Franc-Alleu). Chef-lieu : Guéret et six chefs-lieux de districts : Aubusson, Felletin, Boussac, Bourganeuf, Évaux, La Souterraine.

3) Corrèze (avec le Bas-Limousin et les paroisses de Lubersac et Chamberet districts du Haut-Limousins). Chef-lieu : Tulle et trois chef-lieux de districts : Brive, Uzerche, Ussel. Le Nontronnais est rattaché à la Dordogne et le Confolentais à la Charente.

**1790 juillet** Les diocèses de la Haute-Vienne, de la Creuse et de la Corrèze sont créés.

| | |
|---|---|
| **1791** | A partir de cette date et pendant trois ans, de très nombreux Limousins (environ 30 000) s'enrôlent dans les bataillons de volontaires des armées révolutionnaires. |
| **1792-1794** | Très forte mortalité à Limoges : en 33 mois 2 193 naissances pour 3 449 décès. |
| **1799-1800** | Épidémies de petite vérole à Limoges. |
| **1800** | Sur l'ensemble du Limousin :<br>Champs labourés : 36 p. 100 des terres.<br>Prairies fauchées : 12 p. 100 des terres.<br>Bois : 18 p. 100 des terres.<br>Friches, landes, brandes et mauvais pacages : 34 p. 100 des terres. |
| **1801** | Émigration massive des Creusois ; environ 13 000 d'entre eux partent vers les grandes villes, surtout Bordeaux et Paris.<br>Limoges n'a plus que 20 500 habitants contre 23 000 en 1789. |
| **1805** | Création du lycée de Limoges. |
| **1807** | A partir de cette date, le nombre des jeunes insoumis ne cesse d'augmenter. Ils échappent à la conscription napoléonienne en se réfugiant dans les bois. |
| **1811** | Le préfet impose de nouvelles taxes et de nouveaux impôts. |
| **1812** | Disette en Corrèze. |
| **1815** | Le maréchal Ney se réfugie à Beaulieu (Corrèze) où il se cache quelque temps dans les galeries de la vieille basilique. |
| **1816** | La manufacture d'armes de Tulle est acquise par l'État. |
| **1816-1820** | Une succession de calamités agricoles entraîne de nombreuses agitations. |
| **1822** | La première bonne moisson ramène le calme.<br>Restauration du diocèse de Tulle. |
| **1829** | Première Mutuelle des ouvriers porcelainiers. |

**1830** Seule Limoges connaît quelques manifestations d'ouvriers.
L'industrie de la porcelaine occupe plus de 2 000 ouvriers.
Le champ de Juillet est tracé à Limoges.

**1833** Grève des ouvriers porcelainiers de Limoges.

**1837** Les ateliers de Limoges produisent 20 000 pièces de flanelle.

**1838** Installation à Limoges d'une fabrique de chaussures.

**1840-1841** Hausse du prix du blé et crainte d'impôts nouveaux échauffent les esprits à Felletin, Aubusson, Uzerche, Tulle et Limoges.
Installation de filatures de laine cardée dans la région de Saint-Junien.

**1842** L'Américain David Haviland s'installe à Limoges.
L'industrie de la porcelaine occupe près de 4 000 ouvriers.

**1845** Création du Musée de la céramique de Limoges qui deviendra plus tard le Musée national Adrien Dubouché.

**1848** Pendant la Révolution, l'institution de l'impôt de 45 centimes provoque un véritable soulèvement dans la Creuse.
La paysannerie limousine, dégagée de l'emprise des cadres sociaux traditionnels, réserve un succès exceptionnel à Louis-Napoléon Bonaparte lors de l'élection de décembre. Seule Limoges connaît quelques troubles.

**1849** Triomphe des démocrates-socialistes aux élections de mai.

**1850** La production de flanelle commence à baisser sensiblement sous l'effet de la concurrence des tissus du Nord.
On compte plus de 4 000 ouvriers porcelainiers.

**1851** Ouvriers urbains et membres de la petite bourgeoisie restent seuls à tenter d'organiser l'insurrection de décembre qui finalement échouera.
En cinquante ans, l'ensemble des trois départements a gagné 220 000 habitants.

**1855** A partir de cette date, l'industrie de la chaussure se développe en Limousin.

**1856** La ligne de chemin de fer Châteauroux-Limoges permet d'assurer la liaison du Limousin à la capitale.

**1857** Création et développement des chemins vicinaux.

**1860** A partir de cette date, le Creusois Armand Fourot utilise, dans son domaine d'Évaux, de nouvelles méthodes de chaulage, d'assolement triennal et de drainage. Il acclimate des races de bétail étrangères et modernise le métayage. Le froment fait des progrès rapides grâce aux engrais et aux labours profonds.

**1861** Ouverture de la ligne de chemin de fer Limoges-Périgueux.

**1864** Ouverture de la ligne de chemin de fer Limoges-Guéret.

**1866** Le Limousin compte 910 973 habitants dont 53 000 à Limoges pour 4 364 maisons.

**1867** Ouverture de la ligne de chemin de fer Limoges-Poitiers par Saint-Sulpice.

**1870** La machine Blake permet de mécaniser l'industrie de la chaussure.

**1871** Ouverture de la ligne de chemin de fer Brive-Tulle.

**1872** Tulle : 13 681 habitants, Brive : 10 735 habitants, Guéret : 5 725 habitants, Aubusson : 6 427 habitants, Limoges : 55 134 habitants, Saint-Yrieix : 7 086 habitants.

**1875** A partir de cette date, le froment l'emporte sur le seigle en Haute-Vienne et en Creuse, mais en Corrèze le seigle restera la céréale dominante. L'avoine diminue partout, ainsi que le lin, le chanvre et le colza. La pomme de terre devient la principale production de la Creuse et de la Haute-Vienne.

Ouverture de la ligne de chemin de fer Limoges-Brive par Saint-Yrieix.

**1876** Réseau ferroviaire : 106 kilomètres en Corrèze, 143 kilomètres en Creuse, 223 kilomètres en Haute-Vienne.

**1878** Réseau vicinal : 5 125 kilomètres en Corrèze, 3 811 kilomètres en Creuse, 4 755 kilomètres en Haute-Vienne.

**1880** Achèvement du réseau de routes nationales et départementales en Limousin.

L'industrie textile meurt, elle ne compte plus à Limoges qu'une centaine d'ouvriers.

Ouverture des lignes de chemin de fer Limoges-Clermont par Ussel et Limoges-Poitiers par Le Dorat.

A partir de cette date le topinambour est introduit, principalement en Haute-Vienne qui en deviendra bientôt le premier département producteur français.

**1881** Ouverture de la ligne de chemin de fer Tulle-Meymac.

L'industrie de la porcelaine occupe 7 000 ouvriers répartis dans 32 manufactures.

Les arbres fruitiers et les cultures légumières se développent dans la région de Brive où ils remplacent avantageusement le vignoble en partie détruit par le phylloxéra.

La vigne ne reste la principale culture qu'à Beaulieu en Corrèze.

La châtaigne disparaît rapidement de la Haute

| | |
|---|---|
| | et de la Basse-Marche, mais subsiste fortement dans le Sud-Ouest : région de Saint-Yrieix, Juillac, Uzerche, Tulle et Argentat. |
| **1885** | Avec l'institution du *Herd Book*, la race bovine limousine reçoit ses lettres de noblesse. |
| **1886** | Construction du nouvel hôtel de ville de Limoges. |
| **1887** | Ouverture de la ligne de chemin de fer Montluçon-Eygurande. |
| **1888** | Ouverture au public des jardins de l'Évêché à Limoges. |
| **1889 20 mai** | Installation du téléphone à Limoges où il a été utilisé pour la première fois en 1879. |
| **1891** | Le Limousin compte, au total, 985 689 habitants. |
| **1893** | Ouverture de la ligne de chemin de fer Limoges-Brive par Uzerche.<br>Tentative de groupement des feuillardiers de Saint-Yrieix sous le nom de « Chambre syndicale des ouvriers feuillardiers du Centre ».<br>Installation, à Saillat-sur-Vienne, d'une usine de tanin. |
| **1895** | Premier Congrès de la C.G.T. à Limoges. |
| **1899** | Le 24 décembre un nouveau syndicat de feuillardiers est créé à Saint-Yrieix ; quelques mois plus tard il groupera déjà plus de 200 membres, grâce à l'action d'un secrétaire actif qui fait connaître les revendications tant à Châlus, qu'à Nexon, Bussière-Galant et La Roche-l'Abeille. |
| **1900** | Sur l'ensemble du Limousin :<br>Champs labourés : 42 p. 100 des terres.<br>Prairies fauchées : 24 p. 100 des terres.<br>Bois : 15 p. 100 des terres.<br>Friches, landes, brandes et mauvais pacages : 19 p. 100 des terres. |

| | |
|---|---|
| | A cette époque les migrations artisanales et saisonnières tendent à devenir définitives. |
| **1901** | Année de grèves importantes parmi les feuillardiers de Saint-Yrieix, Châlus, Rochechouart, Nexon, Lanouaille. Au total, la grève occupera environ 500 ouvriers sur un total d'environ 2 500 feuillardiers dans la région, et représentera près de 7 000 journées de travail perdues, mais les grévistes parviendront, grâce à leurs efforts concertés, à imposer leurs tarifs [1]. |
| **1903** | Fondation de la Coopérative de Consommation de Saint-Junien. |
| **1905** | Le service militaire obligatoire de 2 ans est institué : il va accentuer l'exode rural, mais ouvrir le Limousin sur la France et sur le monde. |

1. Natillon : *Les syndicats ouvriers dans l'agriculture*, p. 40-41.

TARIFS DES FEUILLARDIERS DE SAINT-YRIEIX (Haute-Vienne)
POUR L'HIVER 1900-1901

| | | | |
|---|---|---|---|
| Dagues de | 5 pieds | 5 | francs le mille |
| » | 6 » | 6 | » |
| » | 7 » | 7 | » |
| Feuillards de | 7 pieds | 8 | » |
| » | 8 pieds | 10 | » |
| » | 9 pieds | 12 | » |
| » | 10 pieds | 14 | » |
| » | 11 pieds | 16 | » |
| » | 12 pieds | 18 | » |
| » | 13 pieds | 20 | » |
| » | 14 pieds | 25 | » |
| » | 15 pieds | 30 | |
| » | 16 pieds | 35 | » |
| » | 17 pieds | 40 | » |
| » | 18 pieds | 50 | » |
| Lattes pour treillage de 1 m | | 4 ou 5 | francs le mille |

Création à Limoges du journal *Le Populaire du Centre.*

A Limoges, une grève éclate dans l'industrie porcelainière. Les industriels décrètent le lock-out, de graves émeutes s'ensuivent. Les manifestants dressent des barricades, attaquent la prison pour délivrer leurs camarades arrêtés. L'armée tire sur la foule : un jeune homme, Camille Vardelle, est tué.

**1909** Création de l'École de droit de Limoges.

**1911** Le Limousin compte au total 960 644 habitants dont 92 000 à Limoges pour 8 242 maisons (l'habitat familial, on le voit, ne s'est guère amélioré).

C'est le début d'une phase de déclin de la population en Haute-Vienne.

**1912** Réseau ferroviaire : 493 kilomètres en Corrèze, 361 kilomètres en Creuse, 438 kilomètres en Haute-Vienne.

---

| | | |
|---|---|---|
| Lattes pour couvertures non liées (1 m 50) | 10 F | le mille |
| Echalas ronds et quartiers 5 pieds | 8 F | » |
| Echalas de 0 m 10 à 0 m 12 de circonférence (1 m) | 5 F | » |
| pointé 1 bout 1 m 33 | 6 ou 7 F | » |
| » 2 » 1 m 33 | 7 ou 8 F | » |
| » 1 » 1 m 50 | 7 ou 8 F | » |
| » 2 » 1 m 50 | 8 ou 9 F | » |
| triangulaires 1 m | 6 F | » |
| » 1 m 50 | 9 F | » |
| » 2 m | 12 ou 13 F | » |
| Carrassonnes 0 m 10 à 0 m 12 de circonférence 4 pieds : | 6 ou 7 F | » |
| Carrassonnes 0 m 12 à 0 m 14 de circonférence 5 pieds : | 8 F | » |
| Carrassonnes acacia 5 pieds | 14 F | » |
| » 6 pieds | 16 F | » |
| Gros piquets 0 m 20 à 0 m 22 | | |
| longueur 1 m 50 | 23 ou 24 F | » |
| longueur 2 m | 30 ou 31 F | » |

Réseau vicinal : 8 377 kilomètres en Corrèze, 7 332 kilomètres en Creuse, 7 305 kilomètres en Haute-Vienne.

**1914** L'industrie de la porcelaine emploie 10 000 ouvriers, tandis que l'industrie de la chaussure en occupe 4 000.

## LA VIE DES SCIENCES, ARTS ET LETTRES EN LIMOUSIN DE 1800 A 1900

| | |
|---|---|
| **1805** | Mort de l'abbé Vitrac. Né à Limoges en 1739, il avait été directeur de la *Feuille hebdomadaire de la Généralité,* premier journal limousin fondé en 1775, également auteur de nombreux éloges historiques. |
| **1806** | Naissance à Limoges de Michel Chevalier, il sera membre de l'Institut, économiste libéral, journaliste au journal *Le Temps,* homme politique. |
| | La même année, naissance à Fressanges de J.-H. Michon, historien, orateur, fondateur de la science graphologique. |
| **1808** | Mort de P. Cabanis. Né à Cosnac (Corrèze) en 1737, membre de l'Institut et de l'Académie française, médecin et philosophe *(Rapport du physique et du moral de l'homme).* |
| | Naissance à Saint-Yrieix (Haute-Vienne) d'Antoine Tenant de Latour, poète littérateur, traducteur de Silvio Pellico. |
| | Mort de Ventenat. Né à Limoges en 1757, membre de l'Institut, savant botaniste. |
| **1809** | Naissance, à Bergerac, de Léonce de Lavergne, membre de l'Institut, littérateur et économiste. |
| **1810** | Mort de Treilhard. Né à Brive en 1742, ce jurisconsulte participa à la rédaction du Code civil. |

Naissance, au Dorat, de Alfred de La Guéronnière, publiciste.

Naissance de Ferdinand de Lasteyrie, membre de l'Institut, archéologue *(Histoire de la peinture sur verre).*

Naissance d'Honoré Armand à Limoges : littérateur et philanthrope.

**1811** Naissance, à Aubusson, de Jules Sandeau, membre de l'Académie française, romancier auteur de *Madeleine, Docteur Herbeau, Mademoiselle de la Seiglière,* etc.

Mort de l'abbé Legros. Né à Limoges en 1744, érudit.

**1813** Naissance, à Saint-Vaury, de L. Larombière, membre de l'Institut, juriste, latiniste (traducteur de Virgile, Lucrèce, etc.).

**1814** Mort de François Richard. Né à Limoges en 1733, poète limousin (noëls, chansons, etc.).

**1815** Mort de Desmarets. Né à Soulaines en 1725, savant, membre de l'Institut.

Mort de G. Brune. Né à Brive en 1763, maréchal de France. Poésies, récits de voyages *(Voyage pittoresque et sentimental dans plusieurs provinces).*

Naissance, à Limoges, d'Élie Berthet, romancier populaire, feuilletonniste *(La Croix de l'affût, Le Braconnier...).*

Naissance, à Saint-Yrieix, de Louis de Loménie, membre de l'Académie française, historien *(Les Mirabeau),* littérateur, journaliste *(Galerie des contemporains illustres par un homme de rien).*

**1816** Naissance, au Dorat, d'Arthur de la Guéronnière, publiciste *(Études et portraits politiques contemporains*), polémiste de Napoléon III.

**1817** Naissance, à Tulle, de Maximin Deloche, historien, membre de l'Institut.

**1818** Mort de Jean Foucaud, poète limousin. Né à Limoges en 1747 (chansons, fables) ; discours politiques.
Naissance, à Treignac (Corrèze), de C.-A. Lachaud, avocat rendu célèbre par l'affaire Lafarge, recueil de plaidoyers.

**1824** Naissance, à Rochechouart (Haute-Vienne), de Louis Bourdeau, philosophe et sociologue *(Histoire et Historiens).*

**1825** Naissance, à Limoges, d'Émile Montégut, critique littéraire, spécialiste de littérature étrangère *(Libres Opinions morales et historiques).*

**1826** Naissance, à Limoges, de Jules Noriac (dit Cayron), chroniqueur, journaliste *(Le 101e régiment, Physionomie militaire).*

**1827** Naissance, à Égletons, d'Octave Lacroix, poète et journaliste.
Naissance, à Aubusson, d'Alfred Assolant, romancier *(François Bûchamor, La Croix des prêches, Scènes de la vie des États-Unis).*

**1828** Naissance, à Laurière, d'Edmond Gondinet ; théâtre.

**1829** Naissance, à Arnac-Pompadour, de J.-M. Brunet, homme politique et économiste.

**1831** Naissance, à Nontron, de Camille Chabaneau, philologue *(Grammaire limousine ;* recherche sur les troubadours).
Naissance d'Henri Meilhac, membre de l'Académie française (en collaboration avec Halévy et seul : opérettes, vaudevilles : *La Belle Hélène, La Vie parisienne,* etc.).

**1832** Fondation, à Guéret, de la Société des Sciences naturelles de la Creuse.
Mort de l'abbé Tabaraud. Né à Limoges en 1744, théologien, polémiste religieux.

**1833** Mort d'Alexis Boyer. Né à Uzerche en 1757, membre de l'Institut, chirurgien de l'Empereur

et du Roi ; travaux médicaux *(anatomie).*
Mort de Pierre-André Latreille. Né à Brive en 1762, entomologiste, membre de l'Institut.
Mort de Jourdan. Né à Limoges en 1762, maréchal de France ; traités militaires, mémoires.
Naissance, à Argentat, du poète Auguste Lestourgie *(Rimes limousines...).*

**1834** Naissance, à Tulle, de Joseph Roux, félibre, poète en langue limousine (*Pensées, Chanson limousine*).

**1835** Mort de Guillaume Dupuytren. Né à Pierre-Buffière en 1777, membre de l'Institut ; travaux scientifiques (anatomie pathologique).

**1837** Mort de François-Xavier Audouin. Né à Limoges en 1766, polémiste politique (*Histoire administrative de la guerre).*

**1839** Naissance, à Limoges, de Ludovic Drapeyron, historien et géographe *(La Revue de géographie).*

**1840** Naissance, à Limoges, de Louis Guibert, journaliste *(Gazette du Centre),* érudit.
Naissance, à Limoges, de Jules Claretie, membre de l'Académie française, journaliste *(La vie à Paris* dans le journal *Le Temps ;* théâtre, romans).

**1841** Naissance, à Limoges, d'Auguste Renoir, le grand peintre impressionniste.

**1843** Naissance, à Felletin, de Jean-Joseph Graucher ; traités médicaux (tuberculose).
Naissance, à Tulle, d'Edmond Perrier, membre de l'Institut ; recherches et découvertes scientifiques (zoologie).

**1845** Fondation, à Limoges, de la Société archéologique et historique du Limousin.

**1848** Naissance, à Limoges, de Jean Bourdeau, membre de l'Institut, historien (critique des systèmes sociaux contemporains).

Naissance, à Tulle, de René Fage, érudit (historien, archéologue).

**1849** Mort de Charles de Lasteyrie. Né à Brive en 1759, propagateur de la lithographie.

Naissance de Robert de Lasteyrie, membre de l'Institut, archéologue (l'architecture religieuse de la France).

Mort de T.-R. Bugeaud. Né à Limoges en 1784, maréchal. Traités militaires. Politique, agriculture. Il organisa la conquête de l'Algérie.

**1850** Mort de l'abbé de Feletz. Né à Gumond en 1767, membre de l'Académie française, critique littéraire *(Journal des Débats).*

Mort de J.-L. Gay-Lussac. Né à Saint-Léonard (Haute-Vienne) en 1778, physicien et chimiste (dilatation des gaz et des vapeurs), membre de l'Institut.

Naissance, à La Porcherie (Haute-Vienne), d'Arsène d'Arsonval, savant, membre de l'Institut ; découvertes scientifiques (physique biologique, électricité).

Naissance, à Guéret, de Léonce Manouvrier ; recherches et travaux scientifiques (anthropologie).

Naissance, à Châteauroux, de Maurice Rollinat ; poète (*Les Névroses*). Il séjourna de nombreuses années à Fresselines (Creuse).

**1853** Naissance, à Limoges, d'André Antoine ; acteur, directeur de théâtre (*Le Théâtre libre*).

Naissance, à Limoges, de Gilbert Ballet ; recherches scientifiques (neurologie).

**1854** Mort de J.-B. Marbot. Né à La Rivière en 1782, général ; mémoires.

**1855** Naissance d'Alfred Leroux, érudit.

**1857** Naissance, à Saint-Yrieix-la-Montagne, d'Antoine Thomas, philologue *(Essais de philologie.*

Rapport sur une mission philologique dans la Creuse), membre de l'Institut.

**1858** Jules Sandeau est élu à l'Académie française.

**1860** Mort d'Honoré Lelarge de Lourdoueix. Né à Boussac en 1787, journaliste, directeur de *La Gazette de France.*

**1864** Naissance, à Tulle, de Johannis Plantadis ; historien, félibre, poète ; il créa et dirigea la revue *Lemouzi.*

**1865** Naissance, à Monteil-le-Vicomte, d'Étienne de Malèche, journaliste, directeur du *Journal des Débats* en 1897, membre de l'Institut.

Naissance, à Limoges, d'Henri de Noussanne, journaliste, romancier, auteur dramatique.

**1866** Naissance, à Saint-Dizier, de Philippe Glangeaud, savant minéralogiste (géologie du Massif central), membre de l'Institut.

**1867** Naissance, à Limoges, de Georges Fourest, poète, auteur de la célèbre *Négresse blonde.*

**1868** Naissance, à Guéret, de Louis Lacrocq, archéologue *(Les Églises de la Creuse).*

**1870** Naissance, à Corrèze, de J.-B. Chèze, félibre et poète limousin.

**1871** Mort de Pierre Leroux. Né à Bercy en 1797, sociologue et publiciste.

**1872** Naissance de Louis Mandin, poète ; il dirigera *Le Mercure de France.*

Naissance, à Tulle, de Marcelle Tinayre, romancière *(La Vie amoureuse de François Barbazange, L'Ombre de l'amour, Château en Limousin* qui décrit l'affaire Lafarge).

**1874** Alfred Assolant publie *François Bûchamor,* roman sur un paysan creusois et soldat de l'an II.

Mort de Jean Cruveilhier. Né à Limoges en 1791 ; travaux médicaux (anatomie).

Naissance, à Saint-Junien, de Jérôme Tharaud, romancier, membre de l'Académie française.

1875 Mort de F. Marbeau. Né à Brive en 1798, philanthrope, fondateur de l'œuvre des crêches.

1876 Naissance de Louis Codet, conteur, poète *(La Fortune de Bécot, César Capéron).*

Naissance d'Henri de Jouvenel, journaliste politique *(Le Matin).*

Naissance, à Limoges, du poète Édouard Michaud *(Du soleil dans la brume).*

1877 Naissance, à Brive, d'Albéric Cahuet, critique littéraire *(L'Illustration),* romancier *(Missel d'amour, Pontcarral).*

Naissance, à Flavignac, d'Albert de Laborderie, érudit, archéologue.

Naissance, à Saint-Junien, de Jean Tharaud, romancier, membre de l'Académie française.

1878 Fondation, à Brive, de la Société scientifique, historique et archéologique de la Corrèze.

Fondation, à Tulle, de la Société des lettres, sciences et arts.

1879 Naissance, à Tulle, de l'historien J. Nouaillac *(Histoire du Limousin...).*

1881 Naissance de Robert de Jouvenel, journaliste politique.

1882 Naissance, à Bellac, de Jean Giraudoux, romancier, auteur dramatique *(Siegfried et le Limousin, Suzanne et le Pacifique, La guerre de Troie n'aura pas lieu).*

1885 Fondation, à Limoges, de la Société Gay-Lussac.

1887 Naissance à Bessines (Haute-Vienne) de Suzanne Valadon, peintre, mère d'Utrillo.

1888 Naissance, à Guéret, de Marcel Jouhandeau, admirable prosateur de *Chaminadour, Mon-*

*sieur Godeau intime, Les Chroniques maritales.*

**1889** Naissance, à Tulle, de Charles Silvestre, romancier *(L'Amour et la Mort de Jean Pradeau).*

Fondation, à Limoges, de la Société botanique du Limousin.

Fondation de la Société « les Amis des Sciences et Arts de Rochechouart ».

Cette même année la Bibliothèque municipale de Limoges dispose déjà de 30 000 volumes. Limoges possède d'ailleurs d'autres bibliothèques publiques ou privées parmi lesquelles il faut mentionner celle du grand séminaire, 20 000 volumes à la même date, la Bibliothèque centrale catholique : 12 000 volumes, la Bibliothèque populaire : 5 000 volumes.

**1890** Naissance, à Brive, de Louis Chadourne, romancier *(Le Pot au Noir).*

**1891** Naissance, à Limoges, d'André Thérive, romancier, fondateur du « populisme « *(Le Charbon Ardent, Anna).*

**1892** Naissance, à Magnac-Bourg (Haute-Vienne), d'Albert Pestour, poète en langue limousine *(La Colline enchantée).*

**1893** Création de la revue *Lemouzi,* dirigée et animée par J. Plantadis, organe de l'Escola Lemouzina : sa contribution aux lettres limousines, au régionalisme, à l'histoire et au folklore limousin est irremplaçable.

**1895** Naissance, à Brive, de Marc Chadourne, romancier *(Cécile de la Folie).*

**1897** Étienne de Nalèche devient directeur du *Journal des Débats.*

**1898** Les frères Tharaud publient *Le Colporteur débile.*

## *BIBLIOGRAPHIE*

### I. — ÉTUDES, ESSAIS, ROMANS


ARBELOT : *Biographies limousines,* Limoges, 1893.

ASSOLANT (Alfred) : *La Fête de Champdebras,* Paris, 1882.

BALLOT (Marc) : *Histoire de la Corrèze,* Paris, 1950. — *Eugène Le Roy, écrivain rustique,* Thèse, Bordeaux, 1946.

BARBIER : *Rochechouart et sa région,* Rochechouart, 1956.

BOMBAL (E.) : *La Haute-Dordogne et ses Gabariers,* Tulle, 1903.

BRAYAUD (Jean) : *Le Journal de Jean Brayaud.* Édit. A.D.C.F., Guéret, 1974.

BREILLOUT : *La Révolution de 1848 en Corrèze,* Angers, 1922.

BRELINGARD (Désiré) : *Histoire du Limousin et de la Marche.* P.U.F. (« Que sais-je ? »), Paris, 1971.

CHAMBOUX : *Répartition de la propriété foncière et de l'exploitation de la Creuse, les paysans de la Creuse à la fin de l'Ancien Régime.* Paris, P.U.F., 1956.

CHAMPEVAL : *Dictionnaire des familles nobles et des notables de la Corrèze,* Tulle, 1891.

CHAULANGES (Martial) : *La Terre des autres,* trilogie romanesque. Édit. Delagrave, Paris, 1970-1975.

CHATREIX : *Histoire de la Creuse, manuel d'initiation aux études régionales,* Guéret, 1955.

CLANCIER (Anne) : *De quelques manifestations de la mentalité primitive en Limousin.* Paris, Vigot frères édit., 1940.

COISSAC (Michel) : *Mon Limousin,* Paris, 1913.

CORBIN (Alain) : *Archaïsme et modernité en Limousin au XIXe siècle (1845-1880).* Édit. Marcel Rivière, Paris, 1975.
DEBLOIS : *Médecine et Médecins en Limousin.* Thèse de médecine, Paris, 1955.
DHERALDE (Léon) : *Dictionnaire de la Langue limousine, publié et augmenté selon l'œuvre inédite de Dom L. Duclou par Maurice Robert,* Limoges, Société d'Ethnographie du Limousin, 1969.
DUCOURTIEUX (P.) : *Histoire de Limoges,* Limoges, 1924.
DUMAZET (Ardouin) : *Voyage en France,* Paris, 1903.
DUNETON (Claude) : *Parler Croquant.* Stock, Paris, 1973.
ETIVEAUD (Raymond d') : *Une Jeunesse,* Rieder et Cie, édit., Paris.
FAGE (Emile) : *Souvenirs d'enfance et de jeunesse,* Tulle, 1901. *Variétés limousines, portraits des vieux Limousins,* Paris, 1891.
FAGE (René) : *Un Demi-Siècle de théâtre à Tulle 1800-1850,* 1907. *Les Confréries de pénitents de Tulle,* 1905. *Le Général Souham (1760-1837),* 1897. *Les Bataillons des volontaires du Limousin,* Limoges, 1885. *Les Calamités publiques en Limousin,* Limoges, 1911. *Le Collège d'Ussel,* Paris, 1909. *Un Cénacle romantique à Tulle,* Brive, 1928.
GROS (Raymond) : *Etude sur Martin Nadaud,* Bourganeuf, 1970.
GUIBERT (L.) : *Les anciennes corporations de métiers en Limousin,* Limoges, 1883. *Livres de raison, registres de famille et journaux individuels limousins et marchois,* Limoges, 1888. *La Famille limousine d'autrefois d'après les testaments et la coutume,* Limoges, 1883. *L'Instruction primaire en Limousin sous l'Ancien Régime. Légendes du Limousin,* Paris, 1865.
JOFFRE (abbé) : *Histoire de la campagne limousine,* Saint-Yrieix, 1951.
JOUHAUD : *La Révolution française en Limousin,* Limoges, 1947.
JOURDAN (maréchal) : *Mémoires,* Paris, 1899.
JUGE SAINT-MARTIN : *Changements survenus dans les mœurs des habitants de Limoges depuis une cinquantaine d'années,* Limoges, 1817.

LAFOND DE SAINT-MUR (baron) : *La Terre natale, impressions d'un campagnard,* Charavay Frères, éditeurs, Paris, 1882.

LACHAUD (maître) : *Recueil des plaidoyers,* 1885 (tome I : sur l'Affaire Lafarge).

LACROCQ (Louis) : *Le Flottage des bois sur la Vienne,* Bulletin de la Société Archéologique et Historique du Limousin, Tome LXXIV, 1933.

LAFARGE (Mme) : *Heures de prison,* 1854 (3 volumes).

LAVERGNE (Paule) : *Printemps,* Gallimard, Paris, 1939.

LEROUX (A.) : *Archives historiques de la Marche et du Limousin,* Limoges, 1877-1912 (tomes I, III, VI, X, XII). *Géographie et histoire du Limousin des origines à nos jours,* Limoges, 1890.

LEYMARIE : « Histoire de la porcelaine de Limoges », *Bulletin de Limoges,* 1904. *Chansons rustiques du Limousin,* Limoges, 1890.

LOUTCHISKY : *La Propriété rurale en France à la veille de la Révolution en Limousin,* 1912.

MAROUZEAU (J.) : *Une Enfance,* Denoël, Paris.

MARTHON (M.) : *A travers le Bas-Limousin, sites et personnages historiques,* Tulle, 1958. *Corrèze d'hier et de demain,* Tulle, 1962. *Sports et Jeux d'autrefois en Bas-Limousin,* Tulle.

NADAUD (Martin) : *Mémoires de Léonard, ancien garçon-maçon,* Bourganeuf, 1895.

NOUALLAC (J.) : *La Vie sous le Premier Empire dans l'arrondissement de Brive,* Brive, 1947. *A travers les rues de Tulle sous la Révolution, le Consulat et l'Empire,* Tulle, 1955. *Histoire du Limousin et de la Marche Limousine,* Charles Lavauzelle et Cie, Limoges, Paris, 1943. *Histoire de la ville de Tulle,* Brive, 1950.

NOUAILLAC (J.), RIDEAU (R.), ORIEUX (J.) : *Lectures du Limousin et de la Marche,* Charles Lavauzelle, Limoges, 1941.

PERPILLOU (Aimé) : *Géographie du Limousin,* Guéret, 1950. *Le Limousin, étude de Géographie physique régionale,* Chartres, 1940.

PERPILLOU (A.), BALLOT (M.), GAUTHIER (M., M. et S.), BETGE (A.) : « Visages du Limousin et de la Marche », in *Horizons de France,* Strasbourg, 1966.

PEYGNAUD (Louis) : *Le Bal des conscrits,* Aigurande, 1968.
PIAILLOU (Auguste) : *Le Coup d'Etat du 2 décembre 1851 en Limousin,* Limoges, 1968.
PLANTADIS (J.) : *Chansons populaires du Limousin,* 1904. *Histoire du bataillon des mobiles de la Corrèze,* Tulle, 1901. *Histoire de Tulle,* Tulle, 1923.
POMPON : *Les Ouvriers porcelainiers de Limoges,* Paris, 1910.
POULBRIÈRE (abbé J.-B.) : *Dictionnaire historique et archéologique des paroisses du diocèse de Tulle,* Tulle, 1894-1910, 3 volumes.
ROBERT (Maurice) : *Vanniers et vannerie du Limousin,* Limoges, 1964. *La Société limousine de 1870 à 1914,* Limoges, 1971.
ROUX (Joseph) : *La Chanson limousine,* Paris, 1889.
SANDEAU (Jules) : *Mademoiselle de la Seiglière,* 1876.
SCHMITT (A.) et TIMBAL (L.) : *La Région limousine,* Limoges, 1950.
SEILHAC (vicomte de) : *Histoire politique du département de la Corrèze sous le Directoire, le Consulat, l'Empire et la Restauration,* Tulle, 1888.
THARAUD (Jean et Jérôme) : *La Maîtresse servante,* Flammarion, Paris, 1911.
TINAYRE (Marcelle) : *Château en Limousin.* Flammarion, Paris, 1934. *La Vie amoureuse de François Barbazanges,* Calmann-Lévy, Paris, 1904.
VINATIER (Jean) : *Histoire générale de Treignac-sur-Vézère,* T. I et II, Imprimerie Chastrusse et Cie, Brive, 1974.

## II. — ARTICLES ET REVUES

1) Dans le *Bulletin de la Société archéologique et historique du Limousin,* divers articles concernent :
— les pratiques superstitieuses au début du XIXe siècle ;
— le flottage des bois sur la Vienne et ses affluents ;
— le folklore ;
— la propriété rurale de 1789 à 1914 ;
— les écoles secondaires sous l'Empire (Jouhaud) ;
— les chansons rustiques du Limousin (Leymarie) ;

— la révolution de 1848 en Haute-Vienne (Perrier) ;
— la garde nationale 1870-1871 (Vincent) ;
— Limoges, ville rouge (Hugon) ;
— les mouvements de population en Haute-Vienne de 1821 à 1920.
— *Ouvrier céramiste,* année 1905 et 1906.

2) Gaston VUILLIER : « En Limousin », revue *Le Tour du Monde,* 1893.

3) *Bulletin de la Société des Lettres, Sciences et Arts de la Corrèze :*
— MARTHON (N.) : « Les Jeux d'enfants ».
— VAZEILLES (M.) : « La Situation des paysans corréziens il y a un demi-siècle », (1955-1956).
— VIALANEIX (A.) : « Les paysans au travail dans la Moyenne-Corrèze il y a un demi-siècle », (1958-1960).

4) *Articles parus dans les Mémoires de la Société des Sciences naturelles et archéologiques de la Creuse :*
BERGER : « Lettres de Léon Fournioux, soldat de la Révolution et de l'Empire ».
BÉRANGER : « La Creuse sous Napoléon Ier ».
BERTHOMIER : « Les Verreries de la Creuse ».
DELAMOTTE (Brody) : « Verreries de Bord ».
CHAPAL : « Le Rôle des Creusois dans l'industrie de la chapellerie en France ».
DELANNOY : « Tapisseries d'Aubusson ».
DESCHAISES : « Commandant Louis Laroche (1829-1915) », « La Société Philharmonique de Guéret (1841) ».
DUCOURTIEUX (P.) : « Almanachs, annuaires et calendriers de la Creuse ».
MURAUD (M.M. DU) : « Les Frais d'une noce en 1838 ».
FABREGNETTES : « Biographies creusoises : Frédéric Mourlou (1811-1866) ».
HUGON (Henri) : « La Garnison de Guéret en 1801 ». « Les Gardes d'honneur creusois sous l'Empire et la Restauration ». « Contribution à l'étude de la circonscription militaire de la Creuse, sous le Premier Empire ».

LACROCQ (L.) : « Circulaire sur l'émigration des ouvriers creusois au XIXe siècle ». « Les gorges de La Feuillade ». « Bibliographie du folklore de la Creuse ». « Guéret vers 1848 ».

LAFON : « La Verrerie dans la commune de Saint-Sébastien ». « La Récolte des plantes médicales dans la Creuse ».

LEROUX : « Le premier président La Seiglière ».

NUSSAC : « Le baron Paul d'Ussel ». « Le docteur Joseph Duffour (1761-1821) ». « Médecins et chirurgiens creusois (1802) ».

PICHON : « Les notes historiques des registres paroissiaux ».

VALADEAU : « Le Marquis de Villeneuve, préfet de la Creuse (1823-1824) ».

On consultera avec intérêt les collections de :
*Etudes limousines,* bulletin de la Société d'Ethnographie du Limousin, de la Marche et des régions voisines.
Directeur-Fondateur : Maurice Robert, Limoges.
*Lemouzi,* revue franco-limousine, fondée en 1893 par le majoral Joseph Roux.
Président-Directeur : Robert Joudoux, Tulle.
*Limousin-Magazine.*
Directeur : René Dessagne, Limoges.
*La Vie limousine,* revue littéraire.
Directeur : Raymond d'Etiveaud.

TABLE DES MATIÈRES

*Cet ouvrage a été réalisé par la*
*SOCIÉTÉ NOUVELLE FIRMIN-DIDOT*
*Mesnil-sur-l'Estrée*
*pour le compte de France Loisirs*
*en juin 1992*

*Imprimé en France*
Dépôt légal : juin 1992
N° d'édition : 21201 – N° d'impression : 21064